■ 大学公共课系列教材

U0646101

西方文化思想史

XIFANG
WENHUA SIXIANGSHI

崔存明 等◎著

北京师范大学出版集团
BEIJING NORMAL UNIVERSITY PUBLISHING GROUP
北京师范大学出版社

图书在版编目(CIP)数据

西方文化思想史／崔存明等著.—北京：北京师范大学
出版社，2013.3
　（大学公共课系列教材）
　ISBN 978-7-303-15884-3

　Ⅰ.①西… Ⅱ.①崔… Ⅲ.①文化史－西方国家－
高等学校－教材②思想史－西方国家－高等学校－教材
Ⅳ.① K103 ② B5

中国版本图书馆 CIP 数据核字（2013）第 008443 号

营 销 中 心 电 话	010-58802181 58805532
北师大出版社高等教育分社网	http://gaojiao.bnup.com.cn
电 子 信 箱	beishida168@126.com

出版发行：北京师范大学出版社 www.bnup.com.cn
　　　　　北京新街口外大街 19 号
　　　　　邮政编码：100875
印　　刷：北京中印联印务有限公司
经　　销：全国新华书店
开　　本：170 mm × 230 mm
印　　张：11.5
字　　数：213 千字
版　　次：2013 年 3 月第 1 版
印　　次：2013 年 3 月第 1 次印刷
定　　价：25.00 元

策划编辑：刘东明　　　责任编辑：刘东明　赵翠琴
美术编辑：毛　佳　　　装帧设计：毛　佳
责任校对：李　菡　　　责任印制：孙文凯

目　录

导　论

简明扼要归纳西方文化发展的历史背景，对西方文化历史演变中形成的主要思想观念加以梳理，把握其文化思想发展的脉络，是一件具有重要现实意义的工作。

一、西方文化思想史的学术定位

我们研究西方文化思想史，要先对其内涵进行辨析，然后再对相关理论的变迁规律加以总结。这样就可以为这个新兴学科作出明确的学术定位，从而保证相关研究的准确性和前沿性。

（一）文化释义

关于文化概念的阐释长期众说纷纭，难以达成共识。造成这种情况的原因是近代科学主义观念渗透于人们思维习惯中，导致用经验科学的思维方式解决社会科学问题所带来的偏差。这里不再重复那种过度的诠释工作，就以《辞海》的文化定义为根据："广义指人类在社会实践过程中所获得的物质、精神的生产能力和创造的物质、精神财富的总和。狭义指精神生产能力和精神产品，包括一切社会意识形式：自然科学、技术科学、社会意识形态。有时又专指教育、科学、文学、艺术、卫生、体育等方面的知识与设施……"①《辞海》的文化定义可以简单地理解为：文化就是对人类精神与物质实践成就的记录。这种成就表现在人类如何在充满困难与挑战的自然与社会环境中，协调处理好各种关系。正如《周易》所言，文化的功能是"观乎人文，化成天下"。

（二）思想史辩证

"思想史"是西方学术中"Intellectual History"或"History of Ideas"的翻译。我们从英文字面上来看，可以发现前者内涵与知识或智力相关，而后者与思想或观念相关。近代日本人首先将它们整合翻译为思想史，后被汉语世界所采用。所以，当我们今天思考思想史研究方法的时候，就要从其与西方学术的关系以及它与中国传统学术的关系两个方面入手，辨明其在当前学术谱系中的坐标。

1. 中国学术话语中的思想史

在中国传统学术体系中，与近代学科属性意义上的"思想史"相对应的应

---

① 辞海编辑委员会：《辞海》1999 年版缩印本，1765 页，上海，上海辞书出版社，2002。

该是"学术史"。梁启超在广泛接触近代西方学术文化后，对中国的传统学术作了有利于现代人理解的疏解："学也者，观察事物而发明其真理者也；术也者，取所发明者之真理而致诸用者也……学者术之体，术者学之用。二者如辅车相依而不可离。学而不足以应用于术者，无益之学也；术而不以科学上之真理为基础者，欺世误人之术也。"① 梁启超在分别辨明学与术的内涵后，又着重说明了学、术在内涵上的通合性。因此，我们在理解思想史这一学科自身特点时，在认识到它是对历史资料进行理论抽象结果的同时，更要把握其注重理论与实践相统一的特色。

2. 西方学术背景下的思想史

西方学术背景下的思想史特征主要体现在它与相关学科的区分与比较中，具体表现在与哲学史的区分上。关于思想史与哲学史的区分问题，我们采纳罗格·斯柯鲁顿的观点："哲学史关注的是对哲学结论与观点之内容的描述，而不是对于这些观点与结论之间的关系以及导致这些结论与观点的影响因素的描述。"② 如果对罗格·斯柯鲁顿的观点进行详细解说的话：思想史着重讨论思想与思想之间的关系，以及产生这种思想的原因与背景；哲学史则着重讨论某一观点的具体内容。

（三）西方文化思想史的学术定位

我们通过对文化内涵的分析，对思想史与哲学史的比较与区分，把西方文化思想史的研究理解为以下几个方面：

不同的历史时代向人类社会的生存与发展提出不同的问题，面对不同的时代问题，西方思想家们进行了解决问题的思考与实践；这些思考与实践即形成了独特的文化，也就是作为人类物质与精神财富总和形态的文化。

回答历史与时代问题而形成的文化观点，经过历史的检验，被证明具有永恒的价值即成为文化思想。

在历史视野下分析和总结曾经帮助人类应对不同时代问题的那些重要文化思想的演变轨迹就是文化思想史。

---

① 梁启超：《学与术》，载《饮冰室文集之二十五》（下），转引自冯天瑜、邓建华、彭池编著：《中国学术流变》，上册，2页，上海，华东师范大学出版社，2003。

② Roger Scruton, *A Short History of Modern Philosophy*, London：Routledge, 1993, p. 2. 原文为：The history of philosophy concern is to describe the content of philosophical conclusions and arguments，and not the context in which they occurred or the influences which led to them.

综上所述，西方文化思想史就是在历史分析的视野下，对西方文化在解决历史与时代问题的过程中形成的文化观念与文化思想及其演变轨迹的记载。

二、西方文化思想史研究的理论变迁

由于本书以探讨西方文化思想历史发展轨迹为宗旨，因此我们首先要从理论上把握西方文化研究理论变迁的前沿。文化与文明是相通的，所以，我们探讨西方文化思想的起源与历史演变在广义上同西方文明起源与变迁相一致。

（一）历史变迁的视角

传统上的西方文明起源与演变研究的一个重要特点是：往往侧重于从社会进步的角度来启示人类总结历史与实践经验的过程。这实际上是从历史进程这一时间进程的角度为文明的起源确定标准。在这样的历史性思维下，我们当前对文明起源的常识性判断主要是看一个群体中是否产生了文字、形成了私有制和国家。这一理论的雏形最早是由美国民俗学家摩尔根 1877 年在其所著的《古代社会》一书中所提出来的。这本书以"生存技术"的进步为标准，把人类社会的发展进程分成"蒙昧"、"野蛮"和"文明"三个大的阶段，把注音字母的发明和文字的使用作为文明的标志。恩格斯在摩尔根理论的基础上，在《家庭、私有制和国家的起源》中将社会分工、阶级剥削的产生和国家的出现作为进一步的补充，用唯物史观完成了对文明起源的解说。

（二）文明区域变迁的理论演变

然而从恩格斯 1895 年去世至今，已经有一个多世纪过去了。在这一个世纪里，随着社会科学的不断进步，特别是考古学的长足发展，人们对恩格斯的文明起源论进行了新的思考，形成了以出土器物的先进程度为标准探讨某一地区文明程度的模式。这是我们研究古代文明起源的另一种思维方式——空间标准，即从区域特点加以解释的方式。在这一思维方式的影响下，传统观点认为，早期的进入文明的人类都居住于大河流域。如西亚的幼发拉底河与底格里斯河流域，埃及的尼罗河流，古代印度的印度河与恒河流域及中国的长江、黄河流域曾经孕育出著名的"四大文明古国"。

但是，近年来随着考古学的不断进步，这种传统观念也受到了质疑。有学者认为，农业文明最早的产生并不是像我们常识中所认为的那样，在河流平原或三角洲。埃及考古发掘证明，农业是起源于高地的。[①] 持这种观点者倾向于认为，原始农业不是一开始就能利用河流的水利功能的，而是主要依靠天然降

---

① 参见孔令平：《埃及的农业起源问题》，载《东北师大学报》（哲学社会科学版），1981（1）。

雨。这种观点可以帮助我们理解最新的考古成果，例如近年来我们考古学发现的一些有代表性的文明，如爱琴文明、中美洲文明就难以用传统的大河文明说来解释，可以用高地农业说加以解释。

正是在这样的理论反思与演变过程中，继四大文明古国说之后有五大文明发祥地之说，在四大文明古国的基础上，再加以爱琴文明。接着，又有人从考古学为中心的立场上，提出三大文明地区说，即美洲、拉丁美洲、中央安第斯文明区，东亚、南亚、中国和印度文明区，西亚、北非、南欧文明区。

以上对世界范围内文明发源地的不同划分方法，是文明研究不断发展的结果。根据这些既有的成果，全面结合当前的文化研究进展，特别是考古学的成绩，我们认为，在当前的文明与文化起源研究中，既要注意历史分析，同时又要注意运用近年来区域文明研究的成果。因此，本书对西方文化思想的研究，就从西方本土文明的起源以及外来文化对西方文化思想形成的影响两个方面展开。

第一章　西方文化思想的起源

　　我们并不完全赞同当前正持续升温的"西方文化东方化"思潮，但是有一点是可以确定的，那就是西方文化思想吸收了大量外来文化基因。

　　在当前世界发展日趋多元化的背景下，特别是随着近代以来以欧美为中心的现代化逐渐普及到了世界各民族、各地区的形势下，欧美社会的先发优势日益缩小。与此相适应，欧美世界在文化话语上的主导地位也开始受到日益加强的多元倾向所影响。这种发展趋势在文化研究中体现出人们逐渐对欧洲中心论提出了质疑与反思。旅居美国的西亚学者萨义德以一部《东方学》解构了西方学术话语中的东方学。这是东方文化思想研究中的重要观念革新。20世纪90年代后，大量摆脱传统观念束缚，探讨西方文化演变史的著作开始涌现。这些著作从追寻西方文化的来源开始，逐渐拨开西方文化中心论的迷雾，为恢复西方文化的真实演变作出了贡献。1991年出版的马丁·伯纳尔教授的《黑色雅典娜》[①] 将希腊文明的起源理解为一种"修正的古代模式"，认为近东文明尤其是埃及文明对希腊文化的早期形成起到了更为重要的作用；1997年出版的朱利安·鲍尔迪（Julian Baldick）的《黑色上帝——犹太教、基督教和伊斯兰教的起源》[②] 从比较宗教学的角度提出非洲-亚洲宗教体系，从信仰层面上找到了东西方文化起源上的关联；最近，约翰·霍布森的《西方文明的东方起源》[③] 认为西方在近代以前一直受东方文化的影响，以至于形成了东方化的西方。

　　结合对世界古代史经典史料的考察、辅之以近代以来的文明考古成果，我们认为在西方文化起源中，古代两河文明、古代埃及文明、古代希伯来文明曾经起到过重要的影响。因此，我们提出"西方文化思想多途来源"说作为对文化中心论争论的一个总结。具体表现在本书的写作上，我们把对西方文化思想的起源研究分为西方本土文化思想的起源与东方文明对西方文化思想的影响两部分。

---

　　① Martin Bernal, *Black Athena*, Ⅰ-Ⅲ, Piscataway：Rutgers University Press, 1987-2006.

　　② Julian Baldick, *Black God：The Afroasiatic Roots of Jewish, Christian and Muslim Religions*, NY：I. B Tauris & Co. Ltd, 1997. 中文版：朱利安·鲍尔迪：《黑色上帝——犹太教、基督教和伊斯兰教的起源》，桂林，广西师范大学出版社，2004。

　　③ John M. Hobson, *The Eastern Origins of Western Civilisation*, London：Cambridge University Press, 2004. 中文版：约翰·霍布森：《西方文明的东方起源》，孙建党译，于向东、王琛校，济南，山东画报出版社，2009。

第一节　西方本土文化思想的起源

这里所谓的"本土文化"是指以古希腊为中心的古代欧洲大陆文化。通过文献与考古学综合研究，有确切史料与考古学根据的主要西方文化发源地有克里特文明、迈锡尼文明与荷马时代文明。传统上，又习惯于将克里特文明、迈锡尼文明合称为爱琴文明。

一、西方本土文化起源的历史演变

以古希腊为中心的西方文化发源地在很早时期就形成了早期文明，但是由于考古学的证据相对分散，难以形成清晰明确的概念。1870年一个爱好考古的德国商人海因里希·施里曼用经商所得在特洛伊和迈锡尼进行考古发掘，获得重大发现，可以证明《荷马史诗》所记载的一些重要史实的真实性。1900年，英国考古学家阿图尔·伊文思又在克里特岛发掘出克里特文明，将古希腊史向前推进了约1000年。这样，根据较为充分的考古学证据并结合《荷马史诗》等历史文献，古代希腊比较明确可考的历史从兴盛于约公元前2000年的克里特文明开始，就可以理出相对清晰的线索。

（一）克里特文明（约公元前20世纪—前14世纪）

克里特文明是由位于地中海东部克里特岛上的米诺斯人创造的，所以也被称为米诺斯文明。通过考古发掘成果，结合不同时代地层的文化特点，又把克里特文明分为早王宫时代（约公元前20世纪—前17世纪）和后王宫时代（约公元前17世纪—前14世纪）。根据考古发现与神话传说相互印证，克里特文明时期已经形成了国家。大体上，在早王宫时期可能是国家发展还不完备，形成小国分立的形势；而在后王宫时期，有可能形成了统一的克里特王国。这一点我们可以通过完整发掘出来的气势宏大、功能复杂的著名米诺斯王宫加以证明。这一时期的考古发现说明当时也产生了文字，并显示出由图画文字向象形文字演变的轨迹，最后形成的象形文字被称为"线形文字A"，约有132个字，目前还没有被成功释读。

大约公元前1500年左右，米诺斯王宫为代表的克里特岛各地王宫突然毁坏。其原因历来有两种说法：一为希腊人入侵毁坏说；一为火山爆发毁坏说。随着王宫的毁坏，克里特文明也迅速衰落，后起的迈锡尼文明走上前台。

（二）迈锡尼文明（约公元前14世纪—前11世纪）

迈锡尼文明的创造者是希腊人的一支——阿卡亚人。大约在公元前1450年阿卡亚人占领了米诺斯，当克里特文明迅速衰落后，他们成为爱琴文明的领跑者。他们也有自己的文字"线形文字 B"。这一文字已经在 20 世纪 50 年代被英国学者文特里斯和柴德威克成功释读。因此，我们就可以通过考古所得文物上的文字对迈锡尼文明进行准确的解读。迈锡尼文明时期产生了更加发达的国家，城邦周围有巨石城墙，社会上也形成了较为严格的等级制度。这些都说明在迈锡尼文明时期，国家的权力集中达到了相当高的水平。

大约在公元前 11 世纪，希腊人中的另一支——多利亚人入侵，迈锡尼诸王国连同其文明一同消亡。

（三）荷马时代文明（约公元前 11 世纪—前 9 世纪）

公元前 11 世纪，多利亚人入侵克里特岛后，希腊历史进入了荷马时代。这是因为关于这一时期的文献都已湮没无闻，只有在著名的《荷马史诗》中有一些掺杂着神话的关于希腊社会与历史的记载。也正是由于缺少关于这一时期的史料，人们对这一时期历史了解甚少，所以历史学家又常常把这一时期称为"黑暗时代"。但是也有历史学家根据《荷马史诗》所反映出来的战争历史，以及在这一历史记述中体现出来的英雄主义，而将这一时代称为"英雄时代"，如摩尔根的《古代社会》、恩格斯《家庭、私有制和国家的起源》都持此观点。

长期以来，人们对于《荷马史诗》所反映出来的这一历史时期的文明，都倾向于"倒退说"。这主要是从生产力发展标准上考察的结果。然而，如果我们从精神生产的角度看，从这一时期的历史记叙及其对后世产生的巨大影响来看，就会发现这一时期为古希腊乃至整个西方文明的基本精神与价值传统奠定了许多重要的基本观念。应该说，整个早期希腊文明成果，正是通过这一时期以《荷马史诗》为代表的历史记叙，才得以流传下来，并对西方文化思想产生了深远影响。

二、文化起源时期的希腊文化思想

关于希腊文化起源时期的文化思想，主要通过《荷马史诗》时代的文字记载得以保留下来。近些年来的考古发现又进一步证明了其史料价值。这一时期所形成的历史观念、英雄主义和浪漫主义美德观都对后世的希腊，以及整个西方社会的人文传统，产生了重要影响。

（一）历史观念的产生

我们知道，历史就是对前言往事的记录，这种记录是有目的的，这个目的我们说就是一种观念（可以理解为历史观），也可以说是一种思想。这种观念的核心思想就是通过系统地记录、分析历史，为未来的行动提供理论根据或者行动指南。在西方文化思想史上，最早的历史观念产生于荷马时代。现在的西方"历史"一词就是源于希腊语，就是"研究"和"调查"之义。

《荷马史诗》的许多篇章在解决复杂问题时，都显示出了通过对目击者提供的证词进行调查，从而获得事实真相的思路。这常常被认为是历史观念的初级形态。而第一次明确使用"历史"一词的历史学家是希罗多德，他在其巨著《历史》中首次使用"历史"一词。①

（二）英雄主义的形成

英雄崇拜在不同类型的早期文明中都是一个重要的主题。这一主题在早期希腊文明中占有更为重要的地位。这是因为在古希腊的早期文明史料记载中，英雄常常与神话人物合为一体。这本身就是一个进步。原因有二：其一，相对于人们对于超自然崇拜中所显示出的对诸多自然现象的恐惧心理，英雄的神化使人们从精神领域重新找到自信心与安全感，人们可以通过自己的英雄与神对话。其二，相对于爱琴文明时期已经发育得比较完善的君主专制，王权也不断地神化，这在早期的东方文明中也是一个自然规律。然而，在古希腊，却由于多利亚人的入侵，导致了这一进程的中断。这为以后古希腊走上城邦与民主准备了条件。从这一个角度来说，把荷马时代称作黑暗时代就缺乏历史观念，不免有以今释古之嫌。

（三）浪漫主义与美德典范

人们习惯上把西方社会看作一个有着悠久法治传统的社会。但是，稍有社会科学分析能力者都明白一个道理，那就是规范越完备，对人的束缚力就越大，人的创造力就会日益枯竭。那么，西方从古罗马时代至今发展出一套如此完备的法制规范系统，西方为什么依然保持了创造活力，特别是近代工业革命以来，更是长期保持了世界领先的地位？我们认为，在西方文化思想中的另一个传统——浪漫主义起到了重要的调节作用。浪漫主义为人们展示了丰富的想象力、探险精神和为追求理想百折不挠的精神。这些精神也就逐渐成为西方的伦理道德中的重要精神。

《荷马史诗》正是充满了这样的浪漫主义情怀。首先从其所记叙的故事主题来看，长达 10 多年的战争竟然是为了一个名字叫海伦的美女，这从某种程度上就是一个带有浪漫底色的战争。同时，我们在《荷马史诗》的浪漫主义中还发现，追求理想者还要时刻恪守美德。奥德修斯在回乡途中受到重重阻碍，巨兽威胁、女神挽留、女妖歌声的诱惑等等，历经 10 年艰辛，最后回到家乡。其妻子也千方百计摆脱了众多有权势的未婚者，一直等待奥德修斯的归来。这些故事中体现出来的：坚持、节制、忠贞不渝等等，成为日后西方伦理道德的典范精神。

---

① ［美］杰克逊·J·斯皮瓦格尔：《西方文明简史》（上），4 版，董仲瑜等译，71 页，北京，北京大学出版社，2010。

综上，同"黑暗时代论"相比，"文明的中断使后来的希腊文明在一定程度上免除了古老传统、宗教和宗法制度的限制，而这些东西通常是代代相传的，它们发挥着维系文明的稳定性基础性的作用"① 的观点，可以帮助我们更加全面地理解，处于西方文化起源时期的希腊文化为西方文化的发展奠定了良好的基础和一些重要的精神典范。

第二节　东方文明对西方文化思想的影响

通过考古发现的实证研究以及文化人类学的考察，人们普遍发现西方文化思想的起源受到了东方文化的深远影响。东方文化思想中的一些精髓被西方文化所吸收，构成了西方文化思想中的重要成分。

一、两河文明对西方文化思想的影响

古代两河流域指的是幼发拉底河（Eupharates）和底格里斯河（Tigris）流域地区。这一地区在古代历史文献记载中通常是根据希腊语称为美索不达米亚（Mesopotamia），意思就是"两河之间的土地"，包括今伊拉克境内的幼发拉底河与底格里斯河中下游地区和叙利亚东北部地区以及今天伊朗的部分地区。古代两河流域分为南北两部分，南部地区称为巴比伦尼亚（Babylonia），北部地区称亚述（Assyria）。巴比伦尼亚地区也分为南北两部分，北部称为阿卡德（Akkade），南部称为苏美尔（Sumer）。

（一）两河流域历史发展的脉络

由于我们是对文化思想起源的历史背景作研究，因此主要从有考古及文献证明的初始文明开始我们的历史考察之旅。

1. 苏美尔初始文明时期（约公元前4300—前2800）

两河流域所孕育的文明，能够被考古学所证明，时代最早的就是苏美尔文明。苏美尔地区位于两河流域的南部，生活在这里的苏美尔人创造了两河流域最早的文明。根据考古材料，早期的苏美尔文明时期大约为公元前4300年—前2800年。这一时段又被划分为3个文化时期：埃利都·欧贝特文化时期（公元前4300—前3500）、乌鲁克文化时期（公元前3500—前3100）和捷姆迭特·那色文化时期（公元前3100—前2800）。

2. 苏美尔城邦时期（约公元前2800—前2371）

苏美尔城邦时期有时也称苏美尔早王朝时期。我们这里之所以采用苏美尔

---

① 张志伟：《西方哲学十五讲》，27页，北京，北京大学出版社，2004。

城邦时期作为标题，是因为城邦的发展是苏美尔文明的一个独具特色之处。有学者认为，根据迄今为止的考古学研究表明，苏美尔人是人类群体中有史料证明最早创造出城市文明的人。①

公元前3000年代初期开始，苏美尔地区城邦林立，其形势有点类似于中国的战国时期。当时较大的城邦有埃利都、乌尔、乌鲁克、拉伽什、乌玛、苏鲁帕克、尼基尔、基什等。这些大大小小、星罗棋布的城邦之间争霸战争此起彼伏。这种局面持续到后期，逐渐在南北形成了两个大的军事同盟：以乌尔和乌鲁克为霸主的南方同盟和以基什为霸主的北方同盟。这标志着两河流域开始由城邦争霸走向了统一国家的时期。

3. 阿卡德王国（约公元前2371—前2191）

两河流域最早的统一国家是由阿卡德人建立起来的。公元前3000年代中后期，当苏美尔城邦混战之机，北方的阿卡德人在其杰出的领袖萨尔贡的领导下，异军突起，逐渐统一了巴比伦尼亚的大部分地区。阿卡德王国统治仅仅百余年后便为东方的库提人所灭。

4. 乌尔第三王朝②（约公元前2113—前2006）

库提人在灭掉阿卡德王国之后，统治两河流域也仅仅百余年，便为乌鲁克国王乌图赫加尔所击败，并将他们驱逐出这一地区。此后不久，乌尔城邦开始兴起，打败了乌鲁克，重新统一了巴比伦尼亚，建立了乌尔第三王朝。

乌尔第三王朝的历任国王都热衷于四处争战，这样就加剧了国内矛盾的积累，同时也逐渐引起了外部对手的联合反抗。在历经5任国王后，国家遭到东南部埃兰人和西部阿摩利人的共同入侵。大约在公元前2006年，乌尔第三王朝的第五任国王伊比辛被埃兰人俘获，标志乌尔第三王朝灭亡。

5. 古巴比伦王国（约公元前1894—前1595）

乌尔第三王朝灭亡后，没有更大野心的埃兰人携带着战利品荣归东方的故乡。阿摩利人则在两河流域定居下来，并逐步建立了许多小国。此后，这些小国为了各自的势力扩张，又开始了彼此之间的争霸战争。两河流域重新陷入了分裂与诸侯混战的局面。

在这新一轮的阿摩利人城邦争霸混战中，一支由首领苏穆阿布姆率领的阿摩利人大约于公元前1894年占据了巴比伦城，建立了巴比伦国家，相对于后来

① 徐新编著：《西方文化史》，5～6页，北京，北京大学出版社，2002。

② 乌尔是苏美尔城邦时期数一数二的重要城邦，随着实力的不断壮大，先后建立过三个王朝。乌尔第一王朝和乌尔第二王朝都是在苏美尔早王朝时期先后存在的割据性政权，而到乌尔第三王朝时期，则属于基本上统一了两河流域南部地区的王国性质的政权。

迦勒底人取代亚述帝国、建立的新巴比伦王国，史称古巴比伦王国。古巴比伦王国于公元前 18 世纪，在其第六代国王汉谟拉比的统治时期（约公元前1792—前1750）达到了鼎盛，一度统一了巴比伦尼亚地区。然而，就在汉谟拉比去世不久，古巴比伦王国迅速衰落。约公元前 1595 年，来自北方的赫梯人侵入巴比伦地区，消灭了古巴比伦王国。

历史上，把被来自两河流域北方的赫梯人所灭亡的古巴比伦王国又习惯上称为巴比伦第一王朝。古巴比伦王国灭亡后，两河流域又经历了南方的"海国王朝"，即"巴比伦第二王朝"（约公元前 1595—前 1518），以及加喜特人入主巴比伦尼亚地区形成的加喜特王朝，即"巴比伦第三王朝"（约公元前 1530—前 1157）。最后，在公元前 7 世纪初，亚述帝国正式吞并巴比伦尼亚，巴比伦王朝时代最终结束。

6. 赫梯王国（约公元前 19 世纪—前 8 世纪）

赫梯位于于小亚细亚东部的哈里斯河流域中上游（今土耳其安卡拉以东的勤勉孜勒河）。早在公元前 20 世纪左右，这里就形成了赫梯文明。赫梯文明被认为是由赫梯人和加喜特人共同创造的。赫梯在公元前 19 世纪开始形成一些小型国家，并不断争战。战争的结果是形成了统一的赫梯王国。公元前 1595 年，赫梯王国消灭了古巴比伦王国，开始进入鼎盛时期，持续到公元前 13 世纪。此后，赫梯王国的实力开始日渐衰落，并逐渐走向四分五裂。到公元前 8 世纪，残存的赫梯小国被亚述帝国所灭。

7. 亚述帝国（约公元前 9 世纪—前 7 世纪）

公元前 13 世纪起，亚述逐步统一两河流域北部地区，并与巴比伦进行争霸战争，就在巴比伦王朝衰落之际，历经数次沉浮的亚述开始走向全盛时期，并最终消灭了曾经灭亡古巴比伦王国的赫梯王国，统一两河流域。至公元前 7 世纪初，亚述帝国正式吞并巴比伦尼亚，建立了地跨西亚、北非的区域性大帝国。

亚述帝国的统治者通过战争征服了不同地区与民族，兵锋过后，各地不断反抗，导致其统治极不稳固，同时统治者之间血腥的争权夺利斗争也削弱了帝国的实力。公元前 605 年，迦勒底人建立的新巴比伦王国与米底王国联军攻克了亚述帝国的最后一个据点卡赫米什，亚述帝国灭亡。

8. 新巴比伦王国（约公元前 626—前 538）

新巴比伦王国是迦勒底人建立的，所以又称迦勒底王国。新巴比伦王国的开国君主是那波帕拉沙尔，正是这位开国君主与位于伊朗高原北部的米底王国联合消灭了亚述帝国。那波帕拉沙尔去世后，其子尼布甲尼撒二世即位。尼布甲尼撒二世在与埃及争夺巴勒斯坦地区的过程中，先后两次将犹太国居民掳至巴比伦，史称"巴比伦之囚"。尼布甲尼撒二世时期，是新巴比伦王国的全盛时期，他死后新巴比伦王国开始衰落，公元前 538 年为波斯所灭。

（二）两河文明成就及其对西方文化思想的影响

被大家普遍认为是"人类文明摇篮"的古代两河流域文明在文化思想上的结晶体现在对自然的思考。在两河流域，通过对自然界中可以理解与把握部分的探索，逐渐形成了科学的思想，包括自然科学和人文社会科学；通过对自然界中在当时条件下难以理解与把握（或曰超自然）部分的思索，逐渐形成了宗教的思想。

1. 古代两河流域与西方文字起源

尽管随着历史的发展，文化研究的进步，人们对传统文明产生的标准问题进行了不断的修正。但是，将文字的产生作为文明产生的最重要的标志之一，一直是人们的共识。所以，作为西方现代所使用的字母文字最早发源地的两河流域无疑对西方文化思想的早期奠基作出了重要的贡献。

通常，人们一说到古代两河流域文字，就会联想到苏美尔人发明的楔形文字。这是一种用带有尖头的芦苇做成的笔在泥版上刻画出的、外形看上去就像楔子样的文字。这个名字最早是由英国人开始使用的，所以英文的"楔形文字"（cuneiform），即由"楔子"（cuneus）加上"形状"（form）构成。由于人们把较为成熟的苏美尔文明的时间定位于公元前 4000 年左右，所以也通常认为楔形文字的产生也始于公元前 4000 年左右，但对于其产生与演变过程缺乏详细的考察。最近，有学者对这一问题进行了较为深入的研究："来自于美索不达米亚的底格里斯河和幼发拉底河之间的地区可追溯到公元前 8000 年黏土记事版上的标记符，可能是音节文字最早的'先驱'。在最初的耕作地区，大量的谷物和动物的数目都被用盘状和圆锥体形的黏土加以标记。……很显然，埃及人和印度河谷的哈拉帕人，在很早就积极地和闪族人做生意，它们接受了这种用可识别的图像符号代表口语的发音来做标记的方法：人们看到可识别的东西就能大声地喊出它的名字。像这样的符号被称作象形图案，用象形图案表示的文字就是象形文字。然后，埃及人重新定义了这个过程，就是通过把图片简化成词素和纯粹的音节符号来更好地再造出埃及语言。最后，可使用的语标文字体系产生了，现在人们能充分地把带有复杂口语语法的句子加以转化了。这就是我们已知的文字。"[①]

这段论述使我们对楔形文字的起源最早可以上溯到公元前 8000 年，同时也初步说明古代两河流域产生的楔形文字对埃及人和印度河谷的哈拉帕人产生了影响。这就说明它对东西方文化的产生都发生了影响。这些发现都是建立在近

---

① Steven Roger Fischer, *A History of Language*, London：Reaktion Books Lfd，1999，pp. 89-90.

年来最新的考古发现上，因此是人类文明演变研究的重要进展。这里我们再作一个补充：在西方文字演进中最重要的中间环节是腓尼基人在楔形文字基础上所创造的腓尼基字母。大约公元前 13 世纪，生活在今天黎巴嫩一带的腓尼基人创造的由 22 个字母组成的腓尼基字母表，逐渐向东西方传播开。在东方发展出印度、阿拉伯、亚美尼亚、维吾尔等各民族字母；向西方传入希腊，由于腓尼基字母表只有辅音字母，没有元音字母，希腊人就对它进行了改造，加入了元音字母，形成希腊字母。此后，在希腊字母的基础上，又形成拉丁字母和斯拉夫字母，这两种字母成为后来整个欧洲各国文字的基础。因此，经过腓尼基改造过的两河流域楔形文字是现行世界各民族字母的根源。

2. 以天文学成就为代表的科学技术成就对西方文化思想的贡献

古代两河流域天文学成就堪称灿烂辉煌。由古代两河流域天文学家开创的天文学思想奠定了欧洲天文观念的基础。有些两河流域的天文观念如星期观念，直到今天，还是我们日常生活中正在应用的观念。

（1）太阴历思想对西方天文思想的影响

古代两河流域在天文学方面第一项成就是太阴历的制定。这一成就是由苏美尔的天文学家发明的。他们以月亮为参照物，以 12 个月亮圆缺的周期加起来为一年，并设置闰月来补足与太阳历相差的天数。这一历法对于农业生产有着相当大的便利性，后来的犹太历和伊斯兰历法都借鉴了苏美尔人制定的这一历法。至于中国古代一直沿用到民国时期的农历，也是同一类历法，是否受到古代两河流域太阴历的影响，尚待探究。但是中国古代文明同希腊文明有过交流，已经引起相关学者的重视，也有一定的成果，这一点稍后再叙。

（2）星期观念与计时观念对西方计时观念的影响

古代两河流域在天文学方面第二项对当前东西方文化都有重要影响的成就是确立了星期观念和计时观念。即他们把 1 个月分为 4 个周，每周有 7 天，分别由 7 个星神掌管，即日月火水木金土。这一星期制度经过犹太人的继承与传播，逐渐被全世界的人们所采用，时至今日，星期制度已经成为人们安排日常生活与工作不可或缺的依据了。古代两河流域的人们还发明了"十二进制计时法"，即将 1 天分为两个 12 小时，这就是今天通用的 24 小时计时法的雏形；还有"六十进制"，即每小时分为 60 分钟，每分钟分为 60 秒。这些也都是当今通用的计时方法。

两河流域在科学与技术方面创造出在当时领先于世界的成就。除了上述的天文学以外，无论是数学、几何学、修辞学及至城市建筑学等，古代两河流域的人们都创造了令世人瞩目的成就。有的成就已经成为后来人们叹为观止的奇迹，比如新巴比伦王国的第二个统治者尼布甲尼撒二世为取悦其娶自米底王国的妻子而修建的"空中花园"，被称为古代世界七大奇迹之一。

3. 古代两河流域的宗教思想对西方文化思想的贡献

作为人类文化重要发源地的古代两河流域的神话与宗教思想同样也对后来以希腊文化为代表的西方文化中的宗教思想产生了影响。有人将古代两河流域宗教基本特征归纳为3点："一是多神论，认为世上有众多的神祇存在，神与神之间不仅有等级之分还常常相互争斗。二是拟人性，认为神祇具有和人一样的外貌、品行、个性和弱点。三是泛神论，认为自然界和宇宙中处处都存在着神祇。"①我们根据古代两河流域神话与宗教的这些特点，认为其对古希腊神话与宗教产生的影响具体表现为以下3个观念：

（1）万物有灵观念

我们认为两河流域的泛神论是万物有灵观念的初级形态之一。希腊宗教是多神教，这与两河流域宗教特点中的第一点相吻合。至于古希腊宗教崇拜的范围是否像两河流域那样涉及万物有灵的思想，也有学者给出了肯定的观点，认为它是一种"万物有灵的多神教"②。"万物有灵"的观念对此后西方宗教思想的发展形成了长期的影响。

（2）神人同形同性观念

关于古希腊的神话与宗教的文献依据，主要是《荷马史诗》及赫西俄德的《神谱》，以及其他文献（包括重要的考古发现）。目前，人们对希腊神话与宗教特点最基本的了解，使用频率最高的一句概括性的话是"神人同形同性"。这一特点同上述两河流域宗教特点中的第二点的"拟人性"相吻合。

（3）初级的对立斗争观念

古代两河流域"神与神之间不仅有等级之分还常常相互争斗"的观念，对此后西方哲学思想及文化思想中的对立统一及差异和谐观念也有重要的启示。这一点，我们通过赫拉克里特"相反的东西结合在一起，不同的音调造成最美的和谐，一切都是通过斗争而产生的"③，就可以清楚地认识到。正是这一相反相成理论，对此后西方文化思想产生了长期的影响。

4. 古代两河流域的法律思想对西方文化思想的影响

古代两河流域在处理人际关系的过程中，也形成了丰富的文化思想，包括从属于我们今天所说的人文科学与社会科学的大部分学科，如政治、经济、法律、文学、艺术、历史等等。在这些成就中，对后来的西方文化思想影响最大

---

① 徐新编著：《西方文化史》，13～14 页。

② 同上书，73 页。

③ 《赫拉克里特残篇》，见北京大学哲学系外国哲学史教研室编译：《西方哲学原著选读》，上卷，23 页，北京，商务印书馆，1981。

的要算法律思想。所以，我们这里就以法律思想为例，加以说明。

法律的产生是人们处理人与人之间关系的经验上升到了专门学科的水平，这是人类文明进步的重要成绩。直到今天，法治社会也是全人类共同的理想社会模式。在这一学科的起源上，仍然是两河流域走在了历史的前列。据英国学者萨格斯统计，到目前为止人们所发现的苏美尔楔形文字文献中，与法律有关的文献占95％左右。① 这足以说明，在当时的苏美尔，法律在人们生产生活中所占有的重要地位。在古代两河流域的早期文明发展与衍生时期，先后形成了众多的法典。这是其法律成就的重要文献根据。根据历史文献学与考古学研究，目前常见的包括两河流域在内的近东古代法典有九部："（Ur-Namnui）法典，约公元前2100年；Lipit-Ishtar法典，源自南部美索不达米亚之Isin城，约公元前1930年；Eshnunna法典，源自北部的同名城市，约公元前1720年；汉谟拉比法典，约公元前1680年；亚述法典，约公元前12世纪末；赫梯法典，约公元前13世纪；新巴比伦法典，约公元前6世纪；约法（Covenant）法典（来源于《出埃及记》）；申命（Deuteronomic）法典（来源于《申命记》），约公元前7世纪。"②

由于这些数量众多的法律文献，使我们可以想象，当时的两河流域，已经形成了普遍的法律思想与意识，以及基本的法律文本形式，包括了习惯法、成文法、案例法等。当前，人们对两河流域法律文化对罗马文化产生的影响研究已经取得了丰富的成果。我们初步认为，有两个重要的法律观念是重要的代表。

（1）法治观念

西方社会在社会约束思想上，从古希腊以来就明确地标称为法治思想。法治思想是相对于人治思想，或者从某种程度上说，是在同人治思想进行斗争的过程中发展起来的。从社会发展与文明进步的角度来看，这无疑是人类处理社会关系的一个先进理念与方法。这一理想仍是现代人类社会约束思想的优先选择。两河流域丰富的法律文献以及在社会运行中的法律实践中所体现出来的法治精神，无疑为迄今为止的西方及至整个世界留下了宝贵的精神财富。

（2）立约观念

不管是习惯法，还是成文法，其制定过程和实行过程一直贯穿着立约观念。法律能够确立执行是大家共同商量约定的，一经约定就具有了普遍约束力。如果大家不能达成约定的共识，法律将是一纸空文。这一立约观念对西方文化思

---

① 参见 H. W. Saggs，*The Greatness That Was Babylon*，London，1962，p. 196.

② 参见 R·维斯特布鲁克著，白钢译：《十二表法的本质与来源》，见《希腊与东方》，144～145页，上海，上海人民出版社，2009。

想的影响首先表现在犹太民族的"契约观"的确立。① 犹太民族的契约观显然是近代启蒙思想中社会契约思想的重要根据。

对自然的思考是西方文化的最高目标。这种思考从不同的角度形成了不同的学科：对现实自然的思考形成科学，对超自然的思考形成宗教，对诸种自然作形而上的思考形成哲学和社会科学。这些思考的源头都可以追溯到古代两河流域所创造的早期文明。因此，我们说古代两河文明对西方文化思想产生了广泛而深远的影响。

二、埃及文明对西方文化思想的影响

"埃及"一词的命名来源于古希腊，他们把古埃及孟斐斯城主神普塔赫叫作"海库普塔赫"（Aigyptos），"埃及"（Egypt）即为其讹称。② 之所以出现这样的现象，是因为埃及在公元前 1000 年左右就开始不断被入侵者所统治，先后有波斯人、希腊人和罗马人征服和统治过埃及。到公元 642 年阿拉伯人占领埃及后，埃及成为阿拉伯帝国的成员，埃及本土文化也逐渐被伊斯兰文化所取代，从此以后曾经辉煌的古埃及文明就成为人类文明历史上"失落的文明"之一。

（一）古埃及历史发展的脉络

古埃及位于非洲东北部，北临地中海，西边是利比亚，南面是苏丹和埃塞俄比亚，东部与阿拉伯半岛隔红海相望。尼罗河由南向北纵贯埃及全境，传统上沿尼罗河的不同流域区段特点，将埃及分为南部河谷的上埃及地区和北部尼罗河三角洲的下埃及地区。古代埃及人属于哈姆-塞姆语系，身材高大，特点鲜明。今天的埃及人，主要是征服埃及的波斯人和阿拉伯人的后裔。

结合日益丰富的考古成果，我们把埃及的历史分为初始文明时期（相当于传统的前王朝时期）、早王朝时期、古王国时期、第一中间期、中王国时期、第二中间期、新王国时期和后期埃及时期，前后共建立了 31 个王朝。

1. 初始文明时期（约公元前 4500—约前 3100）

这一时期历史跨度大，涉及整个埃及史前时代，因此我们只选取有明确考古成果证实，已经达成普遍共识的部分，主要包括巴达里文化、涅加达文化Ⅰ和涅加达文化Ⅱ3 个阶段。

巴达里文化约始于公元前 4500 年。考古发现表明，当时的人民已经开始定居从事农业生产，生产工具进入了铜石并用时代，通过对其墓葬形式的研究，说明在这一文化时期，灵魂观念已经产生。

涅加达文化Ⅰ约存在于公元前 3600 年到约公元前 3500 年间。这一时期的

---

① 徐新编：《西方文化史》，17 页。

② 周启迪主编：《世界上古史》，35 页，北京，北京师范大学出版社，1994。

一个重要文明成就是出现了早期的城市。这时已有了商业活动，表明农业与手工业生产达到了很高水平，有了可供交换的产品。

涅加达文化Ⅱ约存在于公元前 3500 年至约公元前 3100 年。这一时期，出现了明显成熟的冶金技术，大量的铜制工具与武器被发现。早期的文字已经产生，这是埃及进入文明时代的一个重要标志。同时，公元前 3500 年开始，埃及开始出现了许多早期国家——"斯帕特"，希腊人称为"诺姆"，中译为"州国"。这些早期国家之间大致形成上下埃及两个区域，并经常发生战争。

2. 早王朝时期（约公元前 3100—约前 2686）

据生活于公元前 4—前 3 世纪的埃及祭司曼涅托的《埃及史》和古希腊历史学家希罗多德的《历史》记载，美尼斯是古代埃及第一王朝的建立者，定都孟斐斯。此后，古代埃及共传承了 31 个王朝。美尼斯也是古代埃及国家的统一者。这一时期，国家机器形成，确立了王位世袭制，王权开始走向神化。

3. 古王国时期（约公元前 2686—约前 2181）

古王国时期的首都是孟斐斯。由于埃及从这一时期开始修建金字塔，所以古王国时期又被称作金字塔时代。这一时期在埃及历史上的重要意义首先由金字塔体现出来。同两河流域的空中花园一样，金字塔也被视为古代世界七大奇迹之一。金字塔的意义还在于它全面体现了埃及文化的综合水平达到了历史高峰。因为金字塔的设计建造需要数学、几何、力学、测量等多学科的知识。这一时期对埃及历史的另一个贡献就是君主专制的确立。这一制度形成于早王朝末期，巩固、确立于古王国时期。有观点认为，古埃及的君主专制制度是上古世界各国同类政体中最为典型的，具有鲜明的特征。[1] 埃及国王的专有称谓"法老"最早也是出现于这一时期。

4. 第一中间期（约公元前 2181—约前 2040）

古王国时期的统治是以地方贵族为自己的统治基础。随着这些地方实力派的实力不断壮大，逐渐形成了诸侯并立的局面。各个贵族都将自己的领地即诺姆（州国）当成了一个独立的小国家。各个诺姆之间为争夺利益不断发生战争。到古王国后期，整个古国陷入分裂割据与诸侯混战的局面中。与此同时，西亚的贝督因人游牧部落也侵入埃及。古王国处于内忧外患的交织中。这期间，位于埃及中部的赫拉克列奥波里崛起，统一了下埃及和中部埃及，先后建立了第九、第十两个王朝。赫拉克列奥波里王朝的统一是不完全的，也并不稳固。在其第十王朝时，南部的底比斯建立了第十一王朝。最后，由底比斯的孟图霍特普二世打败了赫拉克列奥波里王朝，完成了重新统一上下埃及的任务。

---

① 齐涛主编：《世界通史教程（古代卷）》，49 页，济南，山东大学出版社，2001。

5. 中王国时期（约公元前 2040—约前 1786）

孟图霍特普二世重新统一埃及后，仍以底比斯为首都，开始了中王国时期。中王国时期，古埃及的社会生产力有了快速的发展。青铜器得到普遍应用，极大地提高了生产效率。这一时期的一个重要历史特点体现在阶级变动上，就是涅杰斯阶层的兴起。涅杰斯（Nds）原意为"小人"。这一阶层是处于贵族与奴隶之间的自由民。也许是汲取了古王国时期诸侯坐大导致国家分裂的教训，中王国的统治者一直保持着对贵族的斗争。在这样的历史条件下，涅杰斯成为他们的重要依靠力量。这一时期，埃及开始对外征服，巩固了疆域的同时，也带回了大量的铜、金等矿产，促进了经济的发展。

6. 第二中间期（约公元前 1786—约前 1570）

中王国的强盛时期很短暂，不久就由于王室的内部斗争、奴隶起义而走向式微，开始陷入长达 200 年的再次分裂中，史称"第二中间期"。在此期间，来自叙利亚和巴勒斯坦地区的喜克索斯人乘虚而入，占领并统治埃及 100 多年。喜克索斯人后来将埃及的象形文字带回了西亚，客观上起到了传播古埃及文化的作用。侵入埃及北部尼罗河三角洲地区的喜克索斯人大约在公元前 18 世纪开始建立自己的政权，形成了对埃及北部的统治，并逐渐扩大统治范围，将埃及中部也纳入自己的统治下。这样，喜克索斯人在埃及的中部和北部建立了埃及的第十五朝和第十六朝两个王朝。由于喜克索斯人本身是来自于叙利亚和巴勒斯坦一带的游牧民族，为逐水草而居才来到水草丰美的下埃及尼罗河三角洲地区，所以他们所建立的王朝版图，也包含了其来源地的叙利亚和巴勒斯坦地区。

尽管喜克索斯人控制了埃及的北部和中部，可是限于其人力物力等因素，一直没有真正控制南部埃及。这样，以底比斯为中心的南部埃及地区在喜克索斯人统治时期也相对独立地保持了自己的势力范围，到后来也建立起第十七王朝。第十七王朝，在建立初期由于实力相对不足，也曾经向喜克索斯人的王朝纳贡称臣。

7. 新王国时期（约公元前 1570—约前 1085）

南部埃及地区建立的第十七王朝到了卡美斯国王统治时期，开始同喜克索斯人进行斗争。卡美斯发动的反喜克索斯人的战争取得了重大胜利，但是还没有完成把喜克索斯人驱逐出埃及的历史使命，卡美斯就"出师未捷身先死"了。光复使命就落在了他的弟弟雅赫摩斯身上。最终，雅赫摩斯攻占了喜克索斯人的首都阿瓦利斯，并将他们彻底驱逐出埃及。然后，由雅赫摩斯建立了第十八王朝，埃及从此进入了新王国时期。新王国时期历经第十八、第十九和第二十王朝共三个王朝。

埃及在新王国时期开始了对外扩张。经过大约一百多年的对外战争，逐渐形成了一个地跨西亚北非的帝国。这一过程开始于雅赫摩斯时期，雅赫摩斯追击喜克索斯人的时候，向北到达了叙利亚，向南到达了克亨色诺弗尔。此后，由历任的继承者阿蒙霍特普一世、图特摩斯一世、图特摩斯二世的不断征伐，到图特摩斯三世时，最后完成了埃及帝国的建立工作。此后，历任统治者所做的工作只是巩固帝国的统治。

8. 后期埃及时期（约公元前 1085—约前 332）

新王国后期，由于连年的对外战争，同时由于国内贵族阶层与神庙中的僧侣集团的斗争及底层人民的起义，削弱了国力。公元前 1085 年，阿蒙神庙祭司霍尔纂夺王位，建立了第二十一王朝，标志着新王国时期结束，古代埃及进入了后期埃及时期。

后期埃及时期是一个不断被外族入侵的时期。这一时期，先后有利比亚人、埃塞俄比亚人、亚述人短期统治过埃及。此后，波斯人、希腊人和罗马人对埃及相继进行过长期有效的统治。到公元前 332 年，亚历山大征服埃及，埃及成为亚历山大帝国的一部分。

公元 642 年，阿拉伯人占领埃及，埃及成为阿拉伯帝国的一部分。这样埃及开始被纳入伊斯兰文明的范畴，其固有的文明特征基本消失。

（二）古埃及文明成就及其对西方文化思想的影响

古埃及作为传统的四大文明古国之一，创造了丰富的文明成就。本书从思想观念的层面，探讨那些对西方文明具有长远影响的基本观念。

1. 古埃及象形文字在西方文字起源中的重要地位

作为人类进入文明时代重要标志的文字，在其起源与发展演变中，埃及曾经作出了重要的贡献。随着近代以来考古学发现的不断增多，现在我们已经能基本勾勒出文字的演变历史。这其中主要线索我们在两河流域文明成就的介绍中已经进行了总结。这里我们要再进一步分析一下埃及文字的成就。如果说西方文字的起源经历了苏美尔的楔形文字—埃及象形文字—腓尼基字母—拉丁字母这样一个大致的演变过程的话，那么埃及的贡献是在楔形文字基础上，加强了其表音的功能，并逐渐形成较为系统的表音系统，为腓尼基文字的进一步发展打下了重要基础。

2. 古埃及的神话与宗教成就及其对西方文化思想的影响

传统观点认为埃及的神话与宗教基本上来源于其图腾崇拜和自然崇拜，其宗教观基本上是多神教的（只有在埃赫那吞改革时期有过建立一神教的努力）。对这一个整体观念，我们也可以找到大量的文献学与考古学的根据。这一基本观念应该没有什么疑问。但是，对埃及的宗教成就的评价，限于埃及学研究程度的限制，早先时候的一些结论就有必要根据最新的学术进展加以修订了。比如，人们一度认为"古埃及的宗教总的说还是很原始，其宗教学说中只有保护或惩罚，或神带来恩惠的说教，而没有救赎的理论，可以说它是不成形的宗教。另外，埃及的神虽已从氏族部落神发展成了国家神，但还未发展成世界神，因而是不可传的。"[1] 新的研究成果表明，这一结论有待进一步修正。

首先，古代埃及的神话与宗教是"可传"的。最近有研究表明"古典和希腊化时代的希腊人自己断言他们的宗教来自埃及，希罗多德甚至明确说明除了一两个例外之外，神灵的名字都是埃及的"[2]。在《黑色雅典娜》一书的第 3 卷，作者正是在这一思路下，对希腊神话中的众神名字与古代埃及神话的众神名字进行了比较研究，通过大量的考古资料与历史记载，显示出二者存在着明确的渊源关系。这就说明埃及神话对希腊神话产生了全面的影响。

其次，古代埃及神话与宗教不但是"可传"的，而且还是"世界神"的来源。如前所述，朱利安·鲍尔迪（Julian Baldick）的《黑色上帝——犹太教、基督教和伊斯兰教的起源》从比较宗教学的角度，通过非洲的神话、传说、礼仪、宗教等的研究，发现它们可以上溯到远古时期，都是来源于由希伯来《圣经》和古代埃及所共享的宗教体系——非洲-亚洲宗教体系。这就说明，古埃及宗教是古代宗教的两个古老的源头之一。

当前，在文化思想观念上，人们普遍接受的西方文化两个传统来源是：希腊-罗马古典传统和希伯来-基督教传统。这种概括虽然较为宏大，但也基本上符合历史演变的事实。只不过是人们对这两大源头之根源的探讨缺乏进一步的研究。我们以埃及文明为例，从其文字成就及神话宗教成就两个方面可以发现，古代埃及对两大文明传统都产生了实际的影响。

三、希伯来文明对西方文化思想的影响

希伯来是历史上对古代犹太人的称谓，意为"来自河那边的人"（这里的河应该是指幼发拉底河与底格里斯河）。这也向我们透露了犹太人最早起源于两河流域的信息。今天"犹太人"的称谓，则是《圣经》时代之后的事了。所以，我们这里用希伯来文明来叙述早期犹太文明史，更加符合历史事实。需要格外说明的是，关于早期希伯来历史的记述，《圣经》是一个重要的文献依据。

（一）希伯来历史发展的脉络

希伯来的早期历史发展大致经历了祖先时代、士师时代、第一圣殿时期、

---

① 周启迪主编：《世界上古史》，84 页。

② 马丁·伯纳尔著：郝田虎选译：《黑色雅典娜：古典文明的亚非之根》，第 1 卷：构造古希腊 1785—1985·绪言，载"思想史研究"第 6 辑《希腊与东方》，62 页，上海，上海人民出版社，2009。

第二圣殿时期。

1. 祖先时代（约公元前 1900—前 1230）

这一时代也被称为"族长时代"，因为这一时期的历史记述，往往是与不同时期所产生的著名的部落族长的英名联系在一起的。根据《圣经》的记载，希伯来人的祖先原来生活于两河流域的苏美尔地区的一个叫作乌尔（Ur）的城市。大约在公元前 1900 年（一说公元前 1800 年）左右，希伯来人在其祖先亚伯拉罕的带领下，来到了迦南地区。"希伯来"正是迦南人对这些来自于两河流域者的称呼。迦南地区即今天巴勒斯坦地区的古称。这一称呼大约始于公元前 13 世纪末来自于海上的腓力斯丁人入侵后。当时，腓力斯丁人占领了迦南的西南沿海地区，被称作"巴勒斯坦"意为"腓力斯丁人的土地"。后来，希腊的历史学家逐渐将整个迦南地区都称作巴勒斯坦。

希伯来人在迦南地区度过了由亚伯拉罕、以撒和雅各共 3 个族长领导的时期后，有可能是遭遇了自然灾害，在族长雅各的领导下迁入埃及生活。他们在埃及生活了大约 400 年时期，受到了埃及法老的压迫，甚至于到了民族灭亡的危险境地。于是，希伯来人又在其领袖摩西率领下离开埃及，并在其继承人约书亚的继续率领下返回迦南。

2. 士师时代（公元前 1230—前 1020）

希伯来人返回迦南受到了迦南人的抵制，于是发生了战争。战后，希伯来人占领了大片的土地，同时也形成了两大部落联盟：南方的以色列和北方的犹太。从这时起到扫罗称王，希伯来进入了一个新的时代——士师时代。

所谓"士师"，乃是希伯来人的先知、统帅和救世主三位一体的，被看作是上帝选定的、被赋予上帝智慧的人。这些人在当时的部落中起到了组织、领导和协调矛盾的作用。当时，在希伯来人中主要有 12 个较大的部落。这些部落在应对外族入侵中，逐渐意识到形成统一国家的重要性，希伯来人就开始向统一王国演变。

3. 第一圣殿时期（公元前 1020—前 516）

由于民族利益与抵御外族侵略的需要，在士师时代末期，德高望重的士师撒母尔根据大家的共识，主持挑选出了扫罗作为希伯来的第一个国王。这样，希伯来人就由士师时代进入到君主制时代。扫罗王进行了大量的统一战争，最终战死疆场。其后，大卫王统一了犹太和以色列，建立了以耶路撒冷为首都的统一王国。大卫王死后，其子所罗门王在公元前 956 年于耶路撒冷建立了犹太教圣殿。由此开始，耶路撒冷成为希伯来民族的宗教中心，确立了"圣城"地位。希伯来也开始进入第一圣殿时期。

公元前 597 年，这一地区崛起的新巴比伦王国领袖尼布甲尼撒二世率军攻占耶路撒冷，俘虏了犹太国王约雅敬，重新拥立了一个傀儡国王。十年后，犹太国企图反叛新巴比伦王国，尼布甲尼撒二世再次出兵，攻毁耶路撒冷，一并毁掉了圣殿，并将犹太臣民悉数掳往巴比伦囚禁，史称"巴比伦之囚"。第一圣殿时期结束。

4. 第二圣殿时期（公元前 516—公元 135）

公元前 538 年，波斯帝国的居鲁士大帝征服了新巴比伦王国。居鲁士大帝以博大的胸怀释放了巴比伦之囚，并同意他们重建家园和自己的圣殿。公元前 516 年，希伯来人再次建立起圣殿，历史进入了第二圣殿时期。

这一时期，希伯来人先后在波斯帝国、马其顿帝国（在亚历山大死后，盘踞在埃及的托勒密王朝和以叙利亚为中心的塞琉古王朝也先后控制了希伯来王国）的统治下。其间，为了维护自己的民族利益与宗教信仰，希伯来人同不同的统治者不断地进行斗争与博弈，也取得了一些成功。但是，当罗马帝国接手统治这一地区以后，对希伯来人及其信仰进行了残酷迫害。这些迫害引起了起义。公元 70 年，罗马人攻破耶路撒冷，放火焚毁第二圣殿，将希伯来人驱逐出自己的家园。公元 135 年，希伯来人的最后一次起义被镇压，第二圣殿时期结束。

希伯来民族从此进入了长达 1800 多年的大流散时期。

（二）希伯来文明成就及其对西方文化思想的影响

希伯来人创造了对人类文明史发生了重要影响的文明成就。这些文明直到现在仍然在影响着西方社会大多数人的生活。希伯来文明所孕育的希伯来-基督文化与希腊-罗马文化一起，成为西方文明两大主要源泉之一。因此，我们通过对希伯来文明中一些重要观念的分析，具体地掌握其作为西方文明之源的原因所在。

1. 契约观与一神教

在希伯来宗教传统中，约、律法和先知是 3 个非常重要的方面。我们这里要从更加宏观的角度，择其要者，将其上升到观念层面，加以分析。按照这样的思路，我们将希伯来宗教传统总结为两个紧密相关的观念：契约观与一神教。

关于这两个重要观念较为集中的记叙出现在《出埃及记》中："神吩咐这一切的话，说：'我是耶和华，你的神，曾将你从埃及地为奴之家领出来。除了我以外，你不可有别的神。不为自己雕刻偶像，也不可作什么形象，仿佛上天、下地和地底下、水中的百物。不可跪拜那些像，也不可侍奉它，因为我耶和华——你的神，是忌邪的神。恨我的，我必追讨他的罪，自父及子，直到三四代；爱我、守我诫命的，我必向他们发慈爱，直到千代。……当孝敬父母，使你的日子在耶和华神所赐你的地上，得以长久。不可杀人。不可奸淫。不可偷盗。不可作假见证陷害人。不可贪恋人的房屋，也不可贪恋他人的妻子、仆婢、牛驴，并全一切所有的。'"

在前边的章节中，我们已经分析了两河流域的立约观，并且提出它可能对希伯来人的契约观产生影响。这里，我们就沿着这样的历史思维，具体分析一下两者的关系。两河流域的立约观是其初级法律思想的重要基础，按照今天的人文社会科学分科标准，是属于社会科学中对社会秩序进行协调的法律思想之源。而希伯来人的契约观却是以宗教形式对这一思想加以深化，使之深入到人的精神与信仰世界。

通过这些内容，我们可以分析出希伯来宗教传统的历史先进性：首先，希伯来宗教传统中的立约精神将两河流域的立约传统向人的心灵推进，提升到精神信仰层面；其次，希伯来宗教用一神崇拜取代多神崇拜，为国家统一提供了信仰基础，同时否定了"巫术"、"魔法"等迷信思想。

2. 民族意识与复国思想

随着研究的深入，我们也可以从精神信仰以外的领域进一步研究希伯来文明可能为西方文化思想传统所作出的贡献。例如，由于其独特的长期流散的民族历史特点，积累形成的日益强烈的民族意识与复国思想，对近代以来的民族国家取代中世纪以来长期的专制统治，提供了一定的思想基础。

作为"来自河那边的人"，希伯来人从其有历史记载以来，就从迁徙的记忆中走向我们的视野。来到巴勒斯坦地区不久之后，又由于自然灾害，大部分希伯来人迁入埃及，在那里生活近 400 年后，又返回巴勒斯坦。此后，先后经历了"巴比伦之囚"和罗马帝国之后近 1800 年的大流散时期。正是在这种长期流离失所的经历中，希伯来人比其他民族更早地觉醒了民族意识。在此基础上，又逐渐形成了强烈的复国思想。

早在士师时代末期，希伯来的 12 个部落正是认识到长期分裂割据给整个民族所带来的无穷灾难，才达成共识，形成了民族王的观念，[1] 挑选扫罗作为大家公认的民族领袖。此后，正是在这一民族意识的主导下，希伯来人及其后代犹太人在历经多次的失国与漂泊流徙中，坚守信仰，弘扬民族文化，终于使自己民族的沧桑经历升华成西方文化的二大精髓源头之一。同时，在长期坚守民族意识下所形成的犹太达乡观也成为 19 世纪犹太复国主义思想运动的渊源所在。[2]

---

① 徐新编著：《西方文化史》，33 页。

② 同上书，36 页，页下注①。

第二章　古代希腊文化思想

古希腊文化是西方文化宝库中璀璨夺目的一颗明珠。古希腊人以其聪颖的头脑为后人留下了丰富的文化思想遗产。这个"小民族"所创造的巨大成就至今依然震撼着人们的心灵，以至于"我们在哲学上如同在其他许多领域中一样不得不一再回到这个小民族的成就上来……这个民族的广泛的才能和活动使他们在人类发展史上享有任何其他民族都不能企求的地位"①。

第一节　古代希腊的社会历史发展特点

古代希腊文化是现代西方文化思想的重要发源地。古代希腊人在形成自己系统的文化思想的过程中，曾经大量吸收了世界各地文化中的有益成分。但希腊人不是对这些外来文化因子进行简单的挪用，而是结合社会与历史发展的需求，进行了系统化加工。因此我们现在研究希腊文化思想的特点，首先要从总结希腊历史发展规律开始，研究希腊人是如何在历史发展不同阶段针对不同时代主题，形成了不同的文化思想。

一、古代希腊的历史分期

在"西方文化思想的起源"一章中，我们把文明起源时期的希腊历史划分为克里特文明、迈锡尼文明与荷马时代文明3个阶段。荷马时代之后的古希腊，以公元前8世纪为起点，可以划分为3个时代：古风时代、古典时代和希腊化时代。

公元前8世纪到前6世纪这段时间被称为古风时代（或古朴时代），这是古希腊文化发展和形成的重要时期。这一时期，在铁器时代生产力的推动下，希腊各地产生了数以百计的城邦，并以大殖民的方式将希腊文明传播至地中海各地。雅典和斯巴达的政治、经济制度及社会特点也都于此时定型。

公元前6世纪以后（以希波战争胜利为标志）直至马其顿征服希腊，称为古典时代，是上古希腊文化发展的鼎盛时期。这一时期，以雅典为代表的希腊城邦进入了经济、政治和文化全面繁荣的阶段。所谓"希腊的光荣"、"希腊的奇迹"、"伯里克利黄金时代"等辉煌，均为这一历史时期的产物。

古典时代以后到奥古斯都打败安东尼这一时期，为希腊化时代，是上古希

---

① 《马克思恩格斯选集》，2版，第4卷，287页，北京，人民出版社，1995。

腊文化广泛传播于欧、亚、非三大洲许多地区的时代，同时也是希腊文化没落的时代。随着马其顿和亚历山大的征服，希腊原有的小国寡民式的城邦体制彻底瓦解，原有的独立国家体制彻底崩溃，民主政治已是明日黄花。经过数十年的战乱，在欧、亚、非三洲的广大地域内出现了以托勒密王国、塞琉古王国、马其顿王国为主的一批"希腊化国家"。后来，随着各希腊化王国的陆续灭亡，罗马人逐渐成为希腊人命运的主宰。公元前30年，罗马灭亡了最后一个希腊化国家——统治埃及的托勒密王朝，古代希腊的历史随之告终。

古希腊文化在上述漫长的历史发展进程中，经历了由整合到分化，由西方到东方，由发生、发展、繁荣到衰落的全过程。伴随着这一过程，古希腊人不仅造就了光辉灿烂、丰富多彩的文化格局，而且也赋予这种文化强大的生命力和永恒价值。

二、古代希腊的社会历史画卷

一定的文化是一定社会的客观历史条件在意识形态领域里的必然反映。作为观念形态的文化思想，无不受其赖以产生的客观外在条件的制约。古希腊文化之所以具有经久不衰的强大生命力和世界意义，在于它有着赖以产生和发展的基础。

（一）得天独厚的自然地理条件

文化人类学昭示，自然界是人类生存的前提。处于不同自然地理环境中的人，总是在实践中逐步探索着如何按照自然地理环境的特征来选择最适宜自身生存和发展的、同自然作物交换的特殊方式；不同的民族有着不同特质的文化，不同的文化特质是由不同的自然地理环境影响的结果。在人类征服自然能力相对低下的古代希腊社会，特定的自然地理条件的影响就更显突出了。

古希腊人同大海结下了不解之缘。他们的历史舞台是地中海世界，主要是爱琴海诸岛、希腊半岛、小亚细亚半岛西部海岸等。大海、半岛、港湾……使古希腊拥有得天独厚的自然地理条件：第一，宜人的气候，优美的自然环境。地中海属于海洋气候，温和宜人。一年四季无酷暑，亦无严冬；辽阔的地中海上，碧空万里，海浪千顷；岛屿星罗棋布，像一颗颗明珠点缀其间。第二，漫长的海岸线，众多的港湾，是三大洲的交汇处。古希腊世界有着漫长的海岸线，有着众多的港湾，雅典、科林斯等都是著名的良港；更为重要的是，古希腊所处的地区是欧、亚、非三大洲的交汇处，不同的民族、不同的宗教以及众多的商船、众多的学者在这里交汇、交流，熙熙攘攘，热闹非凡。第三，丰饶的物产。古希腊多山地、海岛，一般不利于农业种植。但由于有良好的气候条件，希腊地区有满山遍野的葡萄树、橄榄树，尤其利于发展经济作物；半岛矿藏丰富，有银矿、大理石矿、陶土和石油，这为发展手工业生产提供了充足的资源。

浩瀚的地中海所拥有的得天独厚的自然地理条件，深深地影响着古希腊文化的产生和发展，更对古希腊文化思想的特质产生着巨大的影响和作用，它使古希腊文化呈现出典型的海洋文化特征，具有高度的开放性。正是因为有了高度的开放性这一文化特质，古希腊文化得以大力地吸收其他民族文化要素，博采众长，取得了辉煌的成就。正如有些学者指出的："很难想象，没有地中海，会有荷马史诗《奥德赛》；没有优质的大理石，希腊人会有精湛绝伦的雕刻艺术；没有宜人的气候，会有希腊悲剧艺术的繁荣。"①

（二）繁荣开放的奴隶制商品经济

社会文化是由社会的经济基础决定的。古希腊文化的发展同样离不开希腊雄厚的经济实力。希腊经济的发展促进了希腊文化事业的兴旺发达，为科学文化的发展提供了雄厚的物质基础和优越的条件，成为科学发达的原动力。

古希腊经济的繁荣与发展主要得力于如下几个方面：第一，由于独特的地理环境和历史条件，它可以从爱琴文明和亚非文明古国吸收大量现成而又丰富的"营养"，从而在发展道路上走捷径，使得生产力发展的起点较高。例如，荷马时代就已出现了铁器、牛耕和多种手工业生产等。第二，希腊奴隶制具有生产商品的特点。资本主义萌芽前的人类社会，其经济特征都是以农业为本的自给自足的自然经济占统治地位，商品经济始终处于次要地位。然而古希腊人独树一帜，私有制和商品经济都得到了较充分的发展，整个希腊世界存在着非常活跃的民间商品市场。例如，雅典的工商业奴隶主把大量的奴隶用于手工业生产各部门和商业部门，促使农业生产纳入商品生产的轨道。农业奴隶主也把奴隶用于生产作物和加工农产品，并将这些产品作为商品出售。希腊奴隶主所获得的大量财富和利润，反过来又激发了他们经营工商业的积极性和创造性。第三，希腊人注重发展航海业和商贸经济。古希腊各城邦大多领土狭小，山多地少，不利于农业发展，但他们充分利用地中海这一大自然的馈赠，大力发展航海业和贸易经济。他们不断地将本地的特产销往各地，又从国外源源不断地输入谷物以及所需的各种原材料。这种贸易有力地促进了商品生产和商品经济的发展。尤其是在雅典、科林斯等著名的工商业城邦里，商贾云集，街市繁荣。商业的发展，又有力地促进了古希腊奴隶制的发展。

古希腊社会经济的发展对古希腊文化思想的繁荣起着直接或间接的作用。古希腊发达的工商业经济首先创造了文化发展所必需的物质条件，正是建立在奴隶制基础上的社会分工和奴隶劳动创造出了大量的剩余产品，才使奴隶主贵族脱离生产劳动而有闲暇专事文化创造；也正是社会财富的不断积累，才使奴

---

① 启良：《西方文化概论》，7页，广州，花城出版社，2000。

隶主阶级有能力来支持文化事业，从而促进希腊文化的繁荣。其次，经济的发展还深刻地影响着古希腊人的社会心理和认识能力。由于商品经济的发展和开放的海洋地理环境，希腊人形成了外向、好动的性格，形成了他们那种独立不羁的人格以及勇于进取的开拓精神和易变观念。我们这里所说的社会心理就是指由于商品经济的确立和发展所带来的一种崇尚自由、要求平等、主动竞争和积极进取的心理素质；为史学家称赞不已的雅典人的自由开放、求知进取、勇于创新的民族精神，便是这种社会心理在文化创造中的体现，它鼓励人们参与各种竞争活动，激发人们的竞争能力，并成为希腊文化繁荣发展的心理基础和精神动力。同时也由于工商业的发达和对外贸易的繁荣，希腊人的视野进一步开阔，思想进一步解放，认识事物的能力进一步提高，对迷信的破除和对自然规律与社会现象的探索也进一步深入，而这些都为文化思想的发展提供了便利的条件。

（三）宽松民主的社会政治环境

古代希腊盛行城邦制。当时各地的城邦数以百计，[①] 各个城邦之间彼此独立，城邦内部大多实行奴隶主民主政治制度，城邦公民集体专政是城邦的基本特征。希腊这种多元的政治结构给希腊人带来了民主、宽松和自由的社会生活，他们"自由地思考着世界的性质和生活的目的，而不为任何因袭的正统观念的枷锁所束缚"[②]。毫无疑问，古希腊奴隶主民主政治的推行为古希腊文化思想的繁荣和发展创造了必要的条件。

雅典对希腊文化的贡献和影响最大，我们可以以雅典为例来进行分析。雅典位于阿提卡半岛，在公元前 6 世纪经过梭伦改革和克利斯提尼改革后确立了民主政体，设立了公民大会、五百人会议和陪审法庭等民主机构。尤其是"贝壳放逐法"的创设，不仅使危害民主制度的人和事得到及时处理，还在一定程度上提高了公民参政、议政的意识，保证了城邦公民民主自由的地位。伯里克利时期，雅典的民主政治进入了"黄金时代"，它使"每个人在法律上都是平等的"[③]，它使一切官职向各个等级的公民开放；在当时，选拔公职人员，各个等级的人都是平等的。[④] 虽然雅典的民主制度只限于有公民权的成年男子，而把

---

① 据不完全统计，古希腊的城邦大约在 600～700 个或 750 个之间。参见胡骏：《古希腊民主城邦制与西方民主宪政思想的萌芽》，载《华东政法大学学报》，2008 (5)。

② ［英］罗素：《西方哲学史》，何兆武等译，24 页，北京，商务印书馆，1986。

③ ［古希腊］修昔底德：《伯罗奔尼撒战争史》（全 2 册），谢德风译，130 页，北京，商务印书馆，1960。

④ 同上书，103 页。

妇女和社会财富的主要创造者奴隶排除在外，但在那个时代，与其他统治模式相比，无疑是一种先进的政治制度，它深深地激发了公民的主体意识，使他们时刻关心国家的前途和命运，并在关键时刻捍卫祖国的利益。同时，这种原则也充分反映在文化生活中，使广大公民在参与政治活动、经济活动的同时，不断地在自然科学、社会科学以及文学艺术等许许多多的文化领域进行孜孜不倦的探索，努力地追求文化的最高境界，并取得丰硕的成果。

此外，城邦的民主政治还直接带来了城邦的开放政策和学术自由品质。伯里克利时代的雅典就是"对全世界人民都是开放的"[1] 城市。"它使全世界各地一切好的东西都充分地带给我们，使我们享受外国的东西，正好像是我们本地的产品一样。"[2] 这里伯里克利所说的"产品"不仅是物质的，还包括诗歌、音乐、艺术等精神产品。民主政治还直接催生了学术的民主与自由品质。在雅典，每个人都可各抒己见，不同学术派别也可同时并存，人们可以充分发挥自己的聪明才智。总之，希腊的民主政治制度不仅为希腊人向世界学习创造了良好的社会环境，而且还直接为希腊文化的繁荣和多元化的生成创造了条件。

（四）影响深远的海外殖民活动

公元前 8 至前 6 世纪，希腊向海外进行大规模的殖民活动，史称"大殖民时代"。大规模的海外殖民活动，构成了古希腊历史上一道亮丽的风景线。

当时的大殖民活动主要出于如下两点原因：一是社会生产力和商业经济发展的必然结果。希腊人使用铁器，推动了农业、手工业、商业和航海贸易的快速发展，促进了奴隶制的发展，引发了希腊城邦内部平民与贵族的斗争。一些因土地兼并而破产的农民与在政治斗争中失意的贵族，迫切渴望到海外去寻找"乐土"。二是人口增加而耕地不足，希腊人需要到海外拓展生存空间。因此，希腊各城邦国家大力推动海外殖民。古希腊大规模的海外殖民活动对希腊社会的发展产生了巨大的影响。第一，大殖民活动扩大了希腊人的生存空间，增加了他们对世界各地的认识和了解，开阔了他们的知识视野。第二，大殖民活动扩大了希腊世界与非希腊世界的交往，增进了文化思想的交流。第三，大殖民活动有力地塑造了希腊人的开放心理。

（五）丰富的外来文化

从文化人类学的角度看，每种文化体系都有自己独特的形成史，它主要是由内部因素所促成，在不同程度上也是外来因素影响的结果。古希腊文化同样也是内外因素交互作用的结果。古希腊的经济是开放型的；与经济开放相辅相

---

① ［古希腊］修昔底德：《伯罗奔尼撒战争史》（全 2 册），谢德风译，130 页。

② 同上。

成，古希腊的文化也体现了开放的精神，更善于吸收外来异族文化。

这种吸收首先体现在古希腊人盛行游学之风。由于地中海沿岸的亚非国家和地区在希腊文明初期甚至更早的时代就产生了高度发达的埃及文化、苏美尔文化，这就使得古希腊人一开始就可以从异族文化中吸取营养。于是早期的许多希腊学者纷纷游历本土以外的广大地区：著名的史学家希罗多德在年轻时就游历了小亚细亚、两河流域、地中海东岸各国、巴尔干半岛，在他的历史著作中对这些地区的风土人情、政治、经济、文化作了详细记载；泰勒斯、毕达哥拉斯不仅到过埃及，还对金字塔所在的异国风情作了记录；此外柏拉图、亚里士多德、修昔底德、色诺芬等都到过许多地方，这些学者凭着敏锐的观察力和强烈的求知欲，学习新知识，接受新事物，不断地吸收各地区的先进文化，从而使来自东方的哲学、诗歌、音乐和艺术等精神产品，源源不断地进入希腊人生活并逐渐被融合在希腊文化中。

其次，古希腊人善于对外来文化进行加工与创新。古希腊人对埃及和亚洲西部古文明的接纳，并不只是亦步亦趋地去模仿，他们能推陈出新，在雕刻和陶器制造方面就大大超过了他们的祖师。他们所制的陶器和金银用器，其精美程度在古代世界上堪称一流。尤为突出的是对腓尼基文字的改进。腓尼基文字最初是由腓尼基人发明的，是"希腊人一直不知道的一套字母"，希腊人在对外交往中学到了它并将其进行不断地发展，在此基础上形成了希腊的文字字母，古希腊人在吸收外来字母并发展字母文字方面为西方各国乃至全世界作出了重要贡献。

第二节　早期希腊文化思想

伴随古希腊历史的发展，经过文明起源时期之后的希腊文化思想的发展先后经历了古风时期希腊文化、古典希腊文化和晚期希腊文化（即希腊化文化）几个重要阶段。在这一漫长的发展过程中，古希腊人在宗教神话、哲学、史学、文学艺术及科学等诸多方面均取得了辉煌成就，对其后的西方文明乃至当今的世界文化思想发展都起到了巨大而深远的影响。本书将古风时期与古典时期的希腊文化思想合称为早期希腊文化思想。早期希腊文化思想成就的主要特点是奠定了西方文化思想的基本框架。这一基本框架由神话、宗教、文学、哲学和历史等学科中形成的一些重要文化思想构成。

一、希腊神话的世俗性特点与神人同形同性观

古希腊神话是世界各民族神话中最生动感人的神话之一，它滥觞于远古时代，其内容多为自然崇拜或万物有灵观念之类。与其他绝大多数民族不同的是，

希腊人虽然创造了神祇，但并未被他们创造的神所左右，他们的神话带有明显的世俗性，此特征在其文学和艺术的创作中得以充分体现，这是古希腊神话异于其他民族神话的典型特征。因此，有学者指出："早期希腊人的神只不过是大写的'人'而已。"①

依据赫西俄德《神谱》中的记载，希腊众神的来源大致是这样的：最初宇宙一片混沌，天、地和水是连成一体的，后来混沌中生出了一种被视为抽象物的黑夜之神诺克斯（Nox，夜）以及黑暗之神厄瑞波斯（Erebus，死亡之地）；接着这两种抽象物生出厄洛斯（Eros，爱），厄洛斯又先后生出艾特耳（Aether，光明）与赫墨拉（Hemera，白昼）、地母盖娅（Gaea）和天父乌拉诺斯（Ouranos）；②乌拉诺斯和盖娅结合，生下12个提坦（Titans）诸神。这就是神的原始世代。在诸提坦巨神中，除普罗米修斯创造了人类并为人类偷来火种之外，其他多有杀父食子等荒诞暴虐的行为，反映了他们属于尚未建立秩序的旧的神界。希腊人信奉的新神是从宙斯开始的，他是乌拉诺斯的孙子，得以躲避其父克洛诺斯的吞食，推翻了巨人神的统治而建立了以他为首的奥林帕斯山（在北希腊）诸神的统治。奥林帕斯山有12主神：众神之父宙斯（雷电之神），宙斯之妻希拉（天空之神），海神波赛东，智慧神雅典娜，太阳神阿波罗，月神阿蒂密斯，爱与美之神阿弗洛狄忒，战神阿瑞斯，火神赫斐斯特，商旅神赫尔墨斯，农业神狄墨特尔，灶神赫斯提亚。

古希腊人相信神能主宰人间祸福，他们为了讨好神、祭奠神而举行各种庆节。每四年一次在南希腊奥林匹亚（伊里斯境内）举行的宙斯大祭最为隆重，届时有体育竞赛和文艺表演，得胜者在全希腊享有荣誉。据说宙斯大祭第一次举行是在公元前776年，古希腊人便以这一年作为纪年的开始。其他如对阿波罗神、雅典娜神、戴奥尼苏斯神（酒神）等的祭奠也相当盛行。

希腊神话世俗性的重要特点是它的"神人同形同性"观念。在古希腊人看来，神是人最完美的体现，神与人同一形象，同一性格，神与人的差别仅在于神的不朽和具有超人的能力。从此说出发，古代希腊人认为神与人同样有七情六欲，同样会犯错误，甚至也不免于徇私护短、挟嫌报复等缺点。神性与人性不仅没有不可逾越的界限，并且是相互辉映的，神是人的最高典型，在神的形象中可以想见人的智慧和美德可能达到的最高境界。可以说，神话只是"人话"的艺术加工和再现，神的社会也只是希腊人的社会的一种反映而已。这样，希腊宗教中神的形象和神话故事都变得美丽动人，且具有生活气息，有助于表现

---

① 高福进：《地球与人类文化编年：文明通史》，243页，上海，上海人民出版社，2003。
② 也有盖娅自孕生出天父乌拉诺斯的说法。

宗教神话的文艺作品走向现实主义。

古代希腊宗教的这种神人同形同性的特点，对希腊文化思想的发展产生了深远的影响：第一，希腊的宗教没有统一的经典或教义，也没有像其他多数宗教那样形成一个祭司或僧侣阶层，故没能造成对文化的垄断和束缚。第二，希腊的宗教和神话排斥权威，毫无禁忌，本身就开了思想自由之先河。排除了宗教禁区，希腊人就可以无所顾忌地大胆探索，驰骋想象，这使得希腊文化，尤其是哲学思想呈现出异彩纷呈的多元化特点。第三，希腊的这种人神同形同性的宗教特点，消除了希腊人对自然物质世界的神秘感和畏惧感，有助于理性的发展和科学的产生。第四，古希腊丰富多彩和极为生动的神话传说为希腊乃至整个西方文学、艺术的发展提供了丰富的素材和肥沃的土壤。

二、悲剧精神的诞生

古希腊文学的最高成就是戏剧。在古希腊戏剧中所产生的悲剧精神成为西方文化思想史的一个重要元素，对后世产生了重要影响。公元前 6 世纪到公元前 5 世纪之间，古希腊人在祭奠戴奥尼苏斯的活动中首先产生了悲剧。悲剧题材虽多为神话传说，但实际表现的却是人们普遍关心的社会现实问题。至公元前 5 世纪，雅典涌现出了 3 位享有世界声誉的悲剧作家，即埃斯库罗斯（约公元前 525—前 456）、索福克利斯（约公元前 496—前 406）和欧里庇得斯（约公元前 485—前 406）。他们的作品是人类文学史上难以超越的高峰。埃斯库罗斯是希腊悲剧的真正创立者，被称为"希腊悲剧之父"。

在古希腊悲剧中，融入了希腊人关心的种种现实问题，渗透了希腊人的命运、报应和妥协等方面的观念。其中人的意志与命运的冲突是常见的主题。按古希腊人的观念，命运是不可知的，是不可抗拒的，是冥冥中的一种巨大的力量。而人的行为与意志，常常处于与命运的悲剧性冲突之中。在这些戏剧中也形成了希腊人带有深厚沧桑感的悲剧精神。

三、喜剧与狂欢精神

喜剧的出现比悲剧晚，它起源于祭酒神的狂欢歌舞和民间滑稽戏。后来狂欢游行的歌经过艺术加工，便形成一种新的文艺体裁——喜剧（"Comedy"本义为"狂欢队列之歌"）。喜剧的特色在于以轻松揶揄的手法，描写或触动现实生活中的各种问题。它所关心的已不是神，而是人的世界，尤其是战争与和平、社会政治斗争等，而这些也正是公元前 5 世纪希腊历史的重要内容。古希腊最著名的喜剧作家是阿里斯托芬（约公元前 450—前 385），他写过 44 部喜剧，传世的有 11 部。其中最具有代表性的是《和平》、《骑士》、《云》和《蛙》等。阿里斯托芬的喜剧既反映了当时的一切重大事件和现象，又表现了社会的不同阶层。因此，他对同时代人的影响十分巨大。古希腊喜剧表演中极度夸张的滑稽、挪揄方式，表现了他们对现实生活的另一种态度，通过狂欢的方式，显示出对现实的信心与达观。同悲剧精神形成了互补。

四、记叙体史学思想的产生

西方通常所用的"历史"一词起源于古希腊，其本意是"经调查研究的记事"。他们在史学上有非常伟大的创造，为后来的欧洲史学奠定了基础。希罗多德是西方第一个系统叙述历史的学者，他的巨著《历史》（又名《希腊波斯战争史》）共9卷。他创立的以史事为中心的记叙体成为后来欧洲历史著作的正规体裁。因此，希罗多德在西方有"历史之父"之称。古希腊最著名的史学家还有修昔底德（约公元前460—前396）和色诺芬（约公元前430—前354）。他们在希腊史学发展中都有不同的创造性贡献。

五、编年体史学思想的产生

修昔底德出身雅典贵族，曾任将军，因在伯罗奔尼撒战争中指挥不力而被放逐国外多年。他根据自己的亲身经历，搜集有关这次战争的第一手材料，写成了《伯罗奔尼撒战争史》。该书共8卷，约50万字，但只叙述到公元前411年（未完成）。它严格地按照编年体记事，形成了编年体史学的体例。由于修昔底德是亲身参与这场战争的雅典方面的将军，他的书里没有像希罗多德《历史》中那种道听途说的间接材料，所以被认为是与近代"历史"一词的含义最为接近的一部古史。

继修昔底德之后，色诺芬著《希腊史》、《远征记》、《苏格拉底回忆录》等书。他曾师从苏格拉底，其《希腊史》共7卷，不但继修昔底德的著作写完伯罗奔尼撒战争的全过程，而且写了战后的邦际关系，最后写了斯巴达的衰落。该书可算是一部记载希腊城邦由盛转衰全过程的重要史籍。色诺芬的作品虽明显地倾向斯巴达，有着浓厚的保守情绪，并且与修昔底德的作品不同，常以神意来解释历史事件，但《希腊史》一书，仍是研究这一阶段希腊历史的主要文献。

六、自然哲学观念的形成

古希腊是西方哲学的发源地，其哲学是西方众多学科的基础。现今所用"哲学"一词源于希腊语，其本义为"爱好智慧之学"。古希腊早期和古典时期的哲学发展可以简单地划分为两个时期：前期可称为"自然哲学时期"，后期可称为"人文哲学时期"。

古希腊哲学的最初形态是自然哲学。公元前7世纪至前6世纪，在工商业发展得较早的小亚细亚的爱奥尼亚地区，率先产生了米利都学派及其哲学先驱。米利都学派也是古希腊第一个唯物论哲学派别，其代表人物有泰勒斯（约公元前624—前547）、阿那克西曼德（约公元前610—前546）和阿那克西米尼（约公元前585—前525)。他们既是哲学家,同时又是自然科学家。他们根据对自然界的观察,认为世界万物都是由物质构成的,而不是神所创造的。泰勒斯是米利都学派的开山祖师,也是希腊哲学及自然科学的主要奠基者,他被尊为古希腊七贤之首。他认为万物起源于水并复归于水。阿那克西曼德认为万物的本原是"无限","无限"本身并不是一种固定的物质,在"无限"中蕴藏着冷和热、湿和干对立的二元,并且以其固有的运动产生出世界万物。阿那克西米尼认为万物的本原是空气。空气有稀散和凝聚这两种对立的运动,空气不断稀散和凝聚,自然界就不断地变化。米利都学派的朴素的唯物论和自发的辩证法,打破了希腊人传统的神创世界的观念。

米利都派的自然哲学思想随后传播到了希腊各地,在希腊的其他地方,也出现了不少关于探讨世界万物本原及相关问题的哲学派别和哲学家。在南意大利的克罗顿城邦就出现了毕达哥拉斯学派。毕达哥拉斯学派的创始人是大数学家毕达哥拉斯(约公元前580—前500),他认为万物都是从"数"中产生出来的,毁灭后又回到"数"中去,只有"数"才是永恒不变的东西。在毕达哥拉斯学派的观点中也含有某种辩证的因素。他们认为宇宙是由10组对立物组成的:火与气,一与多,左与右,阴与阳,静与动,直与曲,奇与偶等。

以弗所的哲学家赫拉克里特(约公元前535—前475)认为世界的本原是火。旧火熄灭,新火燃烧,故而万物生生不息。赫拉克里特还指出,万物皆流,万物皆变,"人不能两次踏进同一条河流"。因为河水川流不息,当你再次踏入时,它已经不是第一次的流水了。赫拉克里特还朦胧地认识到,万物运动变化的原因,在于对立面的斗争。

色雷斯的阿布德拉人德谟克利特(约公元前460—前370)认为,万物是由不可分割的物质粒子"原子"组成,原子在虚空中运动,它们结合时就形成物体,它们分离时,物体就消失。在这样的"原子"本原论基础上,德谟克利特在认识论上也有卓越的成就,他认为,人的感觉和思想是由外界事物影像的渗入而产生的,没有外在的影像,就不可能有人的感觉和思想。因此,他强调后天的学习。很明显,德谟克利特的认识论肯定了人们的感觉和思想是客观世界的反映,这已包含了唯物反映论的合理成分。

七、人文哲学观念的产生

公元前5世纪中叶,正值雅典民主政治的高峰期,由于平民地位的提高和个人主义的成长,及解决实际问题的需要,产生了反对旧思想方法的运动。这场运动也被称为"智力革命"。此时的哲学家放弃了对物质世界的穷理析微,转而关心与人类自身更密切相关的问题,被称为智者学派。代表人物有普罗泰戈拉、高吉亚、安提丰等人。普罗泰戈拉的思想倾向于怀疑现实,否定宗教并把人的地位置于中心位置。他强调人的尊严和价值是至高无上的，其至理名言是"人是万物的尺度"。高吉亚认为，一切事物皆虚无，亦不可知，即便可知也只能意会而不能言传，这是古代的一种不可知论。智者运动的出现，标志着希腊人的思想已从对神秘浩渺的宇宙探索转向喧嚣的人类社会。正如西塞罗所说："他们把哲学从天国带到了人寰。"虽然他们在某些观点上误入了歧途，但客观上开了古希腊人文哲学的先河。继他们之后，人与社会的问题便真正成为哲学首要关心的问题，出现了著名的三大人文哲学家，即苏格拉底、柏拉图和亚里士多德。

苏格拉底（公元前 469—前 399）是古希腊人文哲学的真正开创者。他认为，哲学的目的，既不像早期自然哲学家所认为的那样，是对自然的认识，也不像"诡辩学派"所做的那样，是对人与社会等抽象概念的探讨，而在于"认识自己"。在知识论方面，他认为"美德即知识"，知识的对象就是"善"，而"善"就是"自知"和"自律"。因此，苏格拉底是西方思想史上第一个强调哲学应从"自我认识"开始的人，也是第一个强调知识与行为有联系的人。换句话来说，他是后来作为西方哲学核心的认识论和伦理学的奠基人。此外，在方法上，他善于在辩论中揭露对方的矛盾，通过提问把辩论引到他所要达到的结果。这种方法被称为"苏格拉底反诘法"，是后世"哲学辩证法"的前身。

柏拉图（公元前 427—前 348）是欧洲哲学史上第一个建立唯心论体系的哲学家。他汲取了毕达哥拉斯学派及爱利亚学派的哲学思想，最后形成了一个全新的哲学体系。柏拉图在公元前 387 年回到雅典，并开办了著名的"阿卡得摩斯"（Academy）学园，从事讲学和著述。这个学园后来影响很大，几乎存在了一千多年。柏拉图哲学的核心是客观唯心主义的"理念论"。柏拉图认为，在个别事物和人类之外存在着一个作为万物本原的实体，即永恒不变的"理念"。"理念"是个别事物的"范型"，而个别事物则是"理念"的"影子"或者"摹本"。因此，在认识论上，他认为人的感觉虽是一切知识的来源，但感觉是以个别事物为对象的，所以不可能是真实的知识来源。真实的知识只能来源于"理念"，而要获得"理念"，必须通过辩证思维"从理念出发，通过理念，达到理念"，逐步上升为绝对理念，也就是"善的理念"，这是宇宙最高的和最终的目的，也是一切知识和真理以至于一切存在的本源。在柏拉图看来，人的灵魂是不死的，在进入肉体之前和理念住在一起的灵魂，本来是能够认识的，可当灵魂进入肉体之后因受到肉体的蒙蔽而暂时地愚钝了。因此，认识并不是获得新知识，而只是"回忆"忘掉的旧知识，似乎人的知识是先天就有了的；认识真理的过程也就是闭目塞听的灵魂"回忆"的过程。柏拉图将其唯心论哲学应用到社会政治方面，提出了著名的"理想国"学说。由于柏拉图的"理念"与一神教的"上帝"观念颇为相近，再加上他晚期极力宣扬灵魂不朽的观点，所以他的哲学对后来的基督教神学理论影响很大。

公元前 4 世纪，亚里士多德（公元前 384—前 322）登上了希腊的历史舞台。亚里士多德是一位百科全书式的学者，他总结前人的研究成果，写了大量著作，涉及哲学、逻辑学、政治学、伦理学、诗学、修辞学以及动物学等门类。据说亚里士多德喜好在林荫道上漫步讲学，所以他和他的弟子便有了"逍遥学派"之称。与其恩师柏拉图相比，亚里士多德更注重具体和实际的东西，在诸多方面提出了不同于柏拉图的观点。有人批评他有悖于师教，对此他回答说："吾爱吾师，吾更爱真理。"

在哲学观点上，亚里士多德有力地批判了柏拉图的"理念论"。他认为，真正的"实体"不是理念而是具体事物，"脱离个别，事物就没有什么可以存在"，进而指出，认识也只能从外界相对产生。亚里士多德虽然承认物质的客观存在，但他认为物质只是一种消极的可能性，唯有形式才给予物质以积极的现实性。他在解释质料与形式的关系时，承认它们都具有相对性，比如砖瓦，对房子来说是质料，对泥土来说却是形式；房子对砖瓦来说是形式，对整个一片房子来说却是质料。依此类推，一直推到最后，必然有某种纯形式，它将不包含任何质料，是运动的最后根源，不动的推动者，所谓"第一推动力"，那只能是神。因此，亚里士多德哲学为后来某些唯心主义哲学家所利用并不是偶然的。

在其"形式论"的基础上，亚里士多德进而建立了他的"四因说"理论。他认为，要说明事物的存在，就必须在事物内部寻找原因，而决定事物产生、变化和发展的原因，归结起来有 4 个，即：质料因、形式因、动力因和目的因。质料因就是构成事物的原始质料；形式因就是指事物的形式结构；动力因是指使一定的质料取得一定的形式结构的力量；目的因则是指某一事物之所以为形式所追求的原因，也就是某一事物为何存在的"缘故"。亚里士多德的"四因说"虽然在逻辑上不太严密，但它是西方哲学史上第一个有关认识事物的完备学说，是一块坚实的认识论基石，后来西方哲学界关于认识论的种种学说，实际上都是建立在这块基石上的。

基于"形式论"和"四因说"，亚里士多德还建立了相应的政治社会学说和伦理思想。在他看来，贫富悬殊是引起社会动荡不安的根源，只有"拥有适度财产的"中等奴隶主"最容易遵循合理的原则"，由他们执掌政权，建立一种能够照顾到贫富两方面利益的"共和政体"，方能使国家得以安定。亚里士多德这种政治主张与他"中庸"的伦理观是一致的。他一再强调，"中庸"即是毋过毋不及，即是平等或均等，如果能做到这一点，那也就有了社会的正义。

亚里士多德对西方后世学术界的影响特别大，他的哲学思想在中世纪被托马斯·阿奎那为代表的经院哲学作为理论依据加以阐释，并和基督教神学融合为一体，作为基督教神学的一部分统治欧洲精神文化达数百年之久。

第三节　希腊化时期的文化思想

"希腊化"又称"希腊主义"（Hellenism），是德国近代历史学家德罗伊森（1808—1884）在其《希腊文化史》中率先使用的，用以概括古代地中海东部地区由亚历山大东侵而开创的一个时代的历史与文化发展特点。后来这一概念被各国学者广泛应用。从广义上讲，希腊化文化仍然属于古希腊文化的范畴，而且还与希腊古典时期的文化存在着一定的联系，但是希腊化文化毕竟不是希腊古典文化，二者在地理范围、因素构成和精神实质上均有很大的差别。有学者指出，"如果说希腊古典文化是希腊城邦时代的呼喊，那么，希腊化文化则是亚历山大所开创世界之回鸣"①。希腊化文化不仅首次沟通了世界五大文明发祥地，而且还揭开了欧、亚、非大陆间人类文化大交流、大汇合的序幕，在西方文化乃至世界文化史上具有重要的地位和价值。

一、自然科学思想

在希腊化时代，一些自然科学学科开始与哲学学科逐步分离，成为独立的学科。在这一时期的所有学科及知识成就中，数学、几何学、物理学、天文学、医学和生理学等学科都有重大的突破性成果，它们成为当时最为流行的学科。希腊化时代的科学技术曾对西方后来的自然科学发展产生过重大的影响，有学者甚至称希腊化时代是西方科学史上"第一个伟大的科学时代"。

（一）欧氏几何与微积分

数学、几何学的最著名代表是欧氏几何的创始人欧几里得（约公元前330—前275）。他是亚历山大里亚数学学派的奠基人，其名著《几何原本》，共13卷，内容涉及平面几何、立体几何、数理知识和无理数等方面。该著作不仅系统地总结了希腊的数学知识，以简明而符合逻辑的程序阐述了各种定理、命题和论证，而且推理有力，论证严谨，对科学思考的方法作了令人信服的示范。由于该著作奠定了古代几何学的基础，因此，它长期以来成为世界各民族几何学教科书的蓝本。出生于西西里岛叙拉古城的学者阿基米德（公元前287—前212）也是个伟大的数学家。他写有不少数学方面的论著，最著名的是《论量圆》和《论球体和圆柱体》。他确定了按级计算的方法，探讨了计算理论，利用

---

① 沈之兴、张幼香主编：《西方文化史》，36 页，广州，中山大学出版社，1999。

圆的外切与内接 96 边形，计算出了比较精确的圆周率，求出了计算球体、圆柱体和更复杂立体的体积、表面积和周长的公式，在推演这些公式的过程中，他用"穷竭法"（用逐步近似而求极限的方法），奠定了现代积分计算的基础，初步具有现代微积分的雏形。

（二）杠杆原理与阿基米德定律

阿基米德同时也是希腊化时代著名的物理学家。确切地说，在阿基米德之前，物理学还只是哲学的一个分支，正是由于他在物理学方面的显著成就才使得物理学成为一门独立的学科。他从有关物体重心的知识出发，对杠杆的平衡条件作了数学的证明，确定了平行四边形、三角形、梯形等平面图形的重心，并证明了现今被广泛运用的"重量比等于距离反比"的杠杆定律，成为杠杆原理的发明者。更为重要的是，他把这一原理运用在实践中，发明和创造了杠杆、滑轮和螺旋等机械，成为名垂千古的大机械制造家。他曾有一句名言："给我一个支点，我将把地球翻转。"这充分表现了他对科学的信念。此外，阿基米德还发明过抽水机，制造了"投火机"，还利用光学中的聚焦原理用聚光镜引燃物体。阿基米德还是力学、流体力学的奠基人。他通过无数次实验，证明了被后人称为"阿基米德定律"的浮力定律："浸在液体里的物体，其所减少的重量，等于同体积的该液体的重量"。这一科学原理的发现，不仅使水力学作为一门学科建立起来，而且对日后科学技术和生产实践的发展具有重要的意义。

（三）早期日心说与地心说

天文学的发展在原来的基础上达到了新的高度，阿里斯塔克（公元前310—前230）是当时著名的天文学家，他著有《论月亮及太阳之大小及其与地球之距离》一书，认为太阳比地球大，包括地球在内的所有行星都是依圆形轨道绕日而行的，并首次提出了太阳中心说，成为哥白尼理论的先驱者。因此，阿里斯塔克被后人尊称为"希腊化时代的哥白尼"。在阿里斯塔克之后，出现了另一位天文学家希帕卡斯（约公元前160—前125），他发明了天文仪，还利用几何推理解释太阳的表象运动，提出了地球中心说，这一学说后来被希腊化时代的最后一位天文学家托勒密所继承和发展，在西方流传达 1400 年之久。

（四）人体解剖学与生理学的发现

这一时期希腊的医学、人体解剖学由于吸收了埃及的丰富遗产，也达到了较高的水平。公元前 2 世纪的希罗菲留斯是古代西方世界最伟大的解剖学家，他得出了令人叹服的结论，即"人脑是思维的器官"，认为人的一切感觉都是由神经传递的。此外，他还提出了一些有关血液循环方面的理论，指出由人的脉搏的轻重缓急情况可判断人的健康状况。这些理论在当时来说是大大超前的，后来被文艺复兴后期的英国医学家哈维所证实。

与医学相关联的生理学在当时也成为一门独立的学科被人们加以研究，与希罗菲留斯同时代的厄勒西斯拉图被认为是西方生理学的创始人。他不仅实施过人体解剖，还从活体解剖中获取了大量关于身体机能的知识。另外，他还发现了心脏瓣膜，区别了运动神经和感觉神经，他否定了疾病导源于体液的学说，并谴责过度放血疗法等。①

二、哲学的伦理化倾向

随着这一时期希腊自然科学的发展，东西方文化的交流以及城邦危机的加深，对哲学产生了深刻的影响。哲学明显地呈现出了走下坡路的趋势。与古典时期的哲学家相比，这时的哲学家已不再关注解决自然与社会的根本问题，而是把主要精力集中于追求个人幸福，寻找摆脱痛苦的途径上来。因此，这时期的哲学在很大程度上成了行为哲学或伦理学的代名词。在当时的哲学领域里，也曾涌现出了不同的哲学派别，其中最有影响的要数犬儒学派、伊壁鸠鲁学派、斯多葛学派和怀疑主义学派等。

犬儒学派（Cynics，源自希腊语 kyon，"狗"的意思）溯源于约公元前350年左右，最著名的代表人物是第欧根尼（约公元前400—前325）。他以其永不休止地询问一个"诚实"的人而赢得声誉。犬儒学派继承了苏格拉底"美德即知识"的伦理学说，把它发展为"美德就是抑制欲望的知识"。在他们看来，自制就是善，否则就是恶。他们倡导"回归自然"，把名利视为身外之物甚至是粪土，号召人们克己自制，独善其身而无所求。该派把培育"自足"精神作为其追求的主要目标，认为每个人都应当自行培养自己需要感到满足的能力，故"犬儒"们当时把音乐等艺术摒弃为矫揉造作的艺术。犬儒学派与当代西方世界仍然存在的嬉皮派或颓废派运动有某些类似的地方，都反映了人们在社会生活中的失意甚至是绝望的一种心态。

伊壁鸠鲁学派是当时影响最大的哲学派别之一。其创始人是古希腊著名唯物主义哲学家伊壁鸠鲁（约公元前341—前270）。伊壁鸠鲁继承并发展了德谟克里特的原子论思想，他认为，宇宙、整个世界都是原子在虚空中运动的产物，原子之间不仅有大小、形式、排列、状态上的差别，而且有重量上的不同。恩格斯说伊壁鸠鲁已经"按照自己的方式认识了原子量和原子体积"②。德谟克利特只承认原子的直线运动，伊壁鸠鲁认为原子不仅有直线运动，而且由于原子内部的原因还可以产生脱离之间的偏向。正是这种倾斜的运动，使原子之间产生冲突，互相结合起来，才有了万物。他的这一思想，加深并发展了希腊唯物

---

① 高福进：《地球与人类文化编年：文明通史》，272 页，上海，上海人民出版社，2003。
② 《马克思恩格斯选集》，2 版，第 4 卷，285 页。

主义者的决定论，开辟了科学地解释自然界多样化现象的道路。德谟克利特否认了偶然性的发生，把必然性片面地绝对化，这就使他走向宿命论，因而不能解释自由与必然的问题。伊壁鸠鲁既承认必然性，又承认偶然性，同时还猜测到了内因是事物运动的根据。

在认识论上，伊壁鸠鲁肯定感觉是认识的来源。他指出"一切感官都是真理的报道者"。他认为感觉本身无所谓错误的问题，知识在解释感觉时可能有错误。他还指出神和灵魂也是由原子构成的，随肉体死亡而消散，因而他反对由对神和死的恐惧而产生的迷信。

在伦理学说方面，伊壁鸠鲁认为人应该修身养性，求得心灵平静以摆脱命运的支配。具体到个人与社会关系上，他认为每一个人在追求快乐的同时都不应该妨害国家和社会的利益，而国家的目的就是保障公民过幸福的生活。

今天看来，尽管伊壁鸠鲁在伦理学方面存在着缺陷，但他的快乐主义和无神论思想还是具有积极性的一面的，他倡导人们反对宗教迷信，要人们为谋取物质福利而斗争等思想观点大大促进了人类社会政治思想的发展。

同伊壁鸠鲁相对立的是斯多葛派，其创始人是塞浦路斯岛的芝诺（公元前336—前264）。他在雅典市场的画廊（"斯多葛"意即画廊）讲学，其学派名称即由此而来。早期斯多葛派哲学家在宇宙观、认识论方面都含有唯物论因素。他们追随赫拉克里特的学说，承认世界是运动发展的，但却把赫拉克里特所说的客观规律解释成一种"宇宙理性"，正是这种"宇宙理性"决定事物的变化和发展。他们将自然加以神化，所谓"宇宙理性"就是神性，就是"天命"，宣扬整个世界都是由神安排好的。这样他们就完全陷入了唯心论的宿命论。

在伦理学上，斯多葛派认为人的理性是宇宙理性的派生，而人生的终极幸福就在于使自己的行为符合宇宙理性。他们反对以追求快乐为人生目的，而主张把苦行、寡欲作为最高的道德目标，主张从激动、快乐、悔恨、感伤中完全解脱出来，实质上是让劳动人民安于命运，放弃斗争。这种思想后来成为早期基督教的思想来源之一。

在"宇宙理性"原则的前提下，斯多葛派在社会政治思想方面形成了一个"宇宙国家"（世界国家）的观念。在这种国家中，人们破除了城邦和种族之间的界限，成为世界公民，而且人人平等。这种思想显然是以中央集权的君主专制国家取代城邦这一历史过程在观念形态上的反映。因此，世界国家的思想也就必然成为替当时专制国家和后来罗马世界帝国服务的思想工具。

三、怀疑论思想的兴盛

在希腊化时代反映传统世界观发生危机的怀疑论也发展起来。怀疑主义者也被称为"皮浪主义者"，这种哲学流派的创始人是皮浪（约公元前365—前

275）。伊壁鸠鲁学派和斯多葛学派都认为，感官会让我们获得世界上正确的知识。与他们的观点相反，怀疑论者认为，所有知识都是暂时的、相对的，世界是不可知的。与这种观点相对应，他们提出"放弃"这种处世之道，意思是说，放弃对任何知识的追求，放弃所有的行动，只有经由"放弃"才会带来灵魂的安宁。另一位怀疑论者塞克斯都曾经说过："所有的不幸福都是经由某种担忧而产生的。"他的著作《皮浪主义基本原理》使皮浪主义学说得以保存，让我们对这种学说有所了解。

追求"灵魂的安宁"是怀疑论者倡导的最终目标，但是，他们与伊壁鸠鲁学派和斯多葛学派有所不同，因为它们不接受伦理学的教育，拒绝借着有意识的努力追求幸福。他们这种"无为"的态度，与佛教徒和道教徒的处世之道相近：人们根本不应该努力追求什么目标，应该顺其自然，与世界保持距离，对命运的打击泰然自若，逆来顺受。因为严格意义上的"无为"，在实践中被认为是不可能的，而且，怀疑论者拒绝有意识地对价值作出判断，也拒绝对自己的生活方式作出选择。所以，他们建议遵从社会上普遍的习俗，同时保持内心的独立自主。

怀疑主义的影响从未间断，公元前 200 年前后，怀疑主义的思想达到顶峰，其影响在罗马帝国时期以及中世纪还在继续。到了近代，怀疑主义又有了新的发展。

如果说古典时代的哲学家们尚能借助民主政治积极地探索人生的话，那么希腊化时代的哲学，因自己公民身份的缺失，而逐步以消极的生活态度、方式表达对哲学的理解。"在任何情况下，不同的哲学和信仰决定了不同的行为和生活方式。"[1] 这一点在希腊化时代得到了比较充分的验证。罗素指出，这一时期绝大多数哲学家都有着一种逃避哲学。[2]

总之，希腊化时代的文化思想是一种综合古代东西方文明诸因素之后而发展起来的新型文化思想，它对以后地中海地区及整个世界历史的发展，都产生了深远的影响。

---

① ［美］托马斯·古德尔等：《人类思想中的休闲》，成素梅等译，33 页，昆明，云南人民出版社，2000。

② ［英］罗素：《西方哲学史》，293 页。

第三章　古代罗马文化思想

古罗马文化是欧洲文化的又一个发祥地。千百年来，罗马对于西方人来说，既是指一座名城，一段历史，也代表着一个文明，一种传统。这是一种可作楷模的、第一流的文明和传统——古典传统。古罗马文化是在吸收和继承古希腊文化的基础上发展起来的，希腊人与罗马人共同创建了作为西方文明源流的西方古典文明。历史上有"光辉的希腊，伟大的罗马"之说。

第一节　古代罗马的社会历史发展特点

古罗马在西方文化史上常常同希腊并称为（古）希腊罗马。我们从这一习惯称谓上就可以想象得出古罗马在西方文化史上是仅次于古希腊的重要时期。对于这一时期产生的重要文化思想，我们继古希腊之后，也从历史演变的角度加以介绍。

一、古代罗马的历史进程

古罗马原是意大利半岛中部台伯河下游河畔的一个城市。按照"母狼育婴"的传说，罗马城是特洛伊神话英雄伊尼阿斯的后裔罗慕洛斯和勒拿兄弟二人所建，并以罗慕洛斯的名字来命名的。据公元前1世纪罗马作家瓦罗推算，罗慕洛斯建城的年代大约为公元前754—前753年，古罗马人即以此作为纪元之始。

（一）王政时代（公元前753—前510）

王政时代相当于希腊的荷马时代，是罗马从氏族社会向阶级社会的过渡时期。这一时期，相传先后有7个"勒克斯"（汉译为"王"）统治罗马。王政时代的罗马是一个大的部落联盟，即罗马人公社。它由3个特里布（部落）组成，每个特里布包括10个库里亚（胞族），每个库里亚又包括10个氏族，共有300个氏族。[①] 王政时代后期，由于铁器工具的普遍使用和受伊达拉里亚文化、希腊文化的影响，社会经济有了显著的发展，财富集中现象明显，古老的氏族制度面临瓦解，家长制家庭逐渐从氏族中分化出来，成为社会的基本经济单位，贫富分化加剧，私有制和阶级关系逐渐萌芽。社会上出现了贵族和平民、保护人和被保护人的对立。这些都表明，罗马社会正在急剧向阶级社会过渡。公元

---

① 顾銮斋、夏继果主编：《世界通史教程（古代卷）》，136页，济南，山东大学出版社，2001。

前 6 世纪后期，塞尔维乌斯的改革，加速了这一历史进程。公元前 509 年，罗马推翻了伊达拉里亚人"高傲者"塔克文（塔克文·苏佩布）的统治，推举布鲁图和柯来提务为执政官，王政时代到此结束，罗马历史进入了共和国时代。

（二）共和国时期（公元前 509—前 27）

共和国初期（公元前 509—前 265），罗马人一方面进行平民与贵族的内部争斗，一方面对外扩张，至公元前 266 年统一意大利半岛，成为地中海的统一大国。

共和国中期（公元前 265—前 133），商业贸易迅速发展，同时继续向外扩张，终于征服马其顿，此后又消灭叙利亚、西班牙，建立了横跨欧、亚、非三洲的国家。

共和国末期（公元前 133 年—前 27），罗马社会财富恶性集中，土地兼并十分严重，小农经济日趋没落，贫民失业，社会矛盾非常尖锐。在这期间，奴隶反抗奴隶主的斗争，破产农民反对大土地所有者的斗争，无产者反对当权者的斗争，以及统治阶级内部骑士派与元老派的斗争，此起彼伏，交织进行。公元前 59 年，恺撒执政，他通过延揽人才，颁布法令，扼制奴隶主经济，解决贫富悬殊问题，对外征服高卢，占领不列颠，成为集各种权力于一身的独裁者。公元前 44 年，恺撒被刺，罗马内战又起。前 43 年，三个恺撒派人物安东尼、雷必达、屋大维公开结盟，获得统治国家五年的合法权力，史称"后三头政治"。"后三头"肃清政敌后，屋大维先后剥夺雷必达兵权，迫使安东尼自杀，于前 27 年获得元老院授予的"奥古斯都"尊号，确立了个人的专制统治，共和时代宣告结束。从此，罗马进入帝国时期。罗马帝国时期分为前、后两期。

（三）帝国时期（公元前 27—公元 476）

前期帝国时期（公元前 27—公元 284）包括奥古斯都建立的克劳狄王朝（公元前 27 年—公元 68）、弗拉维王朝（69—96）和安东尼王朝（96—192）。各王朝竭力加强皇权，建立和完善官僚体系，改进军事体系，调整帝国境内不同阶层以及罗马与各行省的关系。此时的帝国版图扩展到了最大规模——西起西班牙、不列颠，东达两河流域，南至非洲北部，北迄多瑙河与莱茵河一带。由于当时政局稳定，商路通畅，社会经济持续发展，对外贸易远达中国。帝国境内长达百余年的"罗马和平"，促进了奴隶占有制在欧、亚、非广大地域向深度和广度的发展。1 世纪中叶在地中海东岸兴起的基督教，也在这一时期传入了罗马。3 世纪中后期，罗马的经济和政治转入危机时期，作为封建因素萌芽的隶农制开始发展。

后期帝国时期（284—476）。公元 284 年，近卫军长官戴克里先取得政权，改元首制为"多米那特制"（君主制），正式采用东方君主的统治形式和礼仪，并实行"四帝共治制"的方式来整编军队。后来君士坦丁大帝（306—337 年在位）废除共治制，成为唯一君主，皇帝权力一度加强，统治中心东移到拜占庭（君士坦丁堡）。313 年，基督教由长期受到压制转而取得合法地位，并成为国教。此时，随着社会危机的加深和劳动者处境的恶化，人民运动此起彼伏，给帝国以沉重的打击。公元 395 年，罗马正式分裂为东、西两帝国。此后西罗马帝国内忧外患，大厦将倾。476 年，日耳曼人废掉西罗马最后一个皇帝，西罗马帝国覆亡。

东罗马帝国因其社会经济特点和历史条件的差异，在动荡中继续存在。它经历人民起义和外族入侵以及内部的一系列社会变革，于 7 世纪左右进入封建社会。延续至 1453 年，为奥斯曼帝国所灭。

二、古代罗马社会历史发展特点

古代罗马的历史发展体现出一些自身独有的特点。这些历史特点对古罗马文化思想的形成产生了不同程度的影响。因此，要想了解古代罗马文化思想的特征，就要从古代罗马社会历史发展特点中进行寻绎。

（一）古代罗马的主要经济支柱：农业

和古希腊独特的海上工商业相比，古罗马的农业表现得更加繁荣昌盛，成为整个经济发展的主要支柱。其原因主要来自于如下几个方面：

第一，古罗马有适宜农业发展的自然地理条件。古罗马兴起于意大利半岛，半岛三面临山，又拥有一马平川的腹地，气候温和（属于典型的地中海气候），极其适合农产品种植、生长。亚平宁山东侧占地面积很广，其中有很多是易于通过的隘口连接起来的山谷和高原，很适合人类的居住，除了加尔加努山脊横断其间以外，全境平坦，海岸与河流都不甚发达；南岸亚平宁山脉尾部的两个半岛之间，有广大的低地与内陆的丘陵地带相连接，港湾虽少，却是水多土肥；西部是辽阔的地方，有台伯河横穿其中，是意大利的核心地带，是日后大帝国的起点。总之，意大利半岛虽然缺乏良好的港湾，缺少像古希腊成为航海民族和进行跨海贸易的条件，但半岛上土地肥沃，河流纵横交错，气候温和，雨量充足，为古代农业和畜牧业的发展提供了良好的自然条件，特别是半岛的南部土地丰腴富饶，比如西西里岛自古就被誉为欧洲的粮仓。正是这样的自然地理环境为古罗马农业的发展提供了良好的天然条件。

第二，古罗马人拥有重农的传统。早在古罗马氏族社会末期，农业与畜牧业就是意大利各个部落的基本支柱。从考古中我们发现，早期各个部落开拓新的定居点的时候，按照传统习俗，他们最首要的工作就是沿着所居住的土地周围犁出一道田沟，这个习俗说明人们是如何深切地感受到每个部落的存亡都深切地依赖于农业。历史学家特奥多尔·蒙森就曾说过，农业是古罗马人最早和最普遍的职业。后来，罗马人建国后展开了统一意大利行动，并且一直采取武力扩张的政策，这必然导致罗马对后勤补给的重视，尤其是对粮食的重视，这又必然导致对农业的重视并努力促进其发展。这一点从罗马人不遗余力地掠夺土地并进行移民开垦的做法中就可见一斑。

第三，奴隶辛勤的劳动进一步促进了农业的发展。古罗马通过塞尔维乌斯（公元前 578—前 534）的改革实现了统一的奴隶制国家。在其初期，平民沦为奴隶，从事繁重的、各种各样的农业劳动。后来，罗马的贵族奴隶主阶级从掠夺战争中得到了大量的财富和土地，尤其是奴隶。他们使用大量的奴隶劳动，组织奴隶制大农庄，生产谷物、经济作物或者经营畜牧业，这种极其廉价的劳动力大大推动了古罗马农业的发展，提高了其综合实力，尤其是充足的供给加强了其军事实力，使得古罗马的扩张战争胜利频传，反过来又增加了从事农业奴隶的数量和质量，形成了一个良性循环。尤其自公元前 2 世纪中叶起，奴隶制大庄园的形成，推动了奴隶制经济走向高峰，同时也极大地促进了农业的发展。

农业文明的自然历史背景造就了古罗马人重"实利"与"效用"的性格和文化精神，他们不像希腊人那样充满幻想和不停地对世界追问，也没有对自然事物的关心，他们更多关心的是对自己有实际利益和效用的东西。黑格尔说："就连祈求神祇和祭祀神祇，罗马人都是因窘迫急需，而不是没有利害关系的感谢。"[1] 因此，在古罗马文化思想里面，多少缺乏了一些对神的爱和对美的追求，也缺少了对形而上学问题的关注，质朴与务实成为罗马文化思想中最重要的特征。

（二）古代罗马政治的两种体制：贵族共和与帝王专制

早在古罗马王政时代的前四王时期，古罗马实施的依然是氏族社会末期的军事民主制。到塔克文王朝时，随着奴隶制经济的发展，社会分化的加深，贵族侵占大量的公地，垄断元老院和其他公职，成为特权阶级。公元前 509 年，罗马公民虽然驱逐了暴君"高傲者"塔克文建立了共和国，但此时的共和国与古希腊的城邦不同，它本质上是贵族共和国。后来为了缓和平民与贵族之间的矛盾，这种共和国在贵族制中虽然包容了一些民主内容，但它远不是希腊城邦的奴隶制民主政治，贵族仍然是统治阶层。

随着罗马内部一系列改革措施的推行，罗马的奴隶制经济获得了较快的发展，罗马的实力也因此不断壮大，使罗马有资本发动对外战争。而一系列战争所带来的巨大财富、广阔的殖民地和大量的奴隶反过来又推动了共和国经济的

---

[1] ［德］黑格尔：《历史哲学》，王造时译，274 页，上海，上海书店出版社，2006。

发展，并在进一步增长国力、发展军力的同时，把早期共和国推向了后期，经济变成了帝国型奴隶制经济，因而政治上也需要建立一个集权的奴隶制帝国来管理国家。在经历了残酷的罗马内战后，屋大维成了帝国的统治者，此时的罗马是帝国型奴隶制经济的鼎盛时期，屋大维借此机会利用其高明的政治手腕和军事手腕对帝国进行了全面的重建，并对人民的思想进行改革。罗马帝国的建立是在不知不觉中形成的，很少有人感到这一点。事实上，罗马人与希腊人最大的不同就是：罗马人对政治漠不关心，直到他们被要求向皇帝恺撒、奥古斯都和他们的雕像致敬时，他们才意识到共和国时代过去了。

文化的发展离不开政治的影响。古罗马由于受罗马贵族政治，尤其是君主专制制度的影响，在文化上也增添了浓重的政治色彩和宗教色彩。如在艺术作品的创作方面，多以君主、贵族政客为题材，带有明显的贵族气息；刻画的人物面部表情多严峻、矜持，力求表现君王的神圣、威武之势，没有希腊艺术作品中的那种丰富的想象力，以及表现力量和动态美的风格。文学作品在内容上也偏重于粉饰太平、为帝王歌功颂德。反映在思想上、法学上，都旨在维护贵族政制、维护私有制和等级制。

（三）古代罗马文化的外来因素

古罗马历经千余年，孕育了辉煌灿烂的古代文化，为丰富世界文化宝库作出了卓越贡献。然而，罗马文化并不是罗马人单独创造的文化，而是在外来文化影响下各民族共同智慧的结晶。

在古代意大利半岛上，最早进入文明时代的是伊达拉里亚人。伊达拉里亚人在公元前 7 世纪左右便是一个强大的奴隶制国家，它通过商业贸易、外交往来，战争征服等方式对罗马的政治、经济、文化施加影响。因此，共和初年的罗马文化无不打上伊达拉里亚文化的印记。罗马人宗教神庙的修造，建筑方面的圆形拱门，高级长官所坐的象牙圈椅，穿的镶有绛紫色边的长袍，娱乐中的剑斗术，军事远征胜利后举行凯旋仪礼的风俗，巫术中用动物占卜吉凶以及杀俘虏祭祀神灵与祖先等，都是从伊达拉里亚人那里学习而来的。

当然，对罗马文化影响最为深远的还是希腊人。希腊人在古风时代的殖民运动中，就有意识地向意大利半岛渗透，并在半岛南部形成了"大希腊"区域，建立起一些希腊移民的殖民城邦。罗马人早在王政时代便主动向希腊人学习。塞尔维乌斯任第六王时所推行的改革，把自由民以财产资格划分为 6 个等级，并规定出 6 个等级的权利和义务。公元前 5 世纪罗马人制定的《十二铜表法》，都是直接或间接地仿效了公元前 6 世纪初年雅典国家的梭伦改革。罗马人创制的拉丁字母乃是希腊字母的演化，这已成为历史定论。公元前 146 年，罗马人通过逐步蚕食的政策，最终征服了希腊。而罗马人自己也毫无顾忌地承认，罗马文化深受希腊文化的影响。罗马诗人贺拉西说："希腊被擒为俘虏，被俘的希腊又反过来俘虏了野蛮的胜利者，文学艺术被搬进了荒野的拉丁区。"① 事实上，希腊文化对罗马文化的各个领域都产生了巨大的影响。

罗马文化也是在吸取东方邻近的文化思想的基础上发展起来的。东方文化对罗马的影响主要表现在军事和宗教两个方面。如亚述人、波斯人修筑驿道，战争时使用的弩炮，为罗马人学习和使用。基督教兴起后，犹太人的《圣经》，东方一元论宗教观，也影响着罗马帝国时期的基督教文化。甚至维吉尔的《伊尼阿斯》把帝国的创立者屋大维追溯为亚细亚人的后裔。

总之，古罗马文化思想并不是单纯由米诺斯文明派生出来的，它是在吸收丰富的伊达拉里亚文化、希腊文化和东方文化成就的基础上发展起来的，因而不可避免地带有上述文化的特征。当然，罗马对外来文化，特别是希腊文化的吸收并不是盲目的，而是对其精华采取拿来主义，对其糟粕加以抛弃。惟其如此，罗马文化才得以既继承外来文化的传统，又保持本民族特色和独立发展。罗马文化也才得以与希腊文化共同构成西方文化的古典传统。

第二节　古代罗马文化思想概要

由于罗马人军事扩张导致的广大世界的统一，使得这一时期的不同类型文化得以逐步融合，这在古代是极其罕见的。这种文化上的融合甚至某种程度的文化统一，持续了好几百年。如果把东罗马帝国亦即拜占庭帝国考虑进去的话，那么这一文化统一的时期就长达 2000 年之久。

一、古代罗马宗教观的现实主义倾向

古罗马宗教中崇拜神灵出于十分实际的目的。在罗马人看来，对于整个国家和某个个人来说，为了得到回报，都不得不遵行严格的宗教仪式。如果宗教仪式能够正确地遵行，罗马就会获得"神灵的扶助"。正如公元前 1 世纪的政治家和作家西塞罗所宣称的，"我们所以征服了世界民族，因为我们已经意识到是神灵指点和统治着世界"②。

古罗马人最初没有宗教，"只有原始的祭祖和占卜等巫术"③。后来，罗马人渐渐在"万物有灵"的原始信仰（相信各种自然物和自然现象都有其神祇并

---

① 郭圣铭：《西方史学概要》，36 页，上海，上海人民出版社，1983。

② Chester Starr, *Past and Future in Ancient History*, Lanham, Md：Rowman & Littlefield, 1987, pp. 38-39.

③ 刘文荣：《西方文化史》，9 页，上海，文汇出版社，2010。

加以崇拜）基础上产生了多神教思想。随着罗马的发展，在与其他民族文化接触的过程中，古罗马的宗教思想发生了很大的变化。其中，对古罗马人的宗教观念影响最大的是古希腊的宗教神话思想：原本具有拜物教特点的古罗马神祇们，纷纷仿效希腊诸神，化成了人形；更有甚者，罗马人干脆搬来希腊的神祇，只不过给他们换上一个罗马的名字而已，比如希腊的宙斯成了罗马的朱比特，赫拉改名为朱诺，阿弗洛狄忒摇身变成了维纳斯，阿瑞斯更名叫马尔斯，赫尔墨斯的罗马称呼是麦尔库利，等等。而关于这些神的故事，则和希腊神话大同小异。至于太阳神阿波罗，古罗马人连神名也没改，原封不动地从古希腊神话中搬了过来。公元前3世纪时，希腊和罗马的宗教已完全融合了。这种融合也形象地说明了罗马人对待宗教的现实主义，甚至可以说有些实用主义的态度。

和古希腊宗教一样，古罗马早期宗教也带有原始的、多神的、非理想化的和未超越现世的特征，所以到公元1世纪后，当外界一神的、理想化的和超越性的基督教在罗马帝国传播时，古罗马人便纷纷改弦更张，放弃了自己民族的传统信仰，而成为基督徒。

在古罗马，国家有官方宗教，家庭也有它的宗教。罗马人认为，家庭是国家里的小国家，也有它自己的信仰，比如门神杰纳斯和灶神维斯塔。正确的家庭宗教仪式也很重要，作为一家之主的家长的责任就是保证正确完成其宗教职责。

宗教节日是罗马宗教活动的重要内容，可分为两类：政府出资举办的法定公共节日和个人及家庭举行的私人节日。公元前2世纪中期，罗马每年要举行6个公共节日，每个节日举行5天。其中源自宗教节日的竞技比赛显得尤为隆重。据说竞技比赛是为了纪念至善至尊（最好最伟大）的罗马保护神朱比特的加冕。"共和国后期，竞技的数目和节日的天数都有相应的增加。"[1]

在罗马帝国时代，皇帝兼任最高祭司长，规定人民必须对皇帝的神化偶像顶礼膜拜。公元1世纪，基督教在罗马帝国境内出现。帝国后期，基督教传播已相当普遍，但历代皇帝都对基督教实行镇压的政策。公元313年，君士坦丁皇帝颁布《米兰敕令》，承认基督教。此后基督教获得合法地位，发展极为迅速。公元392年，皇帝提奥多西下令奉基督教为国教。自此，基督教成为罗马社会乃至西方社会唯一优势地位的宗教，并与佛教、伊斯兰教并列为世界三大宗教之一。

二、古代罗马的神话观念

古罗马神话包括两个部分：神的故事和英雄传说。正如前文所述，由于罗马神的故事大体上都来自古希腊神话，所以二者没有太大的区别。而真正区别

---

[1] ［美］杰克逊·J·斯皮瓦格尔：《西方文明简史》（上），董仲瑜、施展等译，118页。

47

较大的是在英雄传说部分。因为古罗马人毕竟拥有自己的远古英雄，其中最著名的就是关于罗马始祖伊尼阿斯的传说和关于罗马城的传说。[1]

罗马人的始祖伊尼阿斯原来是特洛伊英雄，母亲是爱神维纳斯（希腊神话中的阿弗洛狄忒）。希腊人因为美女海伦和特洛伊人打了 10 年特洛伊战争，最后用木马计攻破特洛伊城，掳走了所有的人，并毁了全城。不过，伊尼阿斯却在母亲维纳斯的保护下，带着一队人逃了出来，并按天神的旨意，来到意大利的拉丁平原。当地的土著首领遵照神意，要把女儿嫁给他，因而触怒了另一个求婚者——图尔努斯。最后，经过一场大战，伊尼阿斯战胜了图尔努斯，娶了拉丁姆公主为妻。不久，伊尼阿斯又成为拉丁平原的首领，因此他的后代最初就被称为拉丁人。那么，拉丁人后来为什么又被称为罗马人了呢？这就涉及有关罗马城的传说。

传说伊尼阿斯成为拉丁平原的首领之后，他的儿子就建起了一座城，城的首领是代代相传的。但当首领之位传到伊米多尔时，发生了激烈的家庭纷争。伊米多尔的弟弟阿穆留斯篡夺了首领之位。当时，伊米多尔的女儿西利维亚已生下了一对双胞胎，一个叫罗慕洛斯，一个叫勒拿。阿穆留斯担心这两个男孩子长大后来找他报仇，就命令手下的女奴把他们扔到台伯河里淹死。女奴把两个孩子装在一个篮子里，扔进了台伯河，但河水猛涨，把篮子冲到了河边，并挂在一根树枝上。两个孩子虽然没有被淹死，但面临着被饿死的危险。这时来了一只母狼，它发现了这两个孩子，不但没有吃掉那两个孩子，还用狼奶悉心喂养他们。后来有个牧羊人发现了他们，并把他们领回自己家扶养。罗慕洛斯和勒拿长大后，得知首领阿穆留斯是篡位者，就决心率众攻打他。他们因为是吃狼奶长大的，所以英勇无比，很快就攻下了阿穆留斯的城堡，杀死了阿穆留斯。但是，由于攻城，旧城已经被毁坏了，兄弟俩就决定在旧城的遗址上修建一座新城。由于他们非常能干，力大无比，传说一天之内就建好了一座新城。就在这座新城该叫什么名字的问题上，兄弟俩发生了严重的冲突，甚至发展到了反目成仇的地步，哥哥罗慕洛斯最后杀了弟弟勒拿，用自己的名字称这座新城，即"罗马"。罗慕洛斯也就成为罗马城的第一个国王，住在这座城里的人也就被称作"罗马人"。

三、拉丁文字的形成

今日回头纵览拉丁语的发展和影响，不能不令人感慨古罗马人的巨大作用。虽然诸多罗马文化内容发端、承继于希腊，但是与罗马人直接相连的语言在后世欧洲乃至世界的意义实在是其他任何一种语言不可比拟的。

---

① 刘文荣：《西方文化史》，10～11 页。

拉丁文中的拉丁字母，就是古罗马人在吸收伊达拉里亚字母的基础上发展而来的。据资料显示，古典的拉丁语有 23 个字母，其中 21 个就是从伊达拉里亚字母中派生出来的。后来，拉丁文字与亚平宁各地方言文字相结合，逐渐发展成为古代罗马帝国通行的文字。到了中古时代，拉丁字母 i 分化为 i 和 j，字母 v 分为 u、v、w，形成 26 个罗马字母，① 这样就跟现代英语字母中的 26 个字母完全一样了。

众所周知，后来罗马帝国范围内使用的语言文字主要是拉丁文，它是整个帝国世界的官方语言。拉丁语的寿命也远远高于罗马帝国的寿命本身。在中世纪，拉丁文是基督教书写印刷出版《圣经》使用的文字，拉丁语是神职人员进行宗教礼仪时所使用的语言。直至 17 世纪末，几乎所有欧洲国家尤其是西欧和南欧的政府文牍还是以拉丁文为主，就更不用说学者们著书立说了。时至今日，拉丁语依然存在于我们每个人的生活周围，它对后世科学和生活的影响是永恒的。

四、文以载道的文学观念

从王政时代到共和国初期，古罗马尚无文学创作，只有一些自古相传的民间文艺活动。古罗马文学的真正出现是从公元前 3 世纪开始的。尼维阿斯（公元前 270—前 201）的作品对以后的维吉尔影响颇深。他的创作同时也开启了罗马文学创作的一个新方向：以文学形式记述罗马的伟大业绩。埃涅乌斯（公元前 239—前 169）被誉为"拉丁文学之父"，他曾模仿荷马史诗写了一部《年代记》，记叙了从传说时代到公元前 2 世纪的罗马历史。以上 3 位人物的创作表明，罗马早期的文学先是以希腊为师的，多受希腊的影响。但是罗马在模仿的过程中，不仅学到了希腊文学的形式和技巧，而且还得其文化的重要精神，这就是罗马文学为什么起步较晚但却发展较快的根本原因。

罗马进入帝国时代之后，为了笼络民心，屋大维注重社会舆论，他的亲信麦凯纳斯把著名的作家聚集在他的周围，为帝国服务，于是，罗马文学迎来了"黄金时期"，诗歌发展到高峰。由于罗马文学的繁荣是在"为帝国服务"的前提下，得到官方支持的结果，所以带有鲜明的"文以载道"式的政治色彩。这一特点主要体现在罗马文学的二种主要创作形式上：其一是罗马时期得到重要发展的史诗创作。罗马的史诗创作是在对民族英雄的歌颂中体现了对英雄与权威的推崇。维吉尔（公元前 70—前 19）、贺拉西（公元前 65—前 8）和奥维德（公元前 43—公元 17）是这一时期 3 位最重要的拉丁诗人。维吉尔创作的民族史诗《伊尼阿斯》歌颂罗马人祖先特洛伊英雄伊尼阿斯的丰功伟绩，是罗马家

① 参见陈钦庄等：《世界文明史简编》，106～107 页，杭州，浙江大学出版社，2000。

喻户晓的民族史诗，它影响了后来欧洲史诗的发展和定型。文艺复兴后，许多史诗体裁的作品，都以维吉尔的史诗作为范本。其二是在现实的文学创作中贯穿善与美等伦理教喻。贺拉西是奥古斯都时期另一位重要诗人和文艺理论家，他的《诗艺》是罗马文学史上最重要的文学批评著作。在这部以诗体论诗的著作中，贺拉西主张以真为基础，以善为指归的真善美的统一。在文艺的作用上提出"寓教于乐"。他还制定了古典主义的基本原则，即借鉴古希腊的范例，情节要合理，作品各部分要统一和谐。他所建立的这一套古典主义美学理论，被17世纪古典主义者奉为经典。

五、罗马戏剧中的早期人文主义倾向

罗马的戏剧也是在希腊的影响下发展起来的。在罗马共和国繁荣时期，主要剧作家是普劳图斯和泰伦提乌斯。普劳图斯（公元前254—前184）作品多为生活喜剧，他所塑造的典型形象，如吹牛的军人、江湖医生、贪婪的老鸨、机智风趣的奴隶、吝啬的老头等对后世的作家如莎士比亚、莫里哀等均产生过重要的影响。在文艺复兴时期，他的剧作被重新搬上舞台，受到人文主义者的重视，也受到广大群众的欢迎。泰伦提乌斯（公元前190—前159）是继普劳图斯之后与之齐名的戏剧作家。他的剧作对人物的刻画和塑造保持了新喜剧的特点。他借剧中人物说过这样一句话："我是人，人所具有的我都具有。"这句话被当作罗马人文主义思想成熟的标志。文艺复兴期间，人文主义者接受并发展了他的这一观点，时至今日仍传诵不绝。泰伦提乌斯的喜剧后来成为文艺复兴时期作家们竞相仿效的样本。

六、古代罗马的法律制度与法学思想

法律是统治阶级的工具。罗马国家产生和发展的历史，也是它的各种法律制度、法学思想不断积累和完备的历史。

（一）罗马法体系的形成

在文化统一融合的大趋势之下，罗马在法律制度建设上的成就远远超过了希腊，对世界文化的贡献也最大。所谓"罗马法"，是指通行于整个罗马世界的法律，也就是从罗马建国，经过一千二百多年的长期演变，到公元529年《查士丁尼法典》完成，这中间所有的罗马法律都称作"罗马法"。

罗马法最初是由一些不成文的习惯法演变而来的。一般认为，古罗马最早的成文法是大约公元前5世纪中期制定的《十二铜表法》。此法以刻于12块铜板而得名，原版早已不复存在。从后人引述的条文片段来看，其内容相当广泛，总汇了过去实践的习惯法。《十二铜表法》虽然保留了许多原始的陈规陋习，但它作为罗马的第一部成文法，使司法审判、量刑定罪以明文规定为依据，反映了平民在反对贵族专权过程中的一个巨大胜利。

后来随着平民与贵族斗争的深入，一些新的法案得以不断出台，对罗马法律制度进行了改进和充实。如公元前 445 年的《坎努利乌斯法案》允许平民与贵族通婚；公元前 326 年的《波利提乌斯法案》废除了债务奴役制，搬去了压在平民头上的一座大山；公元前 287 年的霍腾西乌斯法案规定平民大会拥有最高立法权，实际上取消了罗马公民在法律上的一切不平等地位。上述一系列立法活动使罗马公民内部达到了"人人平等"。

从内容和范围看，罗马在公元前 3 世纪中叶以前颁布的法律制度基本上都属于公民法，包括元老院的法令、元首的命令、大法官的公告以及一些有法律效力的传统习俗等。其适用范围仅限于罗马内部的公民。

后来随着罗马的对外扩张，欧、亚许多民族都被置于罗马的统治之下，产生了罗马人与非罗马人之间、在罗马统治下的非罗马人与非罗马人之间的关系，过去只适用于罗马人之间的"公民法"在处理上述两种关系上已无能为力，于是"万民法"便应运而生。万民法虽适用于罗马境内所有民族，但它并不高于公民法的法律，而是公民法的补充，或者说是维护罗马公民权利，即保障奴隶制、财产私有制和买卖、合作、契约等社会活动得以正常进行的法律。直到公元 212 年，卡拉卡拉皇帝宣布授予帝国境内所有自由民以公民权时，古罗马人和罗马帝国统治下的非罗马人在法律上的不平等现象才逐渐消失。从此，公民法与万民法也不再有本质的区别。

从公元 3 世纪起，由于罗马奴隶制社会陷入危机，统治阶级迫切要求将反映本阶级意志的现行法律固定下来，借以维持和巩固其统治地位，因而着手进行法律汇编工作。"公元 3 世纪末和·4 世纪初，法学家编纂了《格里哥里安法典》和《赫尔摩格尼安法典》，这是帝国最早的官方法典"①。大规模、系统的法律汇编工作则是在查士丁尼时代。公元 528 年，东罗马皇帝查士丁尼指令特里波尼安为首的十人委员会对历代皇帝的敕令进行整理、审定，删除过时的以及与现行法律相矛盾的内容，编辑成册，是为《查士丁尼法典》，颁布于公元 529 年。以后，又陆续完成了《法学总论》、《法学汇编》和《新敕令》3 部法典。它们与《查士丁尼法典》一起被称为《查士丁尼民法大全》。《民法大全》是世界上第一部最完备的奴隶制法典。它明确了公法与私法的划分，公法是有关罗马帝国政府的法律，私法是有关个人利益的法律。其中私法中的"物法"（规定物权、债权和继承权有关问题）明确确立了私有财产神圣不可侵犯的法律地位，是为私法的核心。

罗马的法律制度在西方乃至世界法制史上占有极其重要的地位。19 世纪德

---

①　马世力主编：《世界史纲》，上册，288 页，上海，上海人民出版社，1999。

国著名的罗马法学家耶林在其《罗马法精神》一书中这样说:"罗马人三次统一西方世界:第一次是在罗马鼎盛时期,他们以武力统一了西方世界;第二次在罗马衰亡时期,他们是以宗教统一西方世界;第三次是在中世纪以后,早已不复存在的罗马又以罗马法再度统一了西方世界。"15—16 世纪,除英国外的西欧各国出现了采用罗马法的热潮。1804 年,法国出现了一部资产阶级革命的法典——《拿破仑法典》。这部被恩格斯称为"典型资产阶级社会的法典",从结构、内容、基本原则甚至法律术语上都继承了罗马法。罗马的法律制度虽然产生于古代罗马,但它的影响却大大超出了孕育它的社会,也大大超出了它所产生的那个时代,它不仅是古罗马人自己的文化遗产,更是全人类的文化遗产。

随着罗马法内容的不断丰富,解释法律、研究法律的人员也随之出现。罗马共和时代早期罗马法律的解释大权操纵在大祭司手中。因此,共和时期的最早法学家就是那些以侍奉鬼神为职业的大祭司们。这些人垄断了法律的诠释权,使法律带有某种让人敬畏的神秘色彩。公元前 4 世纪末,格涅马斯·弗拉维优斯公布了诉讼程序以及审判日和非审判日的表格。这一举措打破了祭司垄断法学的局面,法学开始走向世俗化。公元前 254 年祭司戈伦卡留斯将有关法律文献全部公布,并面向自由民大众讲解法律,从此法律基本世俗化,出现了一些法学家和法学专著。从奥古斯都到公元 3 世纪,是罗马法学的黄金时代,堪称百家争鸣,人才辈出。

(二)法学思想的发展与自然法理论的意义

在古罗马法学思想中,最值得一提的是自然法理论。罗马法尽管内容十分丰富,但从概念上来看,仅为两种"法",即"人为法"和"自然法"。所谓"人为法"就是在某种历史条件下制定的法律,公民法和万民法均属此类;与"人为法"相对的是"自然法",即被认为是适用于全人类的、不受特定历史条件制约的法律。当时罗马法学家都受古希腊哲学的影响,认为古罗马的公民法和万民法均是古罗马的实用法律,而在这种实用法律之上还有一种基于自然的共同法。这种思想的存在与古罗马深受古希腊"命运"观念的影响是分不开的,说明当时罗马人心中"法"的观念和"神"的观念还没有彻底划清界限。[①] 但这种"自然法"思想却向我们表明,古罗马人至少已将"法"与政治权力初步区分开来,并力图为它找到非政治性的甚至"非人的"根据,这对于确立真正的法制观念来说无疑是非常关键的。

这种理论对当时的法学家影响颇大,实际上也构成了罗马法的基本法理思想。西塞罗法律思想中的一个重要内容就是关于自然法的理论。他认为法律的

---

① 刘文荣:《西方文化史》,30 页。

本源是自然的法则，"是由大自然确立起来的，通过健全的理智方能发现，而且对所有的时代和所有的民族都一样有效"。西塞罗以永恒的、普遍的自然法则为前提推导出人类自然平等的法律观。西塞罗关于自然法和人类自然平等的思想对以后欧洲政治思想的发展有很大的影响。17—18世纪欧洲资产阶级革命时期的思想家继承和发展了自然法的理论，提出"天赋人权"、"权利平等"等口号作为反封建的武器。

七、古代罗马的史学思想

古罗马最早的历史作品是《年代记》，大约产生于公元前5世纪中叶。罗马最初是用执政官或其他高级官吏的名字来表示年代，因每个任官的名下都记有在其任职期间发生的事件，这样编辑起来的文本就成为简短的编年记载。公元前2世纪，最著名的史学家首推波里比阿（公元前200—前118），他在漫游各地和利用罗马国家档案库材料的基础上，写下了40卷本《通史》，主要叙述了布匿战争以及罗马在地中海东部所进行的征服。《通史》保留至今的是前5卷，其他各卷只有一些残片传下来。波里比阿被誉为"史学家中的史学家"，他的史学理论和史学方法在西方史学上占有一定的地位。此外，在非史学家所著的史学著作中，最著名的是西塞罗的《布鲁塔斯》和恺撒的《高卢战记》与《内战记》。西塞罗的《布鲁塔斯》一书共罗列了希腊罗马雄辩家达两百多人，可作为一部独特的史学著作看待。恺撒的《高卢战记》与《内战记》不仅具有较高的文学价值，而且也是研究罗马史、高卢、日耳曼人历史的珍贵史料。

罗马史学最有成就的是在帝国时期，出现了不少著名史学家和卷帙浩繁的历史著作。而代表当时史学最高水平的是三大史学家，即李维、塔西佗和普鲁塔克。

（一）李维对天命史观的"妙用"

李维（公元前59—公元17）是最具学者风范的一位史学家。他出生于意大利，曾担任屋大维的孙子克劳狄的老师。李维花费了毕生的经历写成的《罗马建城以来史》（简称《罗马史》）叙述了自公元前754年至公元前9年的罗马历史。该书共142卷，但至今只有36卷左右存世。李维写史的目的，是力图通过他的著述来披露罗马社会滋长起来的不良弊端，唤起人们对昔日罗马建国的艰辛与光荣的追念，激发人们的爱国热忱。因此，书中充满了道德说教、复古主张、爱国思想和对共和制度的赞扬。他的著作文字流畅，辞章典雅，叙事描画栩栩如生，人物形象跃然纸上，而且旁征博引，史料十分丰富。但李维的历史观中带有浓厚的"天命论"色彩。他认为罗马民族的一切行为都是"受之天命"的行为，罗马之所以统治大半个世界，就是因为"天命使然"。所以后来文艺复兴时期的意大利著名政论家和史学家马基雅维里曾评论说："李维能借古代历史激励当时罗马的人心，真可谓是罗马唯一真正懂得历史之妙用的史学家。"

（二）塔西佗的历史批判精神

塔西佗（约55—120）出身于贵族，曾担任理财官、审判官和总督等职。在政治思想上，他是共和思想的最后代表人物。其流传于世的作品共有5部：《演说家对话录》、《阿古利可拉传》、《日耳曼尼亚志》、《历史》和《编年史》，其中最著名的是《历史》。《历史》共12卷，主要记述了从公元69年到公元96年的历史。公元105年该书的出版引起轰动，使塔西佗一夜之间成了和李维齐名的大史学家。因为此书叙述的正好是"弗拉维王朝"时期的事实。这一时期相继有三代昏君或暴君（韦帕芗、第度和图密善）当政，由于塔西佗大量揭发了弗拉维王朝的黑暗内幕，同时又竭力主张恢复罗马建国初期的刚健精神，再加上他文笔简洁明快，因此在很大程度上迎合了当时罗马人的普遍心愿而受到欢迎。《历史》代表了一种具有批判精神的史学观，而这种史学观在塔西佗之前是极为罕见的。古代史学家写史，大多都是歌功颂德的，不是为本王朝就是为本民族，唯有塔西佗的《历史》在批判和揭露，这种史学观在某种程度上为后世开辟了一个新的史学天地。

（三）普鲁塔克对英雄史观的推崇

与塔西佗差不多同时的普鲁塔克（46—126）也颇负盛名。据说他曾做过图拉真和哈德良的老师，由于受到图拉真的恩宠而被授以执政官的职位。他的名著是《希腊罗马名人传》（又称《传记集》），包括50篇传记。普鲁塔克十分注重伦理道德，所以他的传记着重于通过人物评述发挥他的伦理思想，因而详于个人情节，略于社会背景。在历史观方面，普鲁塔克表现出了明显的英雄史观。由于《希腊罗马名人传》记述了不少史实，保存了不少业已散失的史料，不失为希腊罗马历史的一部重要著作。

在普鲁塔克之后，古罗马史学的发展相对比较平淡，但也产生了苏维托尼乌斯和阿里安两位对后世颇有影响的历史学家。苏维托尼乌斯著有《罗马十二帝王传》，他与普鲁塔克的著作一起开创了西方史学传记体的先河。阿里安用希腊文撰写了24卷的《罗马史》，在编写体例上按照国别或重大事件来命篇，叙述其前因后果，本末始终，可算是西方史学中"纪事本末体"的创始者。另外他还注意到历史事件的社会经济根源，把罗马共和时代的社会斗争归结为关于土地所有权的斗争，这在古代史学家中确实难能可贵。

八、古代罗马的哲学思想

（一）古罗马哲学思想的伦理化倾向

古代罗马哲学的形成和发展深受古代希腊晚期哲学的影响。罗马哲学对希腊各学派多取折中兼容态度，比较注重于实用，力图在哲学中找到修身治国之道。正如有学者发现："这个时期哲学思想具有伦理化的倾向。这一时期无论哪一派哲学都是以伦理为核心来建构理论的，都以灵魂安宁或生活幸福为主要目标。"① 古代罗马哲学显示出同晚期希腊哲学一样的伦理化倾向。在这方面西塞罗是著名代表，他著有《论善恶之义》、《论神的本性》等哲理论文。他继承毕达哥拉斯和苏格拉底的说法，宣扬灵魂不死的观点。在探讨人生修养方面，西塞罗著有《论老年》、《论友谊》等名篇，他主张人的美德在于发扬理性，控制欲望，而幸福就在于顺应自然，追求美德。这些思想早已是希腊哲学家的老生常谈，因此可以说西塞罗在哲学根本问题上并不曾有过独特的贡献。但他以生动流畅的拉丁文将希腊的哲学思想通俗化了，从而便利了罗马对希腊思想家的了解。

（二）古罗马哲学思想中的唯物主义倾向

卢克莱修（公元前98—前53）是古罗马共和晚期杰出的唯物主义哲学家和诗人。他在所著的《物性论》（6卷）一书中，根据伊壁鸠鲁的原子学说，驳斥了关于神创造世界的说法。卢克莱修的一个重要动机就是要想启迪人类的思想从宗教迷信的束缚下获得自由。他认为，自然界的一切现象并非神的创造也不受神的支配，它们是由唯一真实的物质——原子构成的，包括人的"灵魂"也是物质的；躯体死亡后，"灵魂"也归于死亡，因此人不应存有死后的恐怖。卢克莱修还在《物性论》的第5卷里为人类社会描绘了一幅进步的图画。他的《物性论》成为后人研究伊壁鸠鲁哲学思想的重要文献。

在古罗马的帝国时代，唯物主义思想的重要代表是琉善（约120—200）。他出身于幼发拉底河畔的一个贫苦手工业者家庭，一生贫苦，与下层人民有密切联系。他一生作品诸多，主要有《神的对话》、《佩雷格林之死》、《悲惨的朱比特》、《渡口》等等。琉善痛斥奴隶制度的"荒谬"之处，主张人人平等、财富公有。他贬斥了斯多葛派和柏拉图派的唯心主义哲学，批评和嘲笑了宗教迷信和利用宗教欺世愚民的骗子，大力赞扬德谟克里特和伊壁鸠鲁的唯物主义哲学思想。琉善的唯物论与无神论思想对后世颇有影响。文艺复兴时期不少进步的思想家汲取了他的思想。

（三）哲学思想的宗教化倾向

在罗马帝国当时的社会条件下，唯心论和宗教神秘主义思想盛行于上层社会。由于这些思想符合奴隶主贵族的需要而被奉为官方哲学。例如，当时的新斯多葛主义就曾盛行一时。新斯多葛主义抛弃了早期斯多葛派的唯物论因素，而蜕化成为一种单纯的宗教伦理思想。其主要代表是尼禄的老师辛尼卡（公元

---

① 　张志伟：《西方哲学十五讲》，120页。

前 5—公元 65），他宣扬"愿意的人，命运领着走；不愿意的人，命运牵着走"，鼓吹宿命论和禁欲主义。而他本人却既不安分也不禁欲，而是贪得无厌，奢侈腐化。随着罗马帝国社会危机的来临，奴隶主阶级的思想家拼命鼓吹为义务而义务，这种思想在皇帝马可·奥里略的著作《沉思录》中最为明显。他们把伊壁鸠鲁主义变成了悲观厌世哲学，倡导"一切都归消灭"的思想。①

（四）新柏拉图主义

古代罗马最后一个哲学派别是新柏拉图主义。实际上，新柏拉图主义是各派哲学的一个大杂烩。恩格斯曾指出："新柏拉图派的哲学不过是斯多葛派、伊壁鸠鲁派和怀疑论派的学说跟柏拉图和亚里士多德的哲学内容的荒唐的结合。"② 新柏拉图主义认为，神是世界的本原，是绝对无限的存在，并且是不可认识的。还认为人的肉体是罪恶的根源，人如要得到神的启示便须摆脱肉体，使灵魂出壳，方能与神交往，获得真知。在新柏拉图主义哲学家中，最具代表性的人物是普罗提诺斯（204—270），他著有《九章集》。在他看来，不可理解和不可说明的神是万物的始源，神是"超存在"，即超越于存在和思维之上，而人生的目的就是回到神，把灵魂从躯体中分离出来，与神合一。后来，这种神秘论哲学思想在教父哲学中发展为粗鄙的神学理论。毋庸置疑，古罗马哲学领域中神学哲学和宗教迷信的流行是罗马奴隶社会的思想危机的真实反映。

---

① 崔连仲主编：《世界史·古代史》，409~410 页，北京，人民出版社，1983。
② 《马克思恩格斯全集》，第 3 卷，149 页，北京，人民出版社，1960。

第四章　中世纪基督教文化思想

中世纪是封建制社会形成和发展的时期，也是世界三大宗教广泛传播的时期。在中世纪的欧洲，基督教文化取得了万流归宗的地位。整个中世纪西欧文化，包括文艺复兴初期在内，都是以基督教为题材、以基督教思想为背景的。可以说，基督教文化已经成为中世纪的精神支柱。

第一节　中世纪历史发展脉络

中世纪一词最早诞生于欧洲文艺复兴时代，是公元15—16世纪意大利人文主义语言学家、历史学家比昂多等人首先提出并使用的。他们认为，在罗马帝国衰亡直至自己所处的时代之间存在着一个中间世纪，即中世纪。17世纪末，德国历史学家克里斯托弗·凯列尔在其所著《通史》中，首次将人类历史划分为古代、中世纪和近代3个时期。18世纪末，中世纪的概念被西方学术界接受并长期沿用下来。其实中世纪一直是一个颇有争议的概念，因为它没有绝对的时间界限。一般认为，随着公元476年西罗马帝国的覆灭，西方社会进入了中世纪，1500年左右新航路的开辟标志着中世纪的结束。

一、中世纪初期

中世纪初期大体上是指476年至约1000年的历史进程。476年，随着最后一个合法的罗马皇帝被杀，西罗马帝国最终灭亡了。罗马帝国的消亡成为西方进入中世纪的标志。中世纪的欧洲在日耳曼等民族征服罗马之后的最初两三百年中一直处于动荡和迁徙状态。在这过程中，相继出现过一批蛮族国家，其中由克洛维（465—511）建立的法兰克王国存在时间最长，影响最大，封建化过程最为明显。

511年克洛维死后，他的王国被4个儿子瓜分。此后的欧洲历史相对平静，直到751年，宫相丕平篡夺王位，废黜墨洛温王朝的末代国王希尔德里克三世，把他关进修道院做僧侣，开始了加洛林王朝的统治。丕平之子查理在位时大规模向外扩张，公元800年查理加冕称帝，成为查理曼帝国。查理大帝死后，843年他的3个孙子在凡尔登条约里三分帝国，形成了后来的法国、德国、意大利的雏形，欧洲再次分裂。就在查理曼孙辈们内讧之时，东部匈牙利的马札尔人、南部的阿拉伯人、北部的诺曼人入侵帝国。入侵从9世纪开始，到10世纪末，长达两个世纪。

公元1000年前后，西欧屡遭入侵的危险终于被排除了。这时，基督教也已经基本完成对整个西欧的皈依，成为西欧唯一的具有权威影响力的宗教（此时的西班牙除外），社会开始朝着稳定方向发展，欧洲文明的重心由地中海转移到了莱茵河河谷和北大西洋沿岸，欧洲社会终于到了可以告别落后的时代，中世纪的转折点旋即到来。

二、中世纪的历史转折

中世纪的历史转折发生于 1000 年至 12 世纪之间。11 世纪末出现的"十字军东侵"是西欧历史的一个重要转折点，欧洲开始摆脱中世纪初期的社会停滞和封闭状态。

"十字军东侵"是在 1096 年到 1291 年发生的 8 次宗教性军事行动的总称，是西欧封建主在宗教旗帜下对地中海东岸的国家发动的军事殖民战争，它是多种因素共同作用的结果。

东方作为人类文明的发源地，一直保有先进的政治、经济与文化，因而也是人类争夺最激烈、战争发生频率最高的地方之一。11 世纪末，西欧社会生产力有了长足的发展，手工业从农业中分离出来，城市崛起。伴随着经济的快速发展，西欧封建主各阶层的欲望也急剧膨胀：国王、公爵、伯爵一类的大封建主企图掠夺东方的领土和财富；继承了前辈领地的封建地主们渴望增加财富来满足他们无限的欲望；不是长子不能继承遗产的"光蛋骑士"们更急需侵占土地和掠夺财富。西欧各国的大、中、小封建主向外攫取土地和财富，扩充政治、经济实力的需要使他们一起构成了十字军队伍的主力。

这一时期，欧洲教会的最高统治者罗马天主教会，为实现自己建立"世界教会"的宏伟蓝图，确立教皇的无限权威，也把目光逐渐转向了地中海东岸国家。公元 1095 年 11 月，罗马教皇乌尔班二世在法国克勒芒宗教大会上发表了蛊惑人心的演说，抨击东方穆斯林占领了基督教的"圣城"耶路撒冷，宣称耶路撒冷是世界的中心，它的物产丰富无比，就像另一座天堂，号召人们迅速行动起来，驱逐塞尔柱突厥人，收复圣地，解放耶路撒冷。西欧的城市商人，特别是威尼斯、热那亚和比萨的商人，企图从阿拉伯和拜占庭手中夺取地中海东部地区的贸易港口和市场，独占该地区的贸易，积极参与十字军。受到封建主日益严重剥削和压迫的农民，又逢连年灾荒，也梦想寻找摆脱饥饿和封建枷锁的出路，逐渐被教会所蒙蔽，被骗往东方。一支浩浩荡荡的十字军队伍出发了，他们从 1096 年春天开始，持续了近 200 年，成为第一次全欧洲性的运动。

（一）第一次十字军东侵（1096—1099）

10 万十字军兵分四路，于 1097 年春季会合于君士坦丁堡，随即由附近渡海进入小亚细亚，攻占塞尔柱人国都尼凯亚；1098 年，又攻占埃德萨和安条克，建立起最初几个十字军国家——埃德萨伯国和安条克公国。1099 年 7 月，十字军攻占耶路撒冷，对该城居民进行了血腥屠杀。在占领耶路撒冷城以后的几年里，十字军陆续占领了地中海东岸的全部土地，并在这一带建立起 4 个十字军国家，其中最大的是包括巴勒斯坦和叙利亚南部的耶路撒冷王国，以及北边的黎波里伯国、安条克公国和埃德萨伯国。后 3 个小国名义上附属于耶路撒冷王国，实际上是独立的。

（二）第二次十字军东侵（1147—1149）

第一次十字军东侵后，突厥人逐渐团结起来，以摩苏尔突厥为首，开始向十字军国家发起了反攻。在突厥人的强大攻势下，十字军国家的领土不断缩小。1144 年，摩苏尔总督伊马德占领埃德萨，耶路撒冷国王向罗马教皇发出紧急求援信，请求招募骑士组成新的十字军，援救在东方建立的十字军国家。1147 年夏天，由法国国王路易七世和所谓"神圣罗马帝国"皇帝、德意志国王康拉德三世率领的第二次十字军东侵开始了。德意志十字军最先出动，在小亚细亚被土耳其军队击溃。随后到来的法王路易七世在小亚细亚遭到了突厥人的迎头阻击。1148 年，康拉德率德军残部，路易七世率法军残部与耶路撒冷王国军队合力攻占大马士革的企图也落空了。1149 年，路易七世和康拉德三世先后撤兵返国，第二次十字军东侵以失败告终。

（三）第三次十字军东侵（1189—1192）

1187 年埃及素丹萨拉丁军队在太巴列湖附近战役中击溃耶路撒冷王国军队并占领耶路撒冷。为夺回耶路撒冷，在"神圣罗马帝国"皇帝腓特烈一世、法国国王奥古斯都·腓力二世和英国国王理查一世统率下，1189 年，十字军进行了第三次东侵。腓特烈率军沿第二次东侵路线从陆路穿越拜占庭前进，沿途伤亡惨重。腓特烈一世在横渡萨列夫河时溺水死亡，其军队亦随之瓦解。法英两国十字军由海路向巴勒斯坦挺进，途中占领西西里岛。腓力占领阿卡港后，于 1191 年率部分十字军返回法国。理查在叙利亚取得一定战果，攻占了塞浦路斯，并建立塞浦路斯王国，1192 年又与萨拉丁签订和约。据此和约，自推罗至雅法沿海的狭长地带仍归耶路撒冷王国所有，阿卡港实际上成为王国的中心。耶路撒冷仍留在穆斯林手中，与的黎波里合并的安条克公国仍掌握在十字军手中。

（四）第四次十字军东侵（1202—1204）

此次东侵由教皇英诺森三世策划。十字军原定东侵埃及，但后来改变计划进军拜占庭帝国，先后攻陷达尔马提亚的扎达尔（1202）和君士坦丁堡（1204）。十字军在已瓦解的拜占庭帝国的部分领土上建立起几个国家，其中最大的一个是直到 1261 年才灭亡的拉丁帝国，它领有巴尔干半岛许多地区和小亚细亚西北部，以及爱琴海和爱奥尼亚海上的一些岛屿。第四次十字军东侵后，威尼斯共和国作为意大利最强大的国家垄断了同东方各国的贸易，并夺取了拜占庭许多贸易和军事要地。

（五）第五次十字军东侵（1217—1221）

1213 年 4 月 19 日，教皇英诺森三世要求信徒组建一支新十字军，没有得到欧洲君主们支持。于是，教皇要求教士进行布道宣传，号召信徒、社会地位较低的贵族和破落的骑士加入十字军。1215 年 11 月，教皇在拉特兰大教堂主持召开了宗教会议，宣布组建一支以攻打埃及为目标的十字军，通过战胜埃及进而重新夺取耶路撒冷。1217 年，第五次十字军东侵开始，途中，君士坦丁堡拉丁帝国年迈的皇帝约翰、塞浦路斯的于格一世和安条克公国的王储博希蒙德四世也加入支持。1218 年 6 月，十字军包围达米埃塔。1219 年 11 月，素丹阿迪尔去世，达米埃塔失守。1221 年，十字军企图进攻开罗。战役中，埃及军队借尼罗河水截断十字军的进军路线，并包围十字军。9 月，埃及军队收复达米埃塔。第五次东侵终告失败。

（六）第六次至第八次十字军东侵（1228—1291）

第六次东侵（1228—1229）由"神圣罗马帝国"皇帝腓特烈二世率领进行。这次东侵使基督徒于 1229 年一度夺回耶路撒冷，但 1244 年又被花拉子模突厥人占领。1248—1254 年法国国王圣路易九世率领十字军先后对埃及和突尼斯进行了东侵，但以失败告终。

1270 年，法国国王路易九世领导第八次十字军进军突尼斯。十字军在突尼斯登陆不久，路上发生传染病，路易九世染病身亡，其残部由路易九世的儿子兼继承人腓力三世率领返回法国。此后，尽管教皇多次号召，却再也组织不起新的十字军了。由于得不到西欧的支持，十字军在东方的领地相继被埃及人攻占。1291 年，十字军在地中海东岸的最后一个据点阿克城也在埃及军队的长期围困与强攻下失守。至此，十字军东侵以全部失败告终。

近两个世纪的十字军东侵造成地中海东部各国生灵涂炭，大量金银财物被抢劫一空，许许多多的古代艺术珍品被毁。十字军这种强盗行径，充分暴露了其宗教的欺骗性和虚假性，也使得教会的威信大为下降。但是，十字军运动也打通了东西方之间自中世纪以来的长期隔绝封闭状态，东西方之间的贸易大规模开展，新的技术和科学开始传入欧洲，如中国的四大发明、印度的阿拉伯数字、阿拉伯文化等被介绍到欧洲，并在社会生活中得到运用，推动了欧洲文明的发展进程。十字军运动向基督教世界展示了一个更为广阔和多彩的世界，不但使西欧人眼界大开，而且对他们造成了思想上的冲击，西欧人固有的世界观开始发生变化，社会生活的许多方面都出现了新的气象。另外，十字军运动还开创了一种向外拓展和冒险的精神，这一精神正是欧洲人走出封闭，开拓进取所必需的。事实证明，十字军运动是西欧从封闭到开放的转折，从僵滞到活跃的开始。欧洲对外的大门一旦打开，就再也没有关闭过，从此，西方开始奉行积极主动的"走出去"的对外交往政策。从某种意义上说，后来的"地理大发现"和西方人在世界范围内的征服活动是十字军开创的这一精神的延续和发展。

三、中世纪的鼎盛时期

12世纪时，欧洲社会经过几百年缓慢的积攒终于爆发出快速发展的势头，中世纪的盛期也随之到来。这一鼎盛时期持续到13世纪。

在中世纪的全盛时期，欧洲的农耕方式发生了重大的改变。技术的革新加快了农业的发展，二圃制向三圃制的转变以及大规模地清理林地和垦荒活动带来耕地的大量增加。到13世纪，欧洲可耕地的面积达到历史上的极致。

依赖于农业的快速发展，12世纪时商业开始复兴，一个以经商为主的群体形成，并逐渐取得较高的社会地位。商业的大发展一方面是为了养活急剧增长的城市人口，另一方面也是为了获得更多的利润。中世纪商业复兴从一开始就具有开放性和国际性。意大利的商人会远上佛兰德斯，而英国的商人也会到威尼斯。最先发展起来的商业借助十字军运动开通的朝圣道路，建立了新的海上通道，促进了东西方贸易的开展。其中，意大利北部城市如威尼斯等尤其在这一商业活动中受益巨大。此时，以赢利为主的商业活动代替了简单交换，凡是有市场的货物都在交易之列。

商业的复兴带来了城市的复兴。古罗马时期建立起来的城市，如罗马、比萨、佛罗伦萨、里昂、伦敦等相继恢复了中心城市的地位，一大批新兴城镇也如雨后春笋般在各地出现。欧洲城市化进程以前所未有的速度发展，越来越多的人被吸引到城市来生活，欧洲社会的人员流动加剧。城市管理机构——市议会和市议员制度在13世纪建立起来，一个新兴的市民阶层开始形成（资本主义出现后的工人阶级和城市无产者均产生于市民阶层）。城镇生活还造成社会分工的加剧，出现了为满足城市生活、生产需要的各种行业、店铺、作坊乃至休闲场所，手工业者的队伍扩大，行会组织出现。这时，城市在经济方面发挥的作用已远远超过古代，城市的重要性也开始日渐显现，它不仅发展成为建筑业、制造业、服务业、商业的中心，也成为政治、文化和社会民主的中心。最终，城镇的兴起和贸易的增长为后来欧洲从落后的农业社会转变为城市工业社会奠定了基础。

中世纪盛期还是欧洲人流动的开始，朝圣、经商、求学，甚至游历都是造成人员流动的原因。欧洲人不仅在欧洲境内游历，而且开始走出欧洲，欧洲与亚洲的交往也有所上升。有关游历的记载不断在社会上流传，开始影响到人们对世界的看法。例如，意大利人马可·波罗在东方的神奇经历及其在13世纪发表的游记进一步刺激了欧洲人的想象和思想。法国学者阿贝尔·雷米萨认为是马可·波罗的东方经历激发了哥伦布从西路航海到东方的壮志，从而发现了新大陆。

四、中世纪晚期的历史演变

中世纪在 14 世纪进入了它的末期，快速发展的欧洲在发展过程中遭到各种灾难的困扰。临近 13 世纪末，欧洲经历了一场所谓的"小冰川期"，天气形势出现了异常变化，加上人口增长过快，导致饥荒频繁出现。1315 至 1317 年，欧洲北部出现了全家饿死的现象。① 1347 至 1351 年间肆虐泛滥的腺鼠疫（通称黑死病）的大流行，夺去了欧洲近 1/3 人口的生命，酿成中世纪欧洲历史上的一场最大的悲剧，并导致人口锐减、经济崩溃。在无法避免的死亡面前，人们显得手足无措。14 世纪人口的锐减导致劳动力价格急剧攀升，为了把自己的损失减低到最小限度，地主和贵族极力施行工资限制。上层社会的无情压迫使得反叛和农民起义接连不断，1358 年法国的扎克雷起义和 1381 年英国的农民起义都对社会造成巨大冲击。1337—1453 年，英法之间爆发了长达百年的战争，政治动荡。

在困难时期，原本 13 世纪已在欧洲社会具有权威地位的基督教会不仅没有能够发挥道德和政治领导作用，相反它本身也陷入了一场严酷的教皇的普遍绝对权威与世俗君主的最高统治权的对抗之中。1303 年，老教皇卜尼法斯八世去世后，法王腓力四世向主教们施加压力，迫使他们选举法国人克雷芒五世担任教皇并迁往莱茵河东岸的阿维尼翁，即"阿维尼翁之囚"。这期间，教皇声望倍降，反对教皇的情绪高涨。1378 年教皇去世后，红衣主教团在几个月时间内选出了两位教皇：乌尔班六世和克雷芒七世，由此开始了教会大分裂。分裂局面一直持续到 1417 年的康斯坦茨宗教会议，尽管教会分裂局面暂时结束，但教会的权威再也不如从前，教皇成为世俗君主可利用的工具，欧洲教权统治向王权统治转移的过程从此开始。与此同时，教会内部还出现了要求改革的呼声，英格兰的约翰·威克里夫（约 1330—1384）和布拉格的约翰·胡司（约 1375—1415）分别领导了两地要求改革的"异端"运动，表达了信徒对教会行政体系的不满和抗议。14 世纪的欧洲陷入了一场空前的危机中，中世纪走到此时已是遍体鳞伤。

第二节　中世纪文化思想概要

中世纪是基督教思想全面发展并逐渐取得精神与世俗统治地位的时期。基督教思想从古希腊哲学思想中汲取了营养，从而使基督教思想在某种程度上哲

---

① 参见［美］杰克逊·J·斯皮瓦格尔：《西方文明简史》（上），董仲瑜等译，272 页。

理化，更加具有理论上的说服力。在此基础上形成了以经院哲学为代表的基督教哲学。中世纪时期东西文化交流的不断加强，经院哲学的发达，商业的繁荣，都促进了教育思想的全面发展并兴起了近代的大学教育。在封建主与贵族的利益博弈过程中，近代形式的议会政治的雏形也开始出现。

一、基督教文化思想的繁荣

基督教早在公元 1 世纪诞生在罗马帝国统治下的犹太人故土——巴勒斯坦。据传创始人为耶稣。公元 2 世纪中期，在罗马帝国的所有地区都有基督教的追随者。最初的基督教不过是犹太教中的一个小宗派，它的出现从某种意义上说是罗马统治者对犹太人和犹太教压迫的结果。在罗马帝国初期，巴勒斯坦并入罗马版图，随之传入了在犹太人中间一直流传的弥赛亚（救世主）的传说。耶稣的使徒们相信耶稣就是基督，即希伯来语所说的弥赛亚（救世主），这些信仰者被称作基督徒，他们的宗教团体也被称为基督教。

基督教继承希伯来圣经为基督教圣经旧约全书，主要教义有"三位一体"、"原罪"、"因信称义"、"信救赎"、"信天国"、"永罚"、"信末世"等。所谓"三位一体"是基督教的基本信条之一，即相信上帝唯一，但有三个"位格"："圣父"——"天地万物的创造者和主宰"；"圣子"——"基督耶稣"，上帝之子，受上帝之遣，通过童贞女玛丽亚降生为人，道成肉身，并"受死"、"复活"、"升天"，为全人类作了救赎，必将再来，审判世人；"圣灵"——"上帝圣灵"。三者是一个本体，却有三个不同的位格。所谓"原罪"是基督教伦理道德观的基础。基督教认为，人类的祖先亚当和夏娃因偷食禁果犯的罪传给了后代，成为人类一切罪恶的根源。人生来就有这种原罪，此外还有违背上帝意志而犯的种种"本罪"，人不能自我拯救，而要靠耶稣基督的救赎。"原罪"说日后逐渐发展成为西方"罪感文化"，对欧美人的心理及价值观念影响深远。基督教还提出，人类凭借信仰就可得救，而且这是在上帝面前成为所谓"义人"[①] 的必要条件。

从公元 1 世纪到 4 世纪，基督徒们一直遭受着各种形式的宗教迫害，但是这种折磨并没有消灭基督教，反而使它更为强大了。公元 4 世纪时，基督教的影响已势不可挡，罗马帝国内信奉基督教的人数已达到 600 万，包括罗马帝国的皇帝和许多上层人士都被吸引，纷纷皈依其下，基督教事实上已经成为当时人们的主要信仰，开始走向全面的文化繁荣。公元 313 年，罗马皇帝君士坦丁与李锡乌斯在米兰会晤，发表了著名的《米兰敕令》，宣布对基督教采取宽容政策，使基督教在罗马帝国获得了合法地位，基督教从此得到了长足发展。

公元 392 年，狄奥多西一世又颁布法令宣布基督教为国教，同时禁止罗马

---

① 义人，《圣经》对因为信神而遵守神的律法者的称谓。

国内其他一切宗教，使基督教成为唯一合法的宗教，确立了基督教的国教地位。从此，它一统天下，左右逢源，决定了当时欧洲社会的整个文化生活。罗马帝国分裂以后，文化全面萧条，在这样的背景下，教会在几个世纪里对欧洲所有的国家和部落来说始终是独一无二的社会制度。教会不仅是统摄整个欧洲的政治制度，而且是意识形态的中心，它提出的关于世界的形成、仁爱的社会生活准则等都对中世纪欧洲人的思想产生了不可低估的影响。

二、基督教哲学思想传统的形成

中世纪是信仰的世纪，似乎一切都在为信仰服务，就连哲学也未能幸免。哲学与神学在内涵上本属两个范畴，但在中世纪西欧特定的历史和社会环境中，却成了一对密不可分的连体。神学以哲学的面目登台，哲学以论证神学作为主要的存在方式。正是这一时期造就了西方哲学的另一个传统——基督教哲学。基督教哲学在西欧中世纪时期曾先后经历过两种不同的形态，前期为教父哲学，后期为经院哲学。二者在本质上是一致的，都是官方正统的宗教哲学，教父哲学是经院哲学的前期准备和基础，经院哲学是在新形势下对教父哲学的发扬光大。

（一）奥古斯丁的基督教哲学思想

奥古斯丁（354—430），古罗马帝国时期基督教思想家，欧洲中世纪基督教神学、教父哲学的重要代表人物，著有《忏悔录》、《论三位一体》、《上帝之城》、《论自由意志》、《论美与适合》等。奥古斯丁确立了基督教哲学；他以神为中心，启示为基本，而哲学则为神学的使女；他主张信仰使人看见真理，而理智使人多了解真理，但信仰至上，"如果要明白，就应当相信，因为除非你们相信，你们不能明白"。奥古斯丁是继古希腊哲学之后出现的第一位伟大的哲学天才，在他的思想中，正在日益上升的基督教文化首次获得了高度的哲学表达。在5—6世纪的整个西方基督教世界，无不渗透着奥古斯丁思想的影响，他的思想也是整个中世纪的重要思想遗产。

在历史上，创立并论证基督教教义和教条的教会人士被尊称为"教父"，由他们创建的哲学与神学的混合体则被称为教父哲学。教父哲学产生于公元2世纪末，繁荣于西罗马帝国行将崩溃的4世纪末5世纪初。教父哲学在形成和发展过程中的主要代表人物有德尔图良、奥里金和奥古斯丁等。奥古斯丁在创立基督教神学体系方面作出了重要贡献，他的基督教哲学标志着教父哲学的顶峰和终结。

1. 上帝神性论

奥古斯丁从各个方面论证上帝的神性。第一，上帝是不变的：作为最终实在的上帝是圆满无缺的，故没有理由让之变化。第二，上帝是创造的：上帝创世既不需要材料，也不需要工具，甚至连时间和空间也不存在，他仅凭语言就足以产生出整个世界。在《忏悔录》中，奥古斯丁写道："你创造天地，不是在天上，也不在地上，不在空中，也不在水中，因为这些都在六合之中；你也不在宇宙之中创造宇宙，因为在造成宇宙之前，还没有创造宇宙的场所。你也不是手中拿着什么工具来创造天地，因为这种不由你创造而你借以创造其他的工具又从哪里得来的呢？哪一样存在的东西，不是凭借你的实在而存在？因此你一言而万物资始，你是用你的'道'——言语——创造万有。"第三，上帝是永恒的：时间是上帝创造的，上帝存在于时间之外，不受时间流变的影响和制约。第四，上帝是全善的：每一件事物之所以是善，只是因为它是实在的，而上帝是至高无上的实在，所以上帝是全善。

2. 双城论

奥古斯丁竭力宣扬双城论。他的《上帝之城》在整个西方基督教世界取得了史无前例的胜利。他将世界分为"上帝之城"和"尘世之城"。尘世之城指的是末日审判后恶人所居留的地狱和人们现世栖息生活的世界，上帝之城指的是上天之中永恒的幸福和现实生活中的基督教会。他由此认为，教会的权力应当高于世俗的权力，只有如此，尘世之城才能得到救赎，而成为上帝之城的组成部分。

3. 三位一体论

与《忏悔录》和《上帝之城》相比，《三位一体论》给人一种"高屋建瓴"的感觉，它侧重于从上帝"三位一体"本身的角度，来考察神与人的关系，因此，在这三部著作中，《三位一体论》被公认是理论水平最深的一部，代表了奥古斯丁神哲学的巅峰，也可以说是整个教父哲学的理论巅峰。在本书中，奥古斯丁强调一神真理，认为神是"三位一体"，"圣父"、"圣子"、"圣灵"虽有别，但他们的本质相同，位格相依而不离散。他说："存在的却非三个上帝，或三个善者，或三个全能者，而是一个上帝，又善又全能，即三位一体自身。"① 奥氏宣扬："圣父"、"圣子"、"圣灵"完全处于平等的地位，在"三位一体"中没有先后及高低的分别。奥古斯丁以神的本性作为讨论三一神的基础，他的正统三一论是以圣经为本，发展出神是绝对存在，单一个可分的观念。

奥古斯丁的教父哲学反映了西罗马帝国灭亡前夕人们由于失望所产生的虚幻理想，他的哲学神学思想在西方基督教世界占据主导地位，并对整个中世纪时期、宗教改革时期乃至近代的宗教神学都产生了深刻的影响。9—10 世纪，教父哲学逐渐让位于经院哲学，11 世纪时完全被经院哲学所取代。

---

① ［古罗马］奥古斯丁：《论三位一体》，周伟弛译，217 页，上海，上海人民出版社，2005。

（二）经院哲学思想的演变

如果说，晚期罗马帝国的社会思潮是从理性走向神秘信仰，那么，经院哲学的形成则标志着理性的重新兴起，因为经院哲学的基础，就是尽可能把信仰和理性结合起来。

经院哲学最初起源于9世纪前后兴起的各种宫廷学校、教会学校和修道院。这些学校均以《圣经》和教父哲学中的教条为主要研读对象，被称为经院。那些把哲学作为外壳、以《圣经》及各种教条为研究对象并采用玄虚繁琐的论证方法的教会学者被称作经院哲学家，其思想体系便被称为经院哲学。

经院哲学的发展和成熟，与11世纪以后西欧城市的兴起和商品经济的发展有关。当社会生活逐渐安定，人们有了自信心，便开始相信自己的理性；同时，这也与12世纪时亚里士多德哲学在西欧的复兴分不开。由于十字军东侵，在西方失传多年的亚里士多德的主要著作《形而上学》、《物理学》、《灵魂论》陆续被译成拉丁文，阿拉伯学者阿维森纳等人的注释也随之在西欧流传。面对当时无与伦比的亚里士多德自然科学和哲学思想，基督教会先是怕，继而禁，随之试图调和信仰与理性的关系，特别是通过对基督教的天启观念与亚里士多德思想关系的处理，经院哲学逐渐成熟。

1. 安瑟尔谟——上帝存在的本体论证明

安瑟尔谟（旧译安瑟仑，1033—1109），在西方思想史上被称为"最后一位教父和第一个经院哲学家"。他的主要著作有《独白篇》、《宣讲篇》和《神何以成人》等。安瑟尔谟是典型的信仰主义者，竭力肯定宗教信条的绝对权威。他认为，理性必须服从信仰，信仰必须先行，没有信仰就没有正确的认识，"先信仰，后理解"。安瑟尔谟的这种观点也代表了经院哲学家的鲜明立场。安瑟尔谟并不贬抑理性，恰恰相反，他试图用理性来证明上帝的存在是一个自明的、必然的真理。因而证明上帝的存在不需要借助有限的经验事实，只需要借助先验的逻辑力量，仅仅从概念就可以推演出上帝的存在，这就是使安瑟尔谟闻名于世的"本体论的证明"："如果说那种不可设想的无与伦比的伟大的东西，只在心中存在，那么，凡不可设想的无与伦比的伟大的东西，和可设想的无与伦比的伟大的东西，就是相同的了。但是，这明明是不可能的。所以，毫无疑问，某一个不可设想的无与伦比的伟大的东西，是既存在于心中，也存在于现实中。"① 实际上，为了证明上帝的存在，安瑟尔谟提出了一个三段论式理论：上帝的概念是最完善的概念；而最完善的东西必然包括存在，不然就不能说是最完善的；所以，上帝是存在的。安瑟尔谟的证明其实处处充满矛盾，他在世时，

---

① 北京大学哲学系外国哲学史教研室编译：《西方哲学原著选读》，上卷，241～242页。

就受到了隐修士高尼罗的激烈攻击，因此需要发明证明上帝存在的一种新方式，即经验的方式。这一任务后来由基督教历史上最具影响力的神哲学家托马斯·阿奎那完成了。

2. 托马斯·阿奎那——上帝存在的 5 种证明

托马斯·阿奎那（1225—1274）出生于意大利的一个贵族家庭，一生共写有 18 部著作，重要的有《反异教大全》、《哲学大全》、《神学大全》等，其中以《神学大全》最为著名。阿奎那运用亚里士多德的学说论证基督教神学，把信仰和理性、圣经和科学结合起来，从而建立了庞大的基督教亚里士多德神学体系。在托马斯看来，上帝的本质已经包含着存在，但这只是一个信仰的事实，对于理性来说并不是一个自明的真理，对此必须加以证明。在《神学大全》里，托马斯按顺序列举出了证明上帝存在的 5 种理由："首先，从事物的运动或变化方面论证。事物的任何运动都是由在它之前的另一个运动引起的，推论下去，最后必然追溯到一个不受其他事物推动的第一推动者——上帝。第二，从动力因的性质来讨论上帝的存在。任何事物都以另一事物为动力因，因此，必然有一个最初的动力因。第三，从可能和必然性来论证上帝的存在。任何事物都是从其他事物获得其存在和必然性，由此推论下去，必定有一种东西，它自身就是必然的，同时又能赋予其他事物以必然性和存在的理由。第四，从事物中发现真实性的等级论证上帝的存在。世界上一定有一种最真实的东西，一种最美好的东西，一种最高贵的东西，由此可以推论，一定有一种最完全的存在。……因此，世界上必然有一种东西作为世界上一切事物得以存在和具有良好以及其他完美性的原因。我们称这种原因为上帝。第五，从世界的秩序（或目的因）来论证上帝的存在。世界上的一切事物是和谐的，有秩序的，仿佛是有目的安排的。之所以如此，是由于受到某一个有知识和智慧的存在者的指挥，这个存在者就是上帝。"① 托马斯经院哲学最主要的特征就是重视理性，重视逻辑推理，而不相信感官和经验，认为感官不能达到"最高真理"——圣经。这样，托马斯的亚里士多德神学体系就取代了过时的奥古斯丁的柏拉图神学体系，给沉闷僵化的基督教世界带来了新鲜空气和生命活力。时至今天，西方天主教会仍崇奉其学说思想，罗马教廷下属的所有大学都有专门研修托马斯学说的课程，可见其影响是极为深远的。

3. 罗吉尔·培根的科学实验思想

随着欧洲文明的进一步发展，经院哲学的衰落已呈现不可阻挡之势。还在托马斯时代，罗吉尔·培根（1214—1292）就在许多方面超越了他的时代。

---

① 北京大学哲学系外国哲学史教研室编译：《西方哲学原著选读》，上卷，261～264 页。

在培根看来，所有问题都应该以直接经验为依据，也就是通过观察和借助试验询问大自然。培根主张大自然是一切真理的源泉。他不仅对托马斯主义进行了攻击，而且还使整个经院哲学的基本原则受到了震动，从而为中世纪末期欧洲思想向近代的转折准备了条件。培根嘲笑经院哲学家们缺乏对大哲学家们所用语言知识的了解，如希腊语和阿拉伯语。培根指责经院哲学家们缺乏足够的数学知识，培根认为数学是所有科学的基础。培根批评经院哲学家们一切以权威（《圣经》、亚里士多德、教父）为依据，并试图通过逻辑推理解决问题。

4. 邓斯·司各脱神学与理性的对立观念

培根之后的英国方济各修会僧侣邓斯·司各脱（1270—1308）从另一个方面给了经院哲学以致命的打击，以至于在托马斯那里似乎已经达成的神学和哲学之间的和解又一次破裂了。司各脱清楚地认识到，在注重世界和自然的异教哲学家与基督信仰的基本立场之间有一条难以弥合的鸿沟，神学和（亚里士多德）哲学不可能达成像托马斯认为的那样完美的统一。我们不能用理性来证明上帝，因为上帝是一切原因的原因，一切本质的本质，所以理性不能证明上帝。因此，只能信仰上帝，不能通过理性认识上帝。邓斯·司各脱让理性与信仰分离，客观上为哲学摆脱神学束缚创造了条件。

5. 奥卡姆的威廉与"如无必要，勿增实体"的思想

与前两位思想家的影响相比，奥卡姆的威廉（约1285—1349）所实施的唯名论的革新对于经院哲学的基础产生了更大的冲击，这标志着一个新时代的开端。奥卡姆的威廉批判了唯实论者从共相出发推论出个体存在的思想方法，认为只有个体才是真实的存在，共相是一种设想出来的东西，在物之后，是存在于理智中的一般概念，是符号，现实中没有与这种符号相应的实在的对象。现实中没有独立的联系，只有相互联系的事物。在相互联系的事物之外设定一个联系，在多的事物之外设定一个多，只能使科学毫无意义地复杂化。这是违背逻辑和一切科学的基本原理的。在此基础上，奥卡姆提出了他的著名论断："能以较少者去完成的事情，若以较多者去做，便是徒劳。"后人把它概括为："如无必要，勿增实体。"从这一原则出发，他认为像"实体形式"、"隐蔽的质"、"影像"之类都是多余的东西，都应当加以抛弃。[①] 奥卡姆的威廉的这一思想被形象地称为"奥卡姆剃刀"，这个定律在14世纪的欧洲，剃秃了几百年间争论不休的经院哲学和基督教神学，使科学、哲学从神学中分离出来，引发了欧洲的文艺复兴和宗教改革。

---

① 张志伟：《西方哲学十五讲》，166～167页。

6. 唯名论与唯实论之争

从经院哲学诞生之日起，其内部就存在着唯名论与唯实论之间的斗争。唯名论认为，个别事物是先于概念而存在的，概念只是用来表示事物的相似性，是事物的名称，是后于个别事物而出现的。唯实论（又译实在论）认为，一般概念是存在于个别事物之先的某种精神实在。唯名论的主要代表人物有贝伦加尔、阿伯拉尔和罗吉尔·培根。唯实论代表人物有安瑟尔谟和托马斯·阿奎那。可以看出，两派之间争论的焦点是共相（即一般）与殊相（即个别）的关系问题。唯实论者把一般概念看作是第一性的东西，而把个别事物看作是第二性的东西，属客观唯心主义。唯名论则相反，强调个别事物的真实性，因此一般来说，它具有唯物主义倾向；但是，唯名论并没有摆脱宗教神学的束缚，而且否定一般概念的客观内容，因而在一定条件下也会给主观唯心主义提供可乘之机。事实上，唯名论与唯实论之间的斗争并不是一场纯思辨的争论，它是封建政治斗争在宗教哲学领域里的反映，是以王权与教权之争作为其政治背景的，曲折地体现了两种政治势力所主张的不同的政治发展方向。但对于二者之间的分野，不应过分夸大，因为二者之间的矛盾毕竟还是经院哲学内部的矛盾，它们对罗马教会基本教义的态度仍然是保持一致的。

上述所有这些因素的共同作用，再加上 14 世纪由意大利发端的文艺复兴人文主义运动，最终导致了经院哲学的衰落和解体。总的来看，经院哲学并不十分有利于自然科学的成长，因为它强调内部的实在，不相信感性和经验，转移了人们对具体事物的实际细节和情况的注意力；但另一方面，经院哲学也奠定了随后欧洲思想赖以建立的基础，它使欧洲人养成极其严格而精细的作风，甚至达到吹毛求疵的地步。它要求训练有素的思维，它使世界不损于推理，不怕去推理，正因为如此，西欧近代初期才能出现像笛卡儿、洛克、斯宾诺莎和莱布尼茨等理性哲学大师。对于现代人来说，经院哲学所留下来的最大启示就是：人需要理性，也需要信仰，理性和信仰不能相互冲突。

三、中世纪的文化教育思想

与中世纪的社会状况相适应，此时的文化教育也呈现出等级性、宗教性等明显特征。在经济上、政治上占统治地位的宗教教会，在思想领域也同样占据着统治地位，文化教育中渗透着神学思想。

（一）教会教育

在中世纪早期，文化教育几乎全部为教会所垄断，罗马帝国时期的拉丁学校全被取缔，教会学校是唯一的教育机关。中世纪早期的教会学校按等级分为僧院学校、大主教学校和教区学校。教会学校的教育内容主要是宗教，神学是全部学科的"王冠"。僧院学校和大主教学校虽也教授"七艺"，即文法、修辞、辩证法、算术、几何、天文和音乐，并赋之以浓厚的宗教神学色彩，但客观上，七艺教育还是起到了普及基本知识的作用，为后来西欧教育的大发展奠定了基础。

（二）骑士教育

除教会教育外，中世纪还存在骑士教育。骑士教育是世俗封建主的教育，它是封建制庄园经济和封建等级政治的产物。当时，封建混战频繁，为了在战争中取胜，培养骁勇善战的骑士成为各个封建主阶层的共同需要，骑士教育逐渐形成。

骑士教育产生于9世纪的后半期，至12世纪十字军东侵时发展到高峰，14世纪开始衰落，到16世纪，由于军事技术的发展，步兵作用的增大，火药武器的改善，笨重骑士在军事上的重要作用逐渐减弱等等原因，骑士教育完全消失。骑士教育大体可分为家庭教育、侍童教育、护卫阶段以及骑士阶段。骑士教育以军事知识技术为主，轻视文化知识的学习，骑士教育的直接结果就是为封建主阶级培养了尚武精神有余而文化知识不足的武夫，为封建秩序的稳定提供了较为有力的保证；另一方面，它也为西欧人培养了乐观的现实主义人生观、爱情观及以后所谓的绅士精神。

西欧中世纪早期的教育，不论是教会学校，还是骑士教育都带有鲜明的宗教性和等级性，这正反映了它们为封建主阶级利益服务的实质。

（三）大学的兴起

大学也是中世纪欧洲留给人类的最为重要的文化遗产之一。"大学"源自拉丁语（universitas），本义是指会社、社团、协会或行会。至14世纪中叶以后，该词才成为特指高等学府即大学的专有名词。在中世纪初期几个世纪所形成的文化积淀的基础上，西欧经济的迅速复苏使社会对与政治经济生活有密切关系的世俗文化的需求日益强烈，再加上11世纪时，阿拉伯人的数学、天文学和医学均已达到较高水平，他们保存的大量的古希腊哲学、自然科学及医学方面的文献著作均通过西班牙和西西里岛等地传播到西欧各地，扩大了西欧人的视野，为西欧大学的兴起创造了必要的前提条件。12世纪，欧洲首先出现了大学，法国的巴黎大学，英国的牛津大学、剑桥大学均为这一时期的产物。据统计，至1500年时，欧洲实际存在的大学总共有79所。在中世纪早期大学中，还形成了今天学位制度的雏形。从长远角度看，学位制度有利于教育事业的发展，有助于社会了解一个人所掌握的专门知识的程度和质量。以后，学位制度几经演变终于流传下来，至今仍被广泛采用。中世纪欧洲大学的兴起是世界教育发展史上的重大事件，欧洲大学不仅培养了哥白尼、伽利略等一大批科学家、思想家、学者，活跃了当时的思想文化生活，为文艺复兴时期的人文主义运动提供了人才基础和思想基础，而且，栖息于大学中的许多时代杰出人物还直接参与社会改革，对西欧中世纪社会发展起到了不可低估的积极作用。

四、议会政治思想的出现

议会政治，是指国会或类似的代议机构在一国的政治生活中居于重要地位。议会政治又称代议政治，表现形式是统治者与社会上层或社会各重要阶层之间互有权利和义务，其实质是统治者与被统治者之间形成了政治上的契约关系。中世纪是西方议会政治雏形出现的时期，它的出现是西方封建贵族和君主之间政治斗争的结果。与专制政治不同的是，议会政治下的最高统治者的权力不是绝对的，要受到制约和平衡；专制政治之下的最高统治者的权力是绝对的、不可分割和不受制约的。

英国是中世纪西欧实行封建议会政治的典型国家，它的议会政治起源于《大宪章》和《牛津条例》的制定。历史上，英国是欧洲第一个迈向君主制的国家，王权不断加强。1215 年，为维护封建贵族和大领主的权利，英国贵族联合部分主教和中产阶级人士迫使国王约翰签署了一份限制王权肆虐的封建文件，后世称为《大宪章》。《大宪章》规定：未经王国地方全体会议（即贵族议事会）的同意，国王不得擅自征收任何兵税；未经与其地位相同者和法律审判，国王不得惩罚任何人；任何自由民都不受逮捕、监禁、没收财产等。《大宪章》虽然并不是一部权利法案，也不是自由宪章，它在当时不过是关于贵族特权的记录，一份规定了君臣之间权利义务关系的历史文件，但它确定的有限政府的原则和国王要接受法律约束的思想，是议会制在英国确立的标志，也为西方社会 17 世纪出现的真正的议会制奠定了思想和法律基础。1258 年，英国大贵族们在牛津开会，通过了进一步限制王权的决议——《牛津条例》，条例规定：由 15 个大贵族组成委员会，实际掌握国家政权；同时，由实际执掌国家政权的贵族和另外选出的 12 名贵族组成国会，每年开会 3 次，讨论重大国事。尽管此后的国王和他的后继者们并没有遵守此项约定，但《牛津条例》初步提出了组成国会管理国家的思想。1265 年，英国召开了历史上第一次国会，英国政治体制中出现了一个由封建贵族、教士、市民等共同组成的新型议会（即下议院的雏形）。1295 年，英王爱德华一世为筹集军费召开国会，出席会议的社会成员成分与1265 年会议完全一样，被称为"模范国会"，以后国会经常召开。至此，等级代表会议与国王相结合的统治形式在英国正式确立。

与此同时，法国形成三级会议这一等级代表会议制度。在加强王权的过程中，为了抗衡教皇权威和解决社会问题，1302 年，法王腓力四世召开了法国历史上第一次三级会议，会议代表由高级教士、贵族和市民代表组成。此后相当长的时间内，三级会议不定期地召开，其职能包括：国王要征收新税，事先须经其同意；监督赋税的开支；国家有关和战重大问题以及对国家的重大人事安排等。尽管议会政治在当时的作用根本无法与今日议会相提并论，但它在不同时期一直是抗议政治奴役的场所，是维护限制君王权力思想的场所，是进行政治斗争的场所。① 议会制度作为一种政治制度的样式已经出现，一旦发育成熟，作用将是不可低估的。

纵观整个中世纪，人们的精神生活为宗教思想所笼罩，宗教所具有的阴暗面和对人的思想的束缚使社会进步缓慢。但是，我们还应看到，中世纪对于以西欧为主体的西方社会而言更是一个极其重要的社会发展阶段，是欧洲大陆历史的真正起始，欧洲大陆在中世纪得到了长足发展，从原始农耕状态发展到城市文明，从部落散居到近代国家雏形的形成，西欧各国的疆域和民族格局也在中世纪得到大致划分，生活在其中的人民开始逐步形成自己的——被称为"欧罗巴"的独特文化特征，并成为欧洲人生活的主导形式。不仅如此，中世纪对于古典文明而言，不仅有破坏，更有继承和发展。对于日耳曼等北欧诸民族而言，中世纪则是他们步入文明的重要时代，是中世纪使他们成为一个拥有较高文明水准的民族，成为推动西方文明进程的中坚力量。当然，最为重要的是中世纪为欧洲文艺复兴的到来奠定了坚实的基础。文艺复兴的产生不能脱离中世纪在各个领域内所取得的成就。没有经历中世纪，很难想象文艺复兴时代的人们会那样钟情于古希腊罗马文明，会要一心一意复兴"旧时"文明。总而言之，中世纪是西方文明的一个承上启下的时代，一个造就欧洲社会和民族的时代。

---

① 徐新主编：《西方文化史》，130 页。

第五章　文艺复兴时期的文化思想

现在通用的"文艺复兴"一词，来源于法语 Renaissance，意思是"复活"、"再生"。最早使用"文艺复兴"一词的是意大利艺术家乔治奥·瓦萨里（1511—1574）。他在 1550 年出版的著作中谈到，艺术在希腊、罗马时达到繁荣，其后，由于蛮族人入侵罗马和基督教徒的破坏，艺术衰落，直到 13 世纪才出现"艺术再生"。19 世纪初，法国学者把文艺复兴定义为：从 15 至 16 世纪起的文学、艺术、科学运动。1860 年，瑞士著名学者雅各布·布克哈特在《意大利文艺复兴时期的文化》一书中，使用了"文艺复兴"一词，但是，他并不认为文艺复兴仅仅是古典文化的再生，而是把它的内容引申到人的精神生活和社会生活的变化。从此，"文艺复兴"一词逐渐被广泛运用。

第一节　文艺复兴时期的历史脉络

文艺复兴既是一场新文化运动，又代表了一个历史时代。作为历史时代，它始于 14 世纪，延续到 17 世纪中叶，长达 3 个多世纪；作为一场文化运动，它诞生在意大利，而后蔓延到西欧。这是一个社会、经济、政治、文化、科学发生全面转折的伟大时代。文艺复兴是从"灾难的 14 世纪"中恢复的时代。意大利和欧洲开始从黑死病、政治混乱以及经济衰退中缓慢复苏。

一、文艺复兴的早期历史

14 世纪到 15 世纪中叶为文艺复兴的早期历史发展阶段。以意大利为首的欧洲各国相继出现了资本主义的萌芽，在意大利中部和北部的一些城市，如威尼斯、佛罗伦萨、热那亚等地，都出现了资本主义性质的手工工场和银行业，从而成为整个欧洲的工商业中心。资产阶级作为一个新生的阶级，已经在意大利产生并壮大起来。他们为了自身的利益，要求打破封建主义的意识形态和教会的神权主义对思想文化的束缚，建立代表本阶级利益的新的人文主义意识形态。与此同时，意大利各主要城市在政治上形成了相当强大的城市共和国，把持统治权的一些富裕商人、企业家和转向工商业活动的贵族，引领着城市社会，要求将资财的富足、政治地位与生活和视觉上的享受结合起来，改变生活方式和文化趣味。另外，与封闭式的农业经济不同，工商业经济的开放性和竞争性，使市民生活获得了多元性的发展，市民的心态和价值观念发生了一系列变化。他们富有冒险、进取、创新的精神，追求一种积极、自由、现实和较理性的生活。而城市共和国开明、宽松的政治环境，正好有利于开放、自由的文化气氛

73

的形成。在这种社会环境中成长起来的世俗知识分子们，成为对新文化具有强烈要求的市民阶级的集中代表者，他们扬弃了中世纪的宗教文化，开始表现出对古代地中海世界的希腊、罗马文化的强烈兴趣，并进行发掘和研究，以满足市民阶级乃至整个城市社会的需要。文艺复兴在西欧有了共同的经济、政治、文化和思想意识的基础。

此时的艺术家们试图挣脱基督教神学的束缚，开始关注人及其周围的现实世界，并以此为对象来创作自己的作品。在这一时期，出现了萌芽状态的人文学，人文学又推动了哲学、史学、政治学以及自然科学的全面发展，形成了完整的人文主义思想。文学家但丁、彼得拉克、薄伽丘和艺术家乔托、马克塞洛等成为早期文艺复兴的代表。

二、文艺复兴的兴盛时期

文艺复兴的第二个阶段始于 15 世纪中叶，止于 16 世纪末，这是文艺复兴的兴盛时期。当时间进入 15 世纪下半叶，西欧的一些国家尤其是法国、西班牙和英国开始了建立现代国家的进程。在取得不同程度的成功后，他们控制教会和贵族的权力，强化征税的能力，建立有效的政府官僚机构。辗转于各个时代中的教会，经过一千多年的考验，到了 15、16 世纪之交，它的许多体制结构已经老化，无法再符合教徒的期盼，再加之欧洲活版印刷术的发明，许多人能够直接接触到教会的原始资料。于是，在 16 世纪初年，一些渴望净化教会的有志之士倡议并着手改革教会。

这个时期也是"地理大发现"成果最多的时代。"地理大发现"是西方史学对 15 到 17 世纪欧洲航海者开辟新航路和"发现"新大陆的通称。自十字军东侵以来，东方的丝绸、宝石、名贵的香料一直是对欧洲人的一大诱惑，但自 15 世纪中叶开始，古代形成的通商大道——丝绸之路因中亚地区的动荡已基本废弃，不少欧洲商人和封建主为获得比较充裕的东方商品以换取更加丰厚的黄金并寻求海外市场，急于探寻通向东方的新航路。中世纪的地理观和有关海岛神话的存在，形成了激励欧洲人去探险寻宝的独特文化氛围。在当时各教会的宣传中，"地理大发现"还被赋予了宗教的力量，被认为是传播基督教的最有力手段。航海技术的发展与提高，造船技术的发展为远洋航行提供了必不可少的物质支持。在各种条件的共同促动下，"地理大发现"成为一种必然趋势。

西班牙和葡萄牙作为当时欧洲最强盛的封建中央集权制国家，以其有利的地理位置，在欧洲远洋航海事业方面走在了最前面。1487 年葡萄牙人意外发现了非洲南端的好望角，成为探寻新航路的一次重要突破。1497 年，葡萄牙著名航海家达·伽马奉葡王之命从里斯本出发，绕过好望角，沿非洲东海岸北上，横渡印度洋，于 1498 年 5 月 20 日到达印度西海岸的卡里库特，找到了抵达亚洲的新航线，极大地鼓舞了人们从事远洋航海的决心和信心。在葡萄牙组织探寻新航路的同时，1492 年，在西班牙王室的资助下，意大利人克里斯托弗·哥伦布率领探险队西行，开始了横渡大西洋的壮举，无意间驶抵并发现了美洲"新大陆"。从某种意义上说，"地理大发现"可能对欧洲社会生活最终走出中世纪发生了更为直接的影响。欧洲彻底结束了孤立状态，走上了殖民扩张的道路。在几乎不到一代人的时间内，欧洲人打破了上千年自给自足、不受外界干扰的局面，把欧洲的旗帜插遍了全世界。伴随着"地理大发现"带来的移民热潮，欧洲人的文化也被移植到美洲大陆，逐渐取代美洲原有的文明式样，成为该地区的文化主体。欧洲文化在整体上开始走出欧洲的范围，扩大到了大西洋的彼岸，西方文明从此开始出现。

在这个阶段，文艺复兴由意大利扩展到了全欧洲，终于在随后的 100 年中成为意大利以外欧洲国家的主要运动。这个时期的人文主义进入成熟阶段，伟大的文学家、艺术家更是灿若群星，达·芬奇、米开朗基罗和拉斐尔世称"文艺复兴三杰"。他们的艺术成就达到了西方造型艺术继古希腊之后的第二次高峰，仅绘画而言，则达到了欧洲的第一次高峰。

三、文艺复兴的晚期历史

文艺复兴的最后一个阶段，是从 16 世纪末到 17 世纪中叶。这是西欧国家早期资产阶级革命的时代。在这个时代，西欧先进国家的社会经济、政治和科学领域都发生了巨大而深刻的变化。

自从 15 世纪末 16 世纪初发现新大陆、新航道以来，欧洲航运贸易枢纽由地中海转移到了大西洋沿岸国家，意大利走向衰落，丧失了作为欧洲经济文化中心的地位，而尼德兰和英国以及法国则代之而起。特别在尼德兰和英国，资本主义工商、航海事业迅速地发展起来，到 16 世纪末 17 世纪初，资本主义关系在国民经济中已经占有了重要的地位。随着资本主义势力的发展壮大、封建制度的腐朽解体以及社会阶级矛盾的激化，16 世纪末叶，在尼德兰最先爆发了资产阶级革命，推翻了西班牙在北方各省的封建专制统治，建立了第一个资产阶级共和国——荷兰共和国。1640 年爆发的英国资产阶级革命，具有全欧的以至世界历史的意义。这些革命给整个封建社会制度和意识形态以前所未有的沉重打击，为资产阶级新文化、新哲学的形成、发展，开辟了广阔道路。

与早期资产阶级政治革命同时，发生了近代史上第一次科学革命。自从 16 世纪中叶哥白尼发表"日心说"以来，自然科学就摆脱了神学的羁绊，而在实验研究的基础上大踏步地前进。到了 16 世纪末和 17 世纪，欧洲自然科学和技术方面呈现空前繁荣兴盛的景象。特别是由于工场手工业和航海业发展的需要，在当时的科学发展中，天文学占有最重要的地位。

第二节 文艺复兴与文化思想革新

文艺复兴绝不是古典学术、艺术的简单恢复。从文化发展史的角度来看，所谓文艺复兴，是新兴资产阶级以古典文化为借鉴，在继承和利用的基础上进行创造，以适应资产阶级刚刚登上历史舞台，导演出历史新场面的需要。文艺复兴本质上不是面向过去，而是面向现实、面向未来的。正如法国启蒙运动的创始人之一伏尔泰（1694—1778）指出的，文艺复兴的重要意义不在于复古，而在于创造。文艺复兴的这种创造是从文化基础上对旧时代的革新。

一、人文主义文化思想的兴起

如果说文艺复兴是一个时代的话，那么人文主义就是这个时代的新的思想体系和文化特征。它不仅是一种社会思潮，也是伟大的文化建设。人文主义（Humanism）一词来源于拉丁文"Humanus"（意为人类的）或"Humanitas"（意为人性），是在特殊的环境下发生的，是一个历史范畴。它的基本含义有两方面：一是指与中世纪天主教神学相对立的人文学科，即以人为中心的世俗文化，包括语言、文学、艺术、伦理、哲学和自然科学等；二是指关于"人"的学说。

（一）从"神"到"人"的回归

在文艺复兴运动的不同发展阶段，人文主义呈现出不同的特点。但是，如何摆正"人"的位置，提高"人"的地位，始终是不同阶段人文主义者共同思考的主要问题和为之奋斗的主要目标。

在长达千年的中世纪，教会把上帝视为一切思想的核心，神一直是人们颂扬的唯一对象，神的权威是至高无上的。人是上帝按照自己的形象创造的最高造物，是尘世的最高目的。虽然尘世的一切都以人为中心，但与上帝相比，人的地位是卑贱的，人一出生就已经成为罪人，人的一生与赎罪联系在一起，作为上帝的奴婢，人必须处处小心谨慎，在现世克制自己对财富和荣誉的追求，限制欲望的满足，神学家们宣扬只有来世或彼岸的幸福才是真正的幸福。中世纪的神学严重压抑了人性，人的价值和创造作用受到藐视，整个社会也因此失去活力，陷入停滞状态。基于对中世纪神学世界观的厌恶，人们的目光开始由神转向了人，在文艺复兴早期，这一转向大多是通过文学艺术的形式表现出来的。在此期间，出现了词句优美、以反映市民生活和爱情为主题的抒情诗、小说以及具有现实感的绘画、雕塑等艺术作品。在被誉为"佛罗伦萨早期文艺复兴文学三杰"的但丁、彼得拉克、薄伽丘等人的作品中已经充满了对人的尊严、人生价值、人的权利、人的现世生活、人的真实情感和欲望的热情歌颂，对教会和封建贵族的腐败、虚伪、扼杀人性的激烈批判。人文主义之父彼得拉克说："我不想变成上帝，或者居住在永恒中，或者把天地抱在怀抱里。属于人的那种光荣对于我就够了。"莎士比亚借《哈姆雷特》主人公之口热情赞美人类是"多么了不起的一件作品！理想是多么高贵，力量是多么无穷，仪表和举止是多么端正，多么出色。论行动，多么像天使，论了解，多么像天！宇宙的精华，万物的灵长。"①

虽然人文主义对教会的批判并没有触及基督教的基本理论及其赖以存在的根基，但人文主义者把人从神的束缚中解放出来，改变了神人主从地位却是不可否认的。文艺复兴时期，不少人文主义者写了论人的尊严和赞美人的著作，其目的是在自我肯定的基础上，使人摆脱神和教会的控制，还其历史主人的本来面目。米朗多拉在《关于人的尊严的演讲》中，提出的关于人的学说代表了文艺复兴时期人的理论发展的顶峰。他以上帝的名义对人类的始祖说："人是不能被赋予任何固有的东西的……我们不给你固定的地位，固有的面貌和任何一个特殊的职守，以便你按照你的志愿，按照你的意见，取得和占有完全出于你的自愿的那种地位、那种面貌和职守……而我们却给你自由，不受任何限制，你可以为你自己决定你的天性。我把你放在世界的中间，为的是使你能够很方便地注意和看到那里的一切。"② 在这里，人的自主性被充分肯定，上帝创造人的说教淡化了。阿尔伯蒂和马基雅维里等认为人是自己的主人，对命运要敢于斗争，人有能力去抑制命运女神。

（二）理性和科学

在中世纪，罗马天主教会在西欧处于独尊地位，思想文化领域笼罩着蒙昧主义的迷雾，理性屈服于宗教信仰。对中世纪持否定态度的人文主义者，对社会和人进行理性思考，提出个性自由和个性解放。他们颂扬人，把自由地、全面地发展人的个性的理想放在首位。不少人文主义者对神职人员、宗教组织乃至宗教信仰持否定态度。圭查尔狄尼认为"信仰也就是对非理性的现象的坚定意见或确信"，他把宗教看成是迷信，认为上帝只是"对头脑糊涂的人有特别大的威力"③，对于有理性的人来说已不再是崇拜的对象。虽然圭查尔狄尼和其他

---

①　［俄］莫洛佐夫：《莎士比亚传》，141 页，长沙，湖南文艺出版社，1984。

②　［瑞士］雅各布·布克哈特：《意大利文艺复兴时期的文化》，何新译，马香雪校，351 页，北京，商务印书馆，1979。

③　张椿年：《从信仰到理性——意大利人文主义研究》，82～84 页，杭州，浙江人民出版社，1994。

人文主义者一样并没有彻底否定天主教的存在，但在他看来，在现实生活中理性已是高于宗教信仰了。这种关于人的理性的深刻发现，给宗教神学造成了沉重打击。在理性面前，上帝失去了奴役人的权力。人在摆脱上帝的羁绊之后，获得了理性的力量，恢复了价值、尊严以及个性自由发展的能力。被誉为"文艺复兴之父"的彼得拉克致力于发掘被遗忘的拉丁文手稿，号召复兴古典文化，最早提出以"人学"（人文学科）对抗"神学"。在人文主义者的言行中，古典文化成为反对蒙昧主义、反对中世纪官方哲学——经院哲学的锐利武器。

（三）人文主义教育的出现

人文主义对人和人性的强调自然而然提出了对人的美德和知识培养的问题。文艺复兴的人文主义者呼吁实现人的全面发展，他们认为人文知识的教育是培养人的美德和增加人的知识的最佳途径，人的潜能、人的智慧必须靠人文主义教育才能充分发挥出来。他们创作关于教育的论文，根据自己的观念开办学校，对教学形式和内容进行改革，并逐步形成一套新的教育纲领。文艺复兴之后，人文学科成为社会教育体系中最主要的内容。求知欲极强的青年们聚集在拥有古典名著手稿并具有解释这些手稿的知识和能力的学者周围，接受人文主义教育，直到今天人文学科仍然是西方高等教育的重要组成部分。人文主义者们的改革要求和实践，比起中世纪的僧侣主义教育，无疑是一个巨大的进步，它的最大功绩是使千百年来被中世纪僧侣视为异端的希腊罗马的经典著作，在课程中取得了合法的优势地位，经院主义的教学内容与方法也受到一定程度的震动。除了注重人文学科教育外，人文主义者们还注意到舞蹈、音乐、绘画等技能的学习，并开设了体育或军事课程。人文主义教育反映了新生资产阶级要求启迪人的心智，传播新知识，培养多才多艺、全面发展的人才，发展资本主义的迫切愿望。

二、现实主义文学思想的革新

意大利文艺复兴早期，在古典文化重新被发掘和研究的前提下，产生了以人文主义为核心的新文学和新艺术，标志着西方近代现实主义文学的诞生。

（一）文学三杰

这个时期的但丁、彼得拉克和薄伽丘被后人称为"文艺复兴文学三杰"。

意大利诗人但丁（1265—1321）是这个时代的先驱，他因其文学成就被视为与莎士比亚、歌德齐名的西方文学史上的三大天才巨匠之一。但丁的文学著作主要有《新生》、《论俗语》、《神曲》等。长篇史诗《神曲》用意大利的押韵韵文写成，全长14000多行，分为《地狱》、《炼狱》（又译《净界》）、《天堂》3部分，每部分33歌，加上序曲，共100歌。作品讲述了但丁在梦境中游历"地狱"、"炼狱"和"天堂"三界的经过。在游历过程中，作者表达了自己对政治、伦理、社会、生活、人生的看法，以完美的艺术形式对生活在其中的中世纪作了完整的总结，并对未来进行了展望。《神曲》中的"地狱"是现实世界的实际情况，"天堂"是人类的理想和希望，"炼狱"则是我们人类从现实到理想中须经过的苦难历程。但丁希望人们认识罪恶，悔过自新，去认识最高真理，达到最理想的境界。但丁的思想在当时是非常难得的，显示了人文主义的萌芽，也是欧洲现实主义文学发展史上的一座里程碑。

彼得拉克（1303—1374），毕生致力于搜集古典著作，研究古代文化，认为古典著作可以完善人们的智力，使行为文明化。他号召复兴古典文化，以"人学"（即人文学科）对抗"神学"，被誉为"文艺复兴之父"。彼得拉克的主要著作有《阿非利加》、《歌集》、《意大利颂》和《名人列传》等。《歌集》是他用意大利方言写成的代表诗作，共366首，其中十四行诗317首，抒情诗29首，六行诗9首，叙事诗7首，短诗4首。全部诗集分上、下两部分：《圣母劳拉之生》和《圣母劳拉之死》。与但丁笔下那种隐喻性、象征化、哲理化的爱情不同，《歌集》主要歌颂了现实人生的爱情、幸福和快乐。通过长期探索和创作，彼得拉克使十四行诗在内容和形式方面发展成为一种新诗体，即"彼得拉克诗体"，为欧洲抒情诗开创了道路。英国的乔叟和莎士比亚均模仿了他的诗体。

薄伽丘（1313—1375）一生著述颇丰，包括叙事诗、十四行诗、长篇小说、论文等。薄伽丘的《十日谈》是一部划时代的作品，是西方第一部用散文体方言创作的文学作品。小说叙述了10个青年男女为逃避瘟疫，在佛罗伦萨郊区的一所别墅里住了14天，其中的10天每人每天讲一个故事，故称《十日谈》。书中的100个故事取材广泛，分别来源于历史事件、中世纪逸闻趣事、法国寓言、东方民间故事等，共同构成了一幅反映当时市民阶层及社会生活的画卷。全书结构严谨，脉络清晰，情节离奇曲折，语言生动诙谐，处处流露出作者的人文主义倾向，用写实主义手法赞美人和现实生活，对西方文学的发展方向给予重大影响，薄伽丘本人也成为欧洲现实主义小说的先驱。

（二）塞万提斯和《堂吉诃德》

塞万提斯（1547—1616）是西班牙文艺复兴时期伟人的作家、戏剧家和诗人，他的代表作《堂吉诃德》被誉为欧洲"近代小说的开山之作"。小说全名为《匪夷所思的拉曼查绅士堂吉诃德》，共分2卷，讽刺了已不合时宜的中世纪骑士精神，给骑士小说致命一击。自从这部作品问世以后，西班牙再没有骑士小说出现。小说揭露了16世纪末到17世纪初正在走向衰落的西班牙王国的各种矛盾，谴责了贵族阶级的荒淫腐朽，展现了人民的痛苦和斗争，对当时社会的政治、经济、道德、文化和风俗等方面的问题进行了抨击。小说成功塑造了可笑、可敬、可悲的堂吉诃德和既求实胆小又聪明公正的农民桑丘这两个世界文学中的著名典型人物，将现实主义和浪漫主义有机地结合起来，既有朴实无华的生活真实，也有滑稽夸张的虚构情节，在反映现实的深度、广度上，在塑造人物的典型性上，都迈上了一个新的台阶。《堂吉诃德》一直受到全世界人民的热爱，先后被译成 100 多种语言，对欧洲文学的发展产生了深远的影响，甚至直接或间接地影响到 18、19 世纪的狄德罗、巴尔扎克、果戈理、列夫·托尔斯泰等。

（三）威廉·莎士比亚

被称作"英国戏剧之父"的威廉·莎士比亚（1564—1616），也是欧洲文艺复兴中出现的一位最伟大的巨人。莎士比亚一生一共写了 2 部长篇叙事诗、37 个剧本、154 首十四行诗和一些杂诗。他的代表作有四大悲剧《哈姆雷特》、《奥赛罗》、《李尔王》、《麦克白》，四大喜剧《仲夏夜之梦》、《威尼斯商人》、《第十二夜》、《皆大欢喜》，历史剧《亨利四世》、《亨利五世》和《理查二世》等。在这些作品中，莎士比亚从人文主义观点出发，对处于封建和资本主义交替历史时期的英国社会作了广泛而深刻的分析和描述，反映了民众的愿望和要求，歌颂爱情和友谊，宣扬个性解放、婚姻自由和个人争取幸福的权利。莎士比亚通过对作品中人物性格的生动刻画，将真实的人性展现给世人，揭示出人的尊严与价值，融入了他对人文主义的深刻理解。与他同时代的著名剧作家本·琼生称他为"时代的灵魂"，马克思称他和古希腊的埃斯库罗斯为"人类最伟大的戏剧天才"。莎士比亚的大部分作品被译成多种文字，在许多国家上演。

三、自然科学思想的发展

文艺复兴时代有两个重要的发现，一是发现了人，二是发现了自然。15—17 世纪的"地理大发现"对欧洲自然科学的发展产生了积极的影响。葡萄牙人和西班牙人的一系列航海活动大大丰富了欧洲人的地理知识，使人们更为清楚地了解了地球上海洋与陆地的分布情况，并可以更为精确地确定地球的形状与体积，欧、美、非、亚四大洲被真正连接起来，世界在这一过程中终于第一次成为一体。随着欧洲人脚步的拓展，人们看到了许多前所未有的植物和动物品种，对世界各大洋的科学勘察活动的增多，也造就了欧洲生物学的重大成就。"地理大发现"推动了人们的科学思维，当人们用感性的、实验的眼光重新审视自然时，它们便展露出新的面貌，随之而来的是自然科学发展的一系列突破性进展。

（一）天文学的成就

近代自然科学是以天文学的革命为开端的，在这一领域首先向教会权威和神学世界观挑战的是波兰伟大的科学家尼古拉·哥白尼（1473—1543）。

1. 哥白尼的"日心说"

在中世纪中晚期，人们对宇宙的认识总体上仍受到托勒密的"地球中心说"的影响：地球是宇宙的中央，日月星辰都围绕地球运行。由于 15 世纪时人们对行星运动轨迹的测量日渐精确，托勒密体系的正确性受到了怀疑。哥白尼经过 30 多年对日、月、星辰运动的观察与计算，提出"太阳中心说"，并写成《天体运行论》一书。全书共分 6 卷，在第 2 至 6 卷中，哥白尼分别叙述了其他行星运动与地球运动的关系，指出太阳是宇宙的中心，地球不过是围绕太阳运行并能自转的一颗普通行星而已。哥白尼"日心说"的提出，是人类对自然认识史上具有划时代意义的转折点。它不仅意味着天文学革命的重大变革，也意味着人对自然理解的重大变革。在人们的思想仍然受到宗教神学和中世纪经院哲学左右的情况下，哥白尼否定了教会的权威，使天文学从神学的束缚下解放出来，后经由布鲁诺、第谷、开普勒、笛卡儿直至牛顿等众多科学家的努力，终于完成了由他开始的天文学革命，发表《天体运行论》的 1543 年也被当作近代科学的开端。著名诗人歌德充分肯定哥白尼的功绩："哥白尼地动说撼动人类意识之深，自古无一种创见，无一种发明，可与之比。""自古以来没有这样天翻地覆地把人类的意识倒转过来。因为若地球不是宇宙的中心，那么无数古人相信的事物将成为一场空了。谁还相信伊甸的乐园，赞美诗的歌颂，宗教的故事呢？"恩格斯在《自然辩证法》中指出，"自然研究用来宣布其独立"的重要依托物"便是哥白尼那本不朽著作的出版"，这一著作问世后，"自然研究便开始从神学中解放出来……科学的发展从此便大踏步地前进"。[①]

2. 开普勒定律

开普勒（1571—1630）是德国杰出的天文学家和数学家。开普勒的最大成就是发现了天体运动的三大定律，即"开普勒定律"。其内容是：每一个行星沿一个椭圆轨道环绕太阳，而太阳则处在椭圆的一个焦点上（也称行星运动第一定律或轨道定律）；在相等的时间内，行星和太阳的连线所扫过的面积相等（又称面积定律）；行星绕太阳一圈的时间的平方和行星到太阳的平均距离的立方成正比（又称调和定律）。"开普勒定律"否定了以往学者（包括哥白尼）有关一切天体运动都是圆周运动的成见，他不仅建立了一个新的宇宙天文学体系，而且为整个天文学提供了一个新的动力学基础，为牛顿后来发现万有引力铺平了道路。

3. 伽利略的贡献

当开普勒正在孜孜以求地计算行星轨道、进行天文学理论的改造之时，在

---

① 《马克思恩格斯选集》，2 版，第 4 卷，263 页。

意大利，另一位伟大的天文学家、数学家、物理学家伽利略（1564—1642）也正在从事天文学研究。1609 年，伽利略自制了用以观察天空的第一架望远镜，通过这个放大率可达 30 倍的望远镜，伽利略观察到月球表面的高山、深谷并发现了木星的 4 颗卫星，他将自己的观察和研究成果汇聚成《星的使者》一书。为证实哥白尼学说的正确提供更多的支持，1632 年，伽利略出版了他的代表作《关于两个世界体系的对话》，再次震动了学术界和思想界。《对话》以 3 个朋友谈话的形式围绕着哥白尼学说和托勒密学说的真伪展开辩论，明白无误地传递了哥白尼"日心说"的信息，宣告了"地心说"在认识上和实践上的破产。

天文学研究打开了文艺复兴时期科学革命的突破口，破除了人们长期迷信的并带有宗教灵光的权威观点，树立起了科学的理性精神，形成了一整套观察、实验与思考的方法，由此为西方近代数学、物理学、哲学等学科的产生奠定了基础。

（二）血液循环说与医学的突破

中世纪时，教会将古罗马皇帝的御医盖伦创立的有关人体的"三位一体"说视为神圣"信条"，认为人的肝脏、肺与大脑分别产生"自然"、"生命"、"智慧" 3 种灵气混入人体而构成生命，将虚幻的"灵气"看成生命之本以符合基督教"上帝造人"说的需要。然而，当中世纪的黑暗渐渐消退的时候，比利时的生理解剖家维萨里（1515—1564）通过认真、系统的解剖工作，对人体构造进行了研究，发表《人体构造》一书，大胆纠正了盖伦著作中的 200 多处错误，对传统医学提出挑战，揭开了医学领域革命的序幕。该书与《天体运行论》同时出版，维萨里和哥白尼也被人们誉为科学革命的两面旗帜。此后，维萨里在巴黎大学学习时的同学，西班牙医生塞尔维特（1511—1553）提出了血液从右心室通过肺流入左心室的小循环学说，为发现人体全身的血液循环铺平了道路。血液大循环是由英国医生威廉·哈维（1578—1657）最终完成的。哈维通过解剖，考察了血液循环的大部分进程，公开批判盖伦的观点。1616 年，哈维发现了血液循环的规律，1628 年，出版了他的著名医学著作《心血运动论》，对血液运动的规律进行了系统的阐发。哈维的血液循环学说不仅科学地描述人体的血液循环动力，解释了生命现象的生理基础，而且扫除了传统的盖伦的"肝为血液循环中心说"，使生理学发展成为一门真正的科学，因此他被后人誉为近代"生理学之父"。

通过不断探索，医学家们终于将教会鼓吹的"上帝按照自己的形象"创造的且笼罩在神意光环下的人，作为物质的人与生理的人来加以审视和考察，并揭示了人体构造的某些客观物质规律。于是，中世纪神权也就失去了其赖以存在的神圣的理论依据。

（三）数学的贡献

文艺复兴时期，数学不仅是应用科学，也是理论科学。这一时期数学的主要贡献表现在几何透视法、代数学和三角学方面。

艺术家们把描述现实世界作为绘画的目标，研究如何把三维的现实世界绘制在二维的画布上。他们研究绘画的数学理论，建立了早期的数学透视法思想，这些工作成为 18 世纪射影几何的起点。其中最著名的代表人物有：意大利的达·芬奇、阿尔贝蒂、弗朗西斯卡，德国的丢勒等。

代数学在这一时期获得了重要发展。最杰出的成果是意大利学者所建立的三、四次方程的解法。意大利数学家卡尔达诺（1501—1576）在他的著作《大术》中发表了三次方程的求根公式，但这一公式的发现实应归功于另一学者塔尔塔利亚（1500—1557）。四次方程的解法由卡尔达诺的学生费拉里（1522—1565）第一个推导出一元四次方程的求根公式。稍后，邦贝利在他的唯一一部数学著作——《代数学》中系统总结了代数方程理论，阐述了三次方程不可约的情形，并使用了虚数，还改进了当时流行的代数符号。被尊称为"代数学之父"的 16 世纪著名的法国数学家韦达（1540—1603）最终确立了符号代数学。他在前人工作的基础上，于 1591 年出版了名著《分析方法入门》，对代数学加以系统的整理，并第一次自觉地使用字母来表示未知数和已知数，使代数学的形式更抽象，应用更广泛。韦达在他的另一部著作《论方程的识别与订正》中，改进了三、四次方程的解法，还建立了二次和三次方程方程根与系数之间的关系，现代称之为"韦达定理"。

在文艺复兴时期，三角学也获得了较大的发展。德国数学家雷格蒙塔努斯（1436—1476）的《论各种三角形》是欧洲第一部独立于天文学的三角学著作。书中对平面三角和球面三角进行了系统的阐述，还有很精密的三角函数表。哥白尼的学生奥地利天文学家、数学家雷蒂库斯（1514—1574）在重新定义三角函数的基础上，制作了更多精密的三角函数表。

文艺复兴时期，自然科学在各个领域都展示了它的进步：物理学（力学、光学、水力学）以自己出类拔萃的代表伽利略而骄傲；化学的知识正在积累；生物学、地质学和矿物学成绩斐然。总之，这一时期，欧洲的自然科学经历了无与伦比的胜利进军，当它接管了科学王国的宝座后，它就再没有让出过它的王位。

四、哲学思想的发展

近代自然科学的发展促进了唯物主义哲学思想的发展。15、16 世纪的哲学，开始借助自然科学实验的结果来说明世界，这一时期的唯物主义哲学观点摧毁了僵化死板的经院哲学体系，它所提倡的科学方法和科学实验为欧洲近代自然科学和哲学的发展打下了基础。

（一）尼古拉·库萨的自然哲学思想

德国的尼古拉·库萨（1401—1464）是发挥了新柏拉图主义和泛神论传统的第一位自然哲学家。他的代表作是《论有学问的无知》。库萨思考的核心问题，依然是中世纪经院哲学的传统问题，即有限的人类理智如何认识和把握无限的真理，即上帝。但在对这一问题的思考中，库萨继承了古希腊毕达哥拉斯主义、新柏拉图主义以及中世纪神秘主义的一些思想，发挥人文主义精神，概括当时数学和自然科学的研究成果，提出了一个具有泛神论色彩的哲学体系，其中最为重要的是他关于上帝是"极大"、是"对立面的一致"，认识是"有学问的无知"的思想。库萨是近代第一个提出著名的"对立面的统一"的学者，并用数学对这种观点作了证明，直接影响了以后辩证法思想的发展，成为德国古典唯心主义辩证法的先驱。库萨深刻揭示了绝对真理和相对真理的辩证统一，论证了精神的无限能力，使人及其精神成为哲学的最高主题。

（二）乔尔丹诺·布鲁诺——上帝与自然一体思想

乔尔丹诺·布鲁诺（1548—1600）是意大利天文学家和唯物论者，又是反对宗教蒙昧主义的伟大思想家。布鲁诺的主要哲学著作有：《论原因、本原与太一》、《无限、宇宙和众世界》、《论单子、数和形式》、《灰堆上的华宴》、《论英雄热情》等。布鲁诺认为宇宙是个能动的、无限的统一体。布鲁诺的哲学思想受到库萨的较大影响，他吸收了尼古拉·库萨"对立面的一致"的观点，认为宇宙中一切事物都是由对立面构成的。在描述上帝与世界的关系时，布鲁诺采取了与基督教不同的方式，他否认上帝从外部主宰世界，认为上帝只存在于宇宙之内，作为一种能够赋予万物生命的自然原则，上帝既活动于世界整体中，也活动于世界的每个部分中，上帝和自然是一回事。他在继承和发展古代朴素唯物主义和自然辩证法的优良传统的基础上，汲取了文艺复兴时期先进哲学和自然科学成果，再次用泛神论的形式阐述他的唯物主义思想，论证了辩证法思想，开近代唯物主义和辩证法之先河。布鲁诺的思想在笛卡儿的理性论、斯宾诺莎的泛神论、莱布尼茨的单子论、德国古典哲学的辩证法思想中都得到不同程度的复现。

（三）弗兰西斯·培根——知识就是力量

弗兰西斯·培根（1561—1626），英国著名的唯物主义哲学家和科学家，文艺复兴时期哲学史和科学史上划时代的人物。培根的著作主要有：《论学术的进展》（又名《论科学的价值和进展》，中译本名为《崇学论》）、《新工具》、《论原则和本原》、《论古代人的智慧》、《政治和伦理论说文集》和《新大西岛》。

培根哲学的根本目的是实现科学的伟大复兴，而科学的进步及其实际应用就是要人类征服自然。培根尖锐地揭露和抨击经院哲学极端蔑视自然的态度，主张人在多大程度上认识自然，他就能够在多大程度上征服自然。但是，人要按照自然本来的面目去认识自然，遵循科学研究所得出的自然规律。针对中世纪的蒙昧主义，培根提出"知识就是力量"。为了强调知识的重要性，为哲学和科学争取存在和发展的空间，他还提出"二重真理说"，即知识可以分成神学和哲学两类，科学与宗教可以互不干扰。培根认为对于古代以来关于知识可靠性的问题，必须诉诸经验。但是，假象经常使人们无法正确地认识真理，严重妨碍了科学的复兴。培根根据这些错误的不同来源把假象分为4类："族类的假象"是人类天性中普遍存在的缺陷。"人类的理智就好像一面不平的镜子，由于不规则地接受光线，因而把事物的性质和自己的性质搅混在一起，使事物的性质受到了歪曲，改变了颜色"①。培根认为，人类在认识事物时，不是以客观事物本身为尺度，而是以自己的主观感觉和成见为尺度，从而在对自然事物的认识中掺杂着许多主观的成分。"洞穴的假象"是培根借用了柏拉图的"洞穴比喻"说明由于每个人天性、教育、交往、阅读的书籍以及崇拜的权威的不同，从而产生一些成见和偏见。"市场的假象"是人们在彼此接触和交往中由于语词使用不当而产生的错误。"剧场的假象"来源于哲学家们遗留下来的那些根深蒂固的教条。"假象"虽然危害很大，却也不是不可克服的，培根认为运用经验归纳法可以帮助人们避免"假象"，获得可靠的知识。培根为我们打开了一扇通往一个崭新的精神世界的大门，他打破了各种偏见并指出，经验是一切自然知识的源泉，他提出的方法与近代自然科学所采用的方法是大致相同的，他的经验论的基本原则成为后来英国经验论形成和发展的基础。

（四）勒奈·笛卡儿——我思故我在与主体性的觉醒

和培根一样，笛卡儿是欧洲哲学史上另一位划时代的人物。勒奈·笛卡儿（1596—1650）是法国著名的哲学家、科学家和数学家。笛卡儿对现代数学、物理学均有很深的研究，他因将几何坐标体系公式化而被认为是解析几何之父。在哲学方面，他是近代哲学的创始人，提出了近代哲学的基本原则即主体性原则，他的哲学思想深深影响了几代欧洲人，开拓了所谓"欧陆理性主义"哲学。笛卡儿的主要著作有《谈谈方法》、《第一哲学沉思集》和《哲学原理》等。

笛卡儿认为，哲学作为一切科学知识的基础，必须具有清楚明白无可置疑的基本特征，为此，人类应该可以使用数学的方法——也就是理性——来进行哲学思考。他相信，理性比感官的感受更可靠，但是，虽然人人都有理性，仅有理性却是不够的。"良知是世界上分配得最均匀的东西……那种正确地作判断

---

①　北京大学哲学系外国哲学史教研室编译：《十六——十八世纪西欧各国哲学》，下卷，350页，北京，商务印书馆，1982。

和辨别真假的能力，实际上也就是我们称之为良知或理性的那种东西，是人人天然均等的。因此，我们的意见之所以不同，并不是由于一些人所拥有的理性比另一些人更多，而只是由于我们通过不同的途径来运用我们的思想，以及考察的不是同样的东西。因为单有良好的心智是不够的，主要在于正确地应用它。"① 在笛卡儿那里，方法问题成为了哲学的首要问题。他提出 4 条方法论规则："第一条是：决不能把任何我没有明确地认识其为真的东西当作真的加以接受，也就是说，小心避免仓促的判断和偏见，只把那些十分清楚明白地呈现在我的心智之前，使我根本无法怀疑的东西放进我的判断之中。第二条是：把我所考察的每一个难题，都尽可能地分成细小的部分，直到可以而且适用于加以圆满解决的程度为止。第三条是：按照次序引导我的思想，以便从最简单、最容易认识的对象开始，一点一点上升到对复杂的对象的认识，即便是那些彼此间没有自然的先后次序的对象，我也要给它们设定一个次序。最后一条是：把一切情形尽量完全地列举出来，尽量普遍地加以审视，使我确信毫无遗漏。"② 这 4 条方法论原则灌注了一种批判的理性主义和一丝不苟的科学精神。在此基础上，笛卡儿建立了他的"理性演绎法"。人要发挥"理性"的权威，清除谬误，就必须对以往接受的一切进行一次普遍的怀疑，以此寻找无可置疑的真理，确立哲学的基本原理，作为建立知识大厦的基石。由此，笛卡儿提出了著名的哲学命题——"我思故我在"，并以此当作他"所研究的哲学的第一条原理"，或整个体系的基石，即当"我"思想的时候，"我"是起作用的，而当"我"不思想的时候，"我"就没有作用，所以，思想是"我"的本性。笛卡儿的"我思"具有划时代的重要意义，为近代哲学奠定了反思性、主体性原则和理性主义等基本特征，因而标志着近代哲学的开端。正因为如此，黑格尔对笛卡儿赞誉有加："他是一个彻底从头做起、带头重建哲学的基础的英雄人物，哲学在奔波了一千多年之后，现在才回到这个基础上面。"③ 从"第一原理"出发，笛卡儿推论出上帝的存在。他认为，"上帝"概念是无限完满的，而我们不可能从不完美的实体上得到完美的概念，因此必定有一个完美实体——上帝存在。接着，笛卡儿还证明了物质世界的存在。这样，从普遍怀疑出发，笛卡儿确立了心灵、上帝和物体 3 种实体的存在，并把这 3 种实体的确立看作他的哲学体系中的"形而上学"部分的主要任务和内容。在三者中，上帝是绝对的实体，是最高理

---

① 北京大学哲学系外国哲学史教研室编译：《西方哲学原著选读》，上卷，361～362 页。
② 同上书，364 页。
③ ［德］黑格尔：《哲学史讲演录》，第 4 卷，贺麟、王太庆译，63 页，北京，商务印书馆，1978。

性，心灵和物质都来自于上帝，它们各自独立，平行存在，互不影响，这就是欧洲哲学史上第一次提出的典型的二元论。

五、政治学思想的发展

（一）尼可洛·马基雅维里的权力思想

尼可洛·马基雅维里（1469—1527），意大利著名的政治思想家、外交家和历史学家，被西方人誉为"政治学之父"，其代表作有《君主论》（又称《霸主》）、《论李维的前十卷书》（又称《罗马史论》）、《战争艺术》、《佛罗伦萨史》等，其中《君主论》被认为是西方世界论述政治权力的最有影响的作品之一。

在《君主论》中，马基雅维里主要论述了如何获取、维持和扩张政治权力以便重新恢复和建设他所生活时代的秩序。他的政治理论摆脱了中世纪政治理论家们基督教神权政治理论的藩篱，以人文主义思想为基础，从人和人的经验出发，批判了"君权神授"的观念，反对教皇和教会干预世俗政治，否定了中世纪世俗政权依从于教会政权的主张，结束了教权与君权的长期争论。马基雅维里还将伦理道德与政治法律分离。他主张，国家的根本问题就是统治权，政治的最高目的是国家的庄严、强大和安全，国家的利益应该成为社会生活的主要法则，因此，衡量统治者的政治标准只有一个：亦即他所从事的增强、扩大和保持国家权力的政治手段是否成功。"国家利益"是政治伦理的唯一行为准则。马基雅维里的政治法律思想全部建筑在对人类现实的本性的理解之上，马克思评价他"已经用人的眼光来观察国家了"①，从而摆脱神学的束缚。他不仅向一向被神学笼罩的政治学领域投下了一束理性之光，更把一向与道德捆在一起，且隶属于道德的政治学解放出来。和他的中世纪前辈们相比，马基雅维里在考察政治权术时无疑要现实得多。

（二）空想社会主义思想的萌芽

托马斯·莫尔（1478—1535），英国著名的政治活动家、思想家、空想社会主义者。1516 年，他完成了一部著名而又颇具争议的作品——《乌托邦》，全名《关于最完美的国家制度和乌托邦新岛的既有益又有趣的金书》。"乌托邦"一词来自希腊文，意为"乌有之乡"。在书中，莫尔批判了当时英国和欧洲其他国家的君主专制制度和刚刚产生的资本主义社会，描述了一个废除了私有制，没有剥削，没有贫富对立，人人参加劳动，产品归全社会所有，各取所需，存在着绝对的宗教宽容的理想社会。比起其他的人文主义者，莫尔并没有将当时社会的弊病归因于人的愚蠢、缺乏道德心和对宗教的不虔诚，而是直指私有财

---

① 《马克思恩格斯全集》，第 1 卷，128 页，北京，人民出版社，1956。

产制度。在《乌托邦》中，他这样写道："我深信，只有完全废止私有制度，财富才可以得到平均公正的分配，人类才能有福利。如果私有制仍然保留下来，那么，大多数人类，并且是最优秀的人类，会永远被压在痛苦难逃的悲愤重负下。"莫尔第一个明确地表述了空想社会主义的许多原理，他的政治思想对以后的空想社会主义者有着深刻的影响。作为一个文艺复兴运动的产物，乌托邦结合了柏拉图古典完美社会的概念和亚里士多德的古罗马修辞策略，它的影响一直持续到欧洲的启蒙运动时期。

早期空想社会主义者另一代表人物是康帕内拉。托马斯·康帕内拉（1568—1639），杰出的思想家。康帕内拉一生一直在思索改造社会的计划，寻找拯救人类的出路，幻想建立幸福的社会。经过多年的构思，1601年康帕内拉在狱中完成了具有深远影响的空想共产主义著作——《太阳城》。在他虚构的新型理想社会里，没有私有财产，没有剥削，人人劳动，生产和消费由社会统一组织安排，产品按公民需要分配，儿童由国家抚养和教育，教育与生产相联系，脑力劳动和体力劳动相结合。康帕内拉的《太阳城》受到柏拉图的《理想国》和莫尔《乌托邦》的深刻影响，他的空想共产主义理论，是人类思想史上的宝贵财富，它反映了意大利早期无产者和贫苦劳动人民对幸福生活的渴望，对后来的空想社会主义思想的发展具有巨大的推动作用。

文艺复兴是一个转型时期，它见证了始于中世纪盛期的经济、政治和社会发展趋势的延续。同时，作为一场运动，它是自古希腊、罗马以来西方的第二个文化高峰期，西方近代文化正是在文艺复兴文化的基础上诞生和成长起来的。它促使欧洲人从以神学为中心过渡到以人为中心，体现了人性的觉醒，从而在精神方面为资本主义制度的胜利和确立开辟了道路。

第六章　宗教改革时期的文化思想

16 世纪在欧洲各地先后出现的宗教改革运动是西方社会政治和基督教文化思想史上的重大事件，也是欧洲从中世纪迈向现代的重要一步。宗教改革运动不仅是一场反教会的斗争，也是一次深刻的社会政治变革。新教思想家对圣经和教义的重新阐释为人文主义者提供了理论武器，从而使人们面向现实，面向未来，面向自己的内心世界。经过宗教改革而完成革新的西方教会，随后在以传教的方式保持自己在欧洲文化体系中地位的同时，也成为西方海外文化殖民活动的重要参与者。

第一节　宗教改革运动的历史进程

在中世纪漫长的岁月里，天主教会都是欧洲封建制度的中心，它是最大的封建主，拥有天主教世界 1/3 的地产，它在政治上凌驾于王权之上，在文化上居于垄断地位。进入 15 世纪后，天主教会上层腐败堕落，生活奢靡日益严重，买卖圣职、崇拜圣物、出售赎罪券成为教会普遍的现象。不以信仰而以人的外在善功为救赎之本不可避免造成道德的普遍崩溃。要求教徒用金钱赎罪是中世纪末教会的最大腐败行为。人文主义学者对教会腐败和丑恶的揭露及批判为宗教改革提供了突破口。西欧政治经济的发展是宗教改革的根本动因。从 14 世纪牛津大学神学教授威克利夫等人发起的市民宗教改革到 16 世纪路德发起的资产阶级宗教改革的 200 多年间，欧洲人经历了黑死病对心灵的冲击、新航道开辟带来的喜悦、民族国家兴起对教会权威的挑战等重要的历史事件。

一、宗教改革的历史背景

（一）神秘主义——宗教改革的理论基础

神秘主义是 14、15 世纪天主教内部最活跃的思潮，它强调人在信仰上的主导作用，注重个人对圣灵启示的直接体验；不重视教义和权威；主张俭朴清贫的生活。14 世纪上半叶德意志神秘主义的代表人物是约翰·埃克哈特，他从巴黎大学神学院毕业后曾在巴黎和科隆教授神学，熟悉亚里士多德、大阿尔伯特和托马斯的著作，用哲学语言表达神秘主义的宗教信仰。埃克哈特强调个人与上帝的直接交往和个人内在精神生活的价值，摒弃外功与繁文缛节，把善、正义等完满性视为人与上帝间的纽带，人通过沉思达到人与上帝的合一。他的思想抬高了人的价值，贬低、否定了教会的权威。埃克哈特的神秘主义在他生前就遭到了教会的反对，他逝世之后，教皇约翰二十二世对他宣扬的 28 条命题进行谴责。这些被谴责的命题是埃克哈特传教言论的摘录，是他神秘主义和泛神论创世观、灵魂观和伦理观的体现。从埃克哈特上述的言论可以看出，他只承认上帝意志的权威，号召人们摆脱宗教的戒律和伦理规范的约束，从而启迪了道德意识的觉醒。

埃克哈特在莱茵河流域拥有众多的信徒，他所倡导的神秘主义学说并没有因为他去世和教会的谴责而消亡。他的门徒陶勒尔等人继续宣传不靠教会的繁琐仪式而是靠自我的觉悟赎罪的观念。不久，在德国和瑞士出现了宗教团体"上帝之友"，有组织地进行内心的祈祷，埃克哈特被他们尊为精神导师。神秘主义蔓延到了低地国家、英国和西班牙。14 世纪后期，尼德兰修道士格鲁特提出"新虔诚之道"，主张《福音书》的真髓是提高道德修养，从而能够达到与上帝进行真正的精神交流。格鲁特死后，他的追随者组成"共生兄弟会"，主张净化教会，重建基督教。神秘主义者的活动范围超出了修道院，遍及家庭、学校和社会。这种思潮从根本上否定宗教生活中的权威，提倡个人的灵修，不仅为以后的宗教改革提供了神学理论也奠定了社会基础。

（二）欧洲经济的海外扩张——宗教改革的经济基础

在中世纪，自然经济是人们经济活动的主要方式，神学家提倡禁欲主义，认为甘愿奉行赤贫的生活是获得上帝之爱的基本条件，追求财富必然陷入贪婪的罪恶。15 世纪土耳其的扩张影响了东西地中海之间的贸易，波斯湾又为阿拉伯人所控制，经济日益发展的西欧各国为了获得充裕的东方商品，迫切需要开辟一条通往印度的新航线。

新大陆的发现和海上新航路的开辟使欧洲商路和贸易的中心从地中海地区转移到了大西洋沿岸，西欧掌握了世界的商业霸权，成为世界市场的中心。人们经济活动方式的变革和经济交往规模的扩大，使竞争机制渗透到社会生活的各个领域。处在经济政治和社会结构剧烈变动中的人们，不得不对财富的意义、人生的价值和商品经济创造出的新上帝——金钱进行重新思考。中世纪只有守贫才能得救的价值观念受到了新时代的挑战。

（三）专制王权——宗教改革的政治基础

1485 年，英国封建主之间的玫瑰战争结束，亨利七世登上王位，开始了都铎王朝的统治。在封建贵族、资产阶级和新贵族的支持下，都铎王朝的统治者实行了一系列的改革政策，有力地打击了封建割据势力，剥夺了教会贵族的特权和财产。在英国，天主教寺院的地产占全国耕地的 1/3，罗马教廷每年从英国搜刮大量财富，这不仅是加强王权的障碍，也妨碍了新兴资产阶级的利益。英王亨利八世曾是罗马教皇和天主教正统教义的"忠实捍卫者"，因教皇拒绝批准他与王后凯瑟琳离婚，他于 1533 年和罗马教皇决裂。1534 年，国王自己担任英国教会的最高首脑，并享有任免各级教职和决定教义的权力。1536 年至 1539 年，国会连续通过一系列法案废除修道院制度，先后封闭全国 500 多所寺院，没收教会的大量土地和财产，并将没收教会的大批土地，廉价卖给或赏赐给资产阶级和新贵族，进一步扩大和巩固专制王权的社会基础。由于教会首脑为世俗君主，教会成为国家的一个组成部分。

在法国，"地理大发现"之后，由于工商业的发展和"价格革命"的冲击，贵族地主的固定地租收入减少，经济地位下降，但他们仍享有政治特权。这种政治特权是以王权为基础的。贵族们的自身利益需要强大的王权来维护封建秩序。新兴的资产阶级靠购买公债、向政府贷款、充当包税人积累了大量的财富。富有的资产阶级还可以通过购买没落贵族的爵位以及与之相连的产业，跻身于贵族行列。他们出于自身利益的需要也极力主张加强王权。路易十一统治时期，法国的专制统治开始萌芽，到法兰西斯一世时专制制度基本确立。法兰西斯一世先铲除割据势力，后停止召开三级议会，由他和少数近臣决策国家的一切重大问题。与此同时，法兰西斯还想尽一切办法摆脱罗马教廷的控制，实现教会的民族化，使法国教会成为专制统治的工具。英法等国的国王还强迫本国教会向国王政府纳税。为维护教会权威，应付教廷开支并维持奢侈生活，教会设立名目繁多的税收，甚至不惜出售神职和买卖圣物从信徒身上搜刮钱财，引起教徒的强烈不满。

15 世纪德国成为欧洲商路的枢纽，纵贯南北的水陆交通把地中海和北海两大商业区连接起来，中介贸易得到了发展，大批城市繁荣起来，全国性的经济体系开始形成。到 15 世纪末，德国基本实现了地域上的统一。德国虽有"神圣罗马帝国"之称，却无真正的中央集权，帝国皇帝受制于教皇，王权流于形式，诸侯势力日益强大。到 16 世纪，全国有 7 个有权选举德国皇帝的诸侯，几十个大诸侯，200 多个小诸侯，以及上千个骑士领地。1501 年，皇帝马克西米连计划同教廷决裂，争取王权独立，因怕诸侯不支持而作罢。在诸侯割据，内部矛盾空前复杂的德国，单独的一个诸侯不敢冒险公然与教廷决裂。德国政权的分散，有利于罗马教廷的搜刮，每年由德国流进教廷的财富达 30 万古尔登，因此德国有"教皇的奶牛"之称。罗马教廷对德国的盘剥，加深了德国人对教会的憎恨，激发了他们的民族意识。摆脱罗马教皇的统治，争取绝对的政治主权成为德国大小诸侯共同的目标。

（四）赎罪券——宗教改革的导火索

中世纪以来，教会为弥补财政亏空向教徒发售赎罪券。为保证赎罪券的销路和市场，教皇和教会不惜编造赎罪券功效的谎话和理论来欺骗天主教信徒。这是一种独特的愚民行为，"善功圣库"理论就是其中之一。所谓的"善功圣库"是指基督为世人救赎的功德，圣母玛丽亚以及圣徒所行的善功都被储存在天国的一个巨大宝库中。教皇可以从这个宝库中取出这些公德和善功，以赎罪券的形式分赐给需要它的信徒，使他们的罪获得赦免。赎罪券不仅可以救赎生者，还可以救赎死者。1476年，教皇西克斯图斯宣布，为了使已故的有罪信徒在炼狱中少受痛苦，生者可以通过购买赎罪券的方式为其赎罪。天主教的这一理论无疑在宣扬"只要有钱，就可以得到上帝的赦免"。人们头脑中的道德观念和救赎观念被可以用货币购买的东西冲垮，教会的形象受损，神职人员的威信下降。因为赎罪券涉及教皇的权力和利益，所以在相当长的时期内没有人敢于公开质疑。

1517年，教皇利奥十世把美因兹大主教的职位卖给了勃兰登堡的亚尔贝特，亚尔贝特以筹措修建罗马圣彼得大教堂的费用为名，趁机圈钱，从而偿还为获得大主教职位行贿所欠的债务。他与教皇勾结，教皇利奥十世派特使台彻尔在德国兜售赎罪券，宣称：只要购买赎罪券的钱一敲响钱柜，罪人的灵魂立刻就可以从炼狱跳上天堂。台彻尔骗钱渎教的无耻行为引起德国人的愤慨，成为宗教改革的导火索。

二、宗教改革运动的历史演变

宗教改革的中心是德国。路德、茨温利、加尔文是宗教改革运动的主要人物。经过旷日持久的精神解放运动，产生了路德宗、加尔文宗、再洗礼派（亦称激进改革派）和安利甘宗（即英国教会）4个教派，基督教发生了革命性的变化，从此不存在一个能够统一西方社会的单一教会了，基督教进入了宗派主义时代。

（一）马丁·路德与宗教改革的兴起

1483年11月，马丁·路德出生于萨克森的埃斯勒本城一个普通家庭。1500年，路德进入德国著名的埃尔福特大学学习法律。这里各派思想活跃，具有人文主义思想的学者对中世纪经院哲学给予大胆的批判。尽管这些给年轻的路德留下了深刻印象，但他的精神生活充满恐惧。他怕死后受审判，怕发怒的上帝，怕战争和瘟疫。获得硕士学位后，路德进入奥古斯丁修道院研习神学。

他的神学受到了奥古斯丁主义、陶勒尔传播的神秘主义和奥康主义的影响。他利用这些思想对保罗"因信称义"的教义作出新的说明，从而为新教神学奠定了理论基础。

路德反对教皇以修建圣彼得大教堂为名在德国兜售赎罪券。他认为过分强调赎罪券的功能会削弱人的忏悔心理，贬低上帝和基督。自己作为一名神学教授不应对赎罪券事件保持沉默，有义务澄清真相。他先要求马德堡大主教出面干涉，大主教对他置之不理。台彻尔得知路德对他的非议后扬言要处之以火刑。为展开公正的学术辩论，路德于 1517 年 10 月 31 日把表明自己观点的《九十五条论纲》贴在维滕堡万圣教堂的门上。论纲的主要论点是对赎罪券效能的批判：

（1）赎罪券只能是对教规法惩罚的宽恕；教会只可以赦免教会施加的惩罚，不能赦免上帝施加的惩罚；神的惩罚只有上帝才能赦免。

（2）赎罪券永远不能赦免罪过，教皇本人也无力做到这一点。

（3）赎罪券不可能达及炼狱中的灵魂。

（4）真正悔悟的基督徒无需赎罪券便可以得到上帝的宽恕。

（5）真正意义上的"善功圣库"应是上帝的恩典。

路德的观点和做法道出了德国人的心声。他的学生把《论纲》从拉丁文译为德文付印，人们争相购阅，两个星期传遍德国。路德揭开了宗教改革的序幕。路德的《论纲》取消了罗马教皇垄断《圣经》解释的特权。教会的精神特权一旦被取消，神职人员高于一般教徒的等级特权、教皇召集教会的行政特权也就随之取消，保护罗马的"三道围墙"被推翻了。依照路德的观点，教会不再是拦在个人和上帝之间的障碍，而变成了支持个人和上帝直接交往的后盾。

路德的本意是与其他神学家展开神学辩论，在基督教会和个人虔诚之间找到一个平衡点，而不是反对教皇。他贴出《论纲》之后，感到此举涉及教会的政策，因而跪在家中祈祷上帝的宽恕。在罗马教廷看来，攻击赎罪券就是攻击教皇的权力，教皇代表罗马教会，罗马教会是全世界的教会，反对教皇就是反对整个教会。路德最初的善良愿望在以上逻辑中被彻底击碎，教廷和教会要召路德到罗马受审。在萨克森选侯的周旋下，路德与教皇的代表于 1518 年 10 月在奥尔斯堡进行公开辩论。路德坚持自己的观点，他指出教皇不是上帝的代表，宗教会议的决议也可能是错误的，从而否定了教皇和教会会议的权威。1519 年 6 月，路德再次与教皇的代表在莱比锡展开辩论，他指出《圣经》才是真正的权威，教皇和教会会议的行动和法令只有与《圣经》一致时，人们才有必要服从。路德在辩论时慷慨陈词，天主教神学家厄克的秘书为路德的思想折服，舍弃旧教。路德的思想触怒了教皇利奥十世，1520 年 6 月 15 日教皇颁布了《斥马丁·路德谕》，要求路德两个月内到罗马公开忏悔，否则开除教籍。路德逐渐认识到欲使罗马教皇自行改革无异于与虎谋皮，他当众烧毁了教皇的敕令。同年8月到10月间，路德连续发表了《致德意志基督教贵族公开书》、《教会的巴比伦之囚》、《论基督徒的自由》3本小册子，进一步阐明自己的宗教思想和政治主张。路德新宗教的要义可以归结为：（1）因信称义。人们不必念经、斋戒，不必施舍、朝圣、购买赎罪券，依靠自己的信仰就可以得到上帝的恩典。一个有信的人自然会流露出善行，信心会改变一个人，使他结出义的果。路德的"因信称义"说不禁善行，而是赞许善行。他强调的是一个人是否行善以及行善的多少与"称义"无关，他提醒人们不要执着于善行，不要把善行当作"称义"的阶梯或向上帝讨价还价的筹码。（2）确立《圣经》的权威。《圣经》是信仰的唯一根据和最高权威，个人在阅读、解释、理解圣经的基础上产生对基督的信仰就可以成为义人。在《圣经》面前人人平等，教皇并不比普通信徒优越。教皇和教士无权把自己对《圣经》的理解强加于他人。放松教义的控制，准许个人自由地根据《圣经》作出自己的判断，这对人类的思想解放所起的作用是不可估量的。（3）信徒皆为祭司。俗人和僧侣之间的区分由此消除，每一个人都可以和上帝发生关系，上帝和人的灵魂之间不需要中介，俗人和教士有机会以"信"直接接近上帝，他们都有在自己的同胞中推进上帝之国的责任。

德国皇帝查理五世害怕路德掀起的宗教改革运动危及帝国命运，1521年4月在沃尔姆斯召开帝国会议，胁迫路德收回其观点，否则予以严惩。在路德被通缉的危急时刻，萨克森选侯把路德"劫持"，使其隐居起来，自1521年至1534年，路德精心将《圣经》译成德国人能够看得懂、听得懂的德文。

路德派对罗马教会的激烈批判引起了人文主义温和派的反对。埃拉斯莫于1524年写出了反驳路德拯救观的文章《论自由意志》，路德以《论奴役意志》作答。埃拉斯莫又写出了《反路德被奴役的意志的奢望》。路德与埃拉斯莫的争论涉及人性、道德的基础等重大问题：人如果不能自由选择善恶，他为什么要为自己行动承担道德责任？上帝惩恶扬善有什么公正性？人的拯救有什么伦理价值？路德认为自由的反面不是必然性，而是别无选择、义无反顾地追求。埃拉斯莫把自由理解为人类意志的一种力量，使人决定做趋向或背离拯救任何事情。他们两人之间的分歧实际上是信仰的确定性与理性怀疑精神的差别。

宗教改革推动了德国的农民运动。1524年，分散的农民运动汇聚成了大规模的农民战争。农民运动领袖闵采尔依据基督教提出了"千年帝国"理论。[1]他主张消除人民灾难的唯一途径是废除一切阶级、一切暴君、徭役和整个旧社

---

① 张庆海、董月梅：《觉醒的德意志》，189页，长春，长春出版社，1995。

会，平均分配财产，消灭剥削和压迫，建立一个千年帝国。路德主张社会改良，反对暴力革命。农民战争爆发后，他依然坚持依靠国内的封建主驱逐罗马教皇势力在德国的扩张。1525 年，农民革命被镇压。1529 年，德意志帝国会议在斯拜伊尔召开，反对路德教派的旧教诸侯占据优势，路德派诸侯联合发表《奥格斯堡信纲》重申路德神学思想，指出罗马教会的弊端。教廷强烈反对，勒令其收回《信纲》。此时，路德的思想发生了转变，他认为应该把暴力是否正当的问题留给法学家去解决。① 1555 年，查理五世与新教诸侯谈判，签订了《奥格斯堡和约》，规定了"教随国定"的原则。路德派取得了合法地位。

路德去世之后，对宗教改革作出重要贡献的是符腾堡大学希腊语教授菲利普·梅兰希顿，他对哲学和人文学科造诣深厚，自 1526 年起他就开始着手建立新教的教育体系，消解路德宗与人文主义的隔阂。梅兰希顿认为亚里士多德的著作应该得到尊重，他对《伦理学》的评注赋了路德关于信仰、内疚、自由权和先定理论更多的伦理意义和理性色彩，从而开创了新教亚里士多德主义。梅兰希顿的学说把哲学与基督教教义紧密联系在一起，把灵魂对上帝的认识、灵魂不朽、尸身复活当作心理学事实，建立了一个包括对人的身体、感觉、自由和感情进行生理学、认识论、伦理学和修辞学全面研究的理论。梅兰希顿的人文主义倾向和他对亚里士多德著作的创造性解读深化了路德的信仰主义，以知识阶层和政治家易于接受的方式传播了路德神学。

（二）茨温利与宗教改革的发展

路德的宗教改革在德国全境发展起来之后，瑞士也掀起了宗教改革的浪潮。瑞士宗教改革的领袖是乌尔德里希·茨温利，他出生于瑞士东部圣加仑州一个富裕农民家庭，在维也纳和伯尔尼接受人文教育，直接受到埃拉斯莫等人的影响。他通晓拉丁文、希腊文和希伯来文，他把早期基督教的情形与现实的宗教生活相对照，努力追求"基督教真理"的来源。

茨温利和路德一样认为《圣经》是圣道唯一的、充足的源泉；信仰是明晰、简单的；《圣经》是上帝意志的启示和记忆。每一个人都要依靠内在的启示对《圣经》的意义作出自我解释。任何人为的东西都不能充当人与圣道之间的中介。因为任何中介都会把个人和上帝分开，降低灵魂的追求，减少上帝的荣耀。这是对路德提出"因信称义"、《圣经》是唯一信仰理论的进一步深化。一个人所获得的内在启示给予他获救的确信。内在的道是"内部导师"，具有再造内部存在的力量。只有这种内部的力量开始工作时，外在的文字、符号才开始显现意义，人在《圣经》中获得慰藉、信心和确认。获救是灵魂的体验，不在于理

---

① ［德］埃里希·卡勒尔：《德意志人》，黄正柏等译，235 页，北京，商务印书馆，1999。

性的思辨和语言表达。茨温利的思想比路德更富有理性和哲学论证。他曾与路德就圣餐的意义问题展开辩论。路德认为应按照字面意义理解"这是我的身体";茨温利则认为文字只是圣道的外在标记,应按照象征意义理解这句话,圣餐的意义在于内在的启示,而不在于基督身体的意象。

1524年,茨温利在市民掌权的市政当局的支持下,对苏黎世的天主教会进行了全面改革。他取消了圣像、圣物,以简单的仪式代替弥撒,用民族的语言礼拜,废除了许多无《圣经》根据的教规和仪式。茨温利主张废除神职人员的独身制,否认赎罪券的功效,他还在苏黎世出版《圣经》向市民宣讲,用没收的教产作经费开办医院、学校和济贫院。茨温利的一系列改革遭到了天主教内部保守势力的反对。1531年,茨温利在卡佩尔战役中身亡,瑞士的宗教改革从此衰落。但茨温利教派仍在德国南部、波兰、匈牙利等地流行,为新教激进派的兴起打下了基础。

(三)加尔文与宗教改革的进一步发展

茨温利之后瑞士宗教改革的领袖是约翰·加尔文(1509—1564)。加尔文出生在法国北部皮卡迪省,1523年他考入巴黎大学,与人文主义者尼古拉·柯普交往甚密。1528年他考入奥尔良法学院研习罗马法,并将其与神学和伦理学相结合。为了用人文主义的方法研究《圣经》原文,他于1531年又回到巴黎,专攻希腊文和希伯来文。在研究神学的过程中,他被路德的新教思想所吸引,开始参加巴黎的新教教会,完成了从天主教徒到新教徒的转变。改信新教的加尔文因宣扬路德的宗教思想被指控为宗教异端,不得不流亡瑞士。到巴塞尔之后,加尔文为探索适应法国的宗教改革学说,精心研究《圣经》,遍读早期教父、奥古斯丁、经院哲学家和马丁·路德的著作,于1536年发表了《基督教原理》,系统地提出了自己的神学理论,其核心思想是先定论。这种理论认为,宇宙万物都是上帝预先安排好的。上帝对人的拯救也是预先安排好的。因此,就不需要再相信罗马教会的旧教义,从而推动了宗教改革的进一步发展。加尔文宗把神圣和世俗融合为一体,在法国、英国、荷兰赢得了大量的信徒。加尔文宗教在法国称为"胡格诺派"。

宗教改革在法国引起的反应与德国不同。天主教是法国的国教,教会从属于国王,支持天主教就是支持王权。在法国传播最早的新教是路德派,后来是加尔文派,法兰西斯一世最初对新教比较宽容,因为他在意大利战争中急需德国新教诸侯的支持。1534年以后,他改变政策,开始迫害新教徒。尽管国王采取各种迫害手段,新教徒仍然有增无减,加尔文教派在法国南部广为流传。

从16世纪40年开始,特别是50年代,许多高级贵族改信加尔文派。企图借此要挟国王,夺取权力,以恢复往日的独立地位。北部的封建贵族以"保卫王权，保卫天主教"为口号，同南部对抗。1562 年 3 月 1 日，吉斯公爵路经瓦西镇，正值胡格诺教徒举行礼拜，吉斯率军袭击教堂，死伤 200 余人。该事件成为战争爆发的导火索，战争持续 30 多年，共历 10 役，史称"胡格诺战争"。1572 年的圣巴托洛缪节之夜，天主教徒在王室的支持下大肆屠杀巴黎的胡格诺教徒，南北矛盾更加激化，法国处于分裂状态。1573 年，胡格诺教派组成了联邦共和国。1576 年，北方的天主教贵族成立了"天主教同盟"。1584 年，亨利三世的兄弟安茹公爵病死，因王位继承权问题，战争演化为瓦洛亚、波旁、吉斯 3 个家族争夺王位的战争。1589 年，亨利三世遇刺身亡，胡格诺派的领袖波旁家族的亨利继位，开始了波旁王朝的统治。1590 年，亨利四世进军巴黎受阻；与此同时，西班牙军队围攻卢昂。为了摆脱困境，亨利四世不顾胡格诺教徒的反对，改信天主教，声言"为了巴黎是值得作弥撒的"。1593 年，亨利四世宣布放弃新教信仰，重新皈依天主教，1594 年 3 月他进入巴黎，成为公认的国王，三十年战争从此结束。为平复天主教会在战争中所受的创伤和胡格诺派郁结的愤懑，亨利四世于 1598 年 4 月 13 日颁布《南特敕令》，宣布天主教为法国国教，全国恢复天主教礼拜，把以前没收的土地和财产归还天主教会；胡格诺教徒享有信仰自由，有权召集宗教会议，在国家公职中享有和天主教徒同等的权利。《南特敕令》是交战双方妥协的产物，它承认新教信仰自由，是欧洲第一个宗教宽容的法令。

第二节　宗教文化思想的革新及其影响

16 世纪的宗教改革不仅是一场反抗罗马教廷的运动，更是一场争取信仰自由的运动，它完成了宗教文化思想的革新。宗教文化思想革新主要表现在结合时代主题对"因信称义"和"先定论"这两个宗教理论进行系统论述与推广。正是通过对这两个理论的阐发，新教从宗教信仰的层面回答了社会历史转型所提出的各种问题。宗教改革运动预示了现代化运动的新方向——实现信仰自由和思想自由。从客观上来看，宗教改革与新教教义的形成虽然没有否定基督教信仰，但是这场改革使信仰开始关照人的个性和现实生活，是人类心灵获得更大自由空间的努力，并且卓有成效。因此宗教改革在完成宗教文化思想革新的同时，也对近代的政治、哲学、科学和价值观都产生了深远的影响。

一、路德与"因信称义"说

路德在奥古斯丁修道院期间，思想产生了巨大的变化，他最关心的问题是灵魂得救的问题，即人如何获救、如何能确定自己获救的命运。最初他自信一个修道士凭修道的功夫就可进入"天堂"，他严格遵守修道院的规矩，履行各种仪式，可是这些并没有使虔诚的路德产生被宽恕的体验，他对苦修善行的传统产生了怀疑。他成为神学教授后，在讲授《圣经》的过程中，逐渐产生了自己"因信称义"的神学思想，即"谁有信，谁就什么都有；谁不信，谁就什么都没有。"路德认为"因信称义"是一个精神转变过程。保罗在"信、爱、忘"三者中强调"爱"，路德认为只有爱和畏的统一才能产生望，才能变成完全的信仰。人因信仰而成为义人，或者说受到上帝的恩典。路德把获得恩典叫作"称义"，"称义"是一个内在转化和再生的过程。路德的新发现恢复和强化了被隐蔽了一千年之久的基督教传统，有《圣经》的牢固基础。[①] 路德认为《圣经》文字的意义清晰明白，《圣经》传播的圣道具有直指人心的启示力量。他反对经院学者对《圣经》四重意义，即文字意义、类比意义、神秘意义、道德隐喻的区分，他只承认文字意义的真实性，这为不同文化水平的《圣经》读者提供了同等理解《圣经》和接受启示的机会。

路德的"因信称义"说抛弃了上帝与人之间的中介，摆脱了束缚人类精神的思想樊篱。从此，宗教生活化了，生活宗教化了。路德虽然强调个人内在的精神转变，但是他并不否认精神的转变所带来的外在生活的改变。恩典表现为历史的进程，表现为正常的生活方式。在路德看来，外在的事件成为获救的标志必须满足下面两个条件：第一，它们由信仰带来的生活态度的转变引起；第二，它们是个人积极主动参与生活的结果。"因信称义"说中强烈的个人主义及反罗马教权的思想，反映了欧洲由封建社会向资本主义社会过渡的历史趋势，成为欧洲以宗教改革方式进行的第一次资产阶级革命的思想武器。[②]

二、加尔文与"先定论"

"先定论"最早由奥古斯丁提出，加尔文对其进行了继承与发展。他认为一个人能否获救不取决于忏悔、善功和行圣事，完全取决于上帝的预定，世人无法改变神意。没有被上帝拯救的人所做的一切道德行为都不能算作善功，被上帝拯救之人的圣洁生活中的一切都是善功。加尔文扭转了按照人的行为的道德属性决定他是否获救的传统伦理观念，确立了命运决定人的道德行为的新教伦理精神。获救的命运超出了人的能力所及，人只有依赖上帝。人有原罪，人是被罪恶污染的，上帝的拯救是恕罪、赎罪的恩典。上帝不会无区别地宽恕全部人类的罪恶，他只能拣选一部分人，弃置一部分人。上帝的意志是最高的公正，

---

① 参见叶秀山、王树人总主编：《西方哲学史》，第 3 卷，714 页，南京，凤凰出版社、江苏人民出版社，2005。

② 李平晔：《人的发现——马丁·路德与宗教改革》，95 页，成都，四川人民出版社，1983。

选民不需要骄傲，弃民也不要抱怨，如同动物无权指责上帝为什么给予人类更多一样。选民和弃民在历史中扮演着不同的角色，选民能积极主动地实现上帝的愿望，弃民只是消极的社会机体和历史命运的不自觉的承受者。加尔文重提奥古斯丁的"先定论"，实际上是为了彻底否定教皇和教会在救赎问题上的作用和权威。

加尔文综合了德国和瑞士的宗教改革理论，对"先定论"进行了严格的推导。加尔文认为人不可能在信仰逐渐完善的过程中获得确定的获救感。获救感只能在信仰中产生。他区分了"因信称义"的精神状态和"由义至圣"的生活过程，他指出"称义"不是一个人通过内在的修养和外在的善功所能达到的目标，而是上帝的慈爱、公正和恕罪转归在他身上的结果。加尔文虽然不认为善功是获救的途径，但他不否认善功是获救的证据。

依据加尔文的先定论，个人事业的成功是上帝选民的证明，是恩典的标志。由于每个人都希望自己是上帝的选民而不是弃民，所以世俗职业和个人奋斗被赋予了神圣的意义。上帝的决定虽然无法改变，好的基督徒应该把自己设想为上帝的选民（即上帝确定将获得永生的人），对上帝充满信心，就是对自己充满信心，按照《圣经》行事，在生活中有所成就，彰显上帝的荣耀。加尔文的教义和组织形式比路德教派更能适应资本主义发展的要求。依照加尔文的观点，经商、办企业、积蓄资产都可认为是荣耀上帝的事业。

三、宗教改革的历史影响

宗教改革从精神信仰层面引发了宗教文化思想的革新。这种精神境界的革新必然会导致现实社会诸多领域的变革。这种变革首先从天主教内部为了保持自己的生存与发展，应对新教挑战而普遍进行的改革运动开始，逐渐涉及哲学、政治、科学和人们的价值观。

（一）天主教内部的改革运动

随着宗教改革运动的兴起和发展，新教国家日益增多。天主教在欧洲的势力受到了冲击。为了反击新教，天主教内部也作出了相应的改革。对于罗马教廷来说，改革的目的是捍卫和确立天主教教义，清除教会内部的弊端和腐化堕落现象，重振教纲。

天主教在欧洲势力范围的缩减是罗马教廷必须面对的事实，走出欧洲，向亚洲、非洲、美洲传教成为天主教积极寻求发展的重要举措。1543年，西班牙圣徒罗耀拉在巴黎创建了"耶稣会"。耶稣会士要经过一定的挑选和训练，他们不但为巩固天主教在欧洲的地位起到了至关重要的作用，也促进了天主教在更广大范围的传播。耶稣会士带着《圣经》和十字架，跟随探险队到达世界各地，传播天主教义。中国人所熟知的利玛窦、白晋、南怀仁等来到中国传教，就是天主教内部改革的结果。但是，我们从另一个角度看，传教士在各国的传教也是对其他国家进行的文化渗透，所谓"文化跟着军舰走"，这种文化渗透的实质是文化层面的精神殖民。

由于天主教信奉信仰只能建立在教育的基础之上，所以教会把创办学校、普及教育、宣传已被社会认可的科学知识当作自己的一项重要任务。由于既强调信仰又强调善行，天主教创办的慈善事业得以发展，孤儿院、济贫院日益增多。罗马教廷的改革从某种程度上保持了天主教的活力。通过这种内部改革，天主教顺应了西方现代化的历史潮流，从而跟上了时代发展的步伐。天主教的这种与时俱进，使它成为西方殖民运动的积极参与者。在世界近代史上，哪里有殖民侵略，哪里就有天主教传教士的影子。

（二）宗教改革对政治的影响

宗教改革摧毁了基督教内部的统一，结束了罗马教廷一统天下的局面，欧洲的宗教出现了多样化和多极化的倾向。欧洲社会也因此而出现了天主教国家和新教国家的对峙。这种对峙的起因是新教国家要从政治上打破封建专制。因此宗教改革后，不同群体之间精神的对抗和冲突演变为现实的惊心动魄的战争。不同教派的信徒互相残杀的情况令人震惊，这种局面持续长达百年，直至 1648 年《威斯特伐利亚和约》签订，流血冲突才停止。

16 世纪以前，尼德兰已是欧洲经济最发达的地区之一。资产阶级和新贵族多信奉加尔文宗，要求摆脱西班牙的专制统治，发展资本主义。然而，查理一世统治时期，西班牙在荷兰榨取的捐税相当于西班牙国库的 40％。1550 年，他颁布惩治异端的"血腥敕令"：凡新教徒或被控为新教徒者，男者杀头，女者活埋，财产收缴国库。腓力二世继位后，继续推行高压政策，在尼德兰广布宗教裁判所，残害新教徒，夺取城市自治权。荷兰的加尔文宗信徒在反对罗马教廷的同时反对西班牙的统治。1581 年在尼德兰地区北部建立了第一个由新教教徒创立的资产阶级共和国——荷兰共和国，为资本主义的发展开辟了道路。

1618—1648 年间，以德国为主战场的第一次大规模国际战争爆发，史称"三十年战争"，它既是宗教改革后教派斗争加剧的结果，又是欧洲各国政治矛盾和领土纷争的反映。1526 年，捷克重新并入神圣罗马帝国的版图，皇帝兼为捷克国王，捷克保有自治权，国会和改革后的教会继续存在。1617 年，耶稣会士斐迪南继任捷克国王，斐迪南是狂热的天主教徒，力图恢复天主教的统治地位。1618 年，他下令禁止新教徒集会，撤销先前给予捷克的自治权和信仰自由。此举引起捷克人强烈反对，群众冲进王宫，把国王的两个钦差从窗口扔入壕沟，长期蕴积的宗教矛盾终于爆发，旷日持久的"三十年战争"从此开始。

"三十年战争"分为 4 个阶段。第一阶段是捷克-巴拉丁时期（1618—

1624）。捷克临时政府选举"新教同盟"的首领巴拉丁选侯腓特烈为国王，捷克与巴拉丁联军攻入奥地利，逼近维也纳。由于得不到新教诸侯的支持，在旧教诸侯和西班牙援军的强大攻势下，联军节节败退。在 1620 年的白山之役中被彻底击溃。自此，捷克完全丧失了独立，成为奥地利的波希米亚省；在德国，巴拉丁被西班牙军队占领。到 1624 年，旧教军队取得了决定性的胜利。第二阶段是丹麦时期（1625 1629）。天主教同盟的胜利和哈布斯堡家族势力的强大引起了德国新教诸侯的不安，也影响了英、法、荷、丹等国的政治经济利益。1625 年，法、英、荷、丹等国资助丹麦出兵德国，德国的内战从此演化为一场国际战争。1626—1628 年，德国皇帝在"天主教同盟"的支持下，依靠捷克贵族的雇佣军打败丹麦军队，占领整个北德地区。1629 年，丹麦与德皇签订《卢卑克和约》，保证不干涉德国内部事务。同年，德皇颁布《复原敕令》，规定凡 1552 年以来没收的天主教会的财产归还天主教会。第三个阶段是瑞典时期（1630—1635）。哈布斯堡家族在北德的胜利引起瑞典的不安。法国出资，俄国出粮援助瑞典出兵德国。1630 年 7 月，瑞典军队在国王的率领下南进，占领了德国的北部和中部许多地区。1634 年 9 月，德皇依靠西班牙援军在莱茵河和多瑙河之间重创瑞典军队。次年，新教诸侯与德皇缔结和约，战局向有利于德国和旧教诸侯的方向发展。第四阶段是法国-瑞典时期（1636—1648）。法国担心哈布斯堡家族势力膨胀，影响自己在欧洲的霸权，于 1635 年直接加入对德战争。荷兰、威尼斯、匈牙利相继加入法瑞联盟。战争初期，德国占据优势，西班牙军队也从南北两面夹击法国，逼近巴黎。1642 年秋，瑞典军队在莱比锡附近打败德国军队；1643 年春，法军在西部击败西班牙军队，占领阿尔萨斯；1645 年，瑞典军队在捷克挫败德皇军队；1646 年，法瑞联军进入巴伐利亚，瑞典军队占领了布拉格。德皇被迫求和。1648 年 10 月 24 日，德皇与法、瑞两国缔结了《威斯特伐利亚和约》，"三十年战争"结束。

由宗教纷争引发的"三十年战争"削弱了欧洲天主教和封建势力，加剧了德国的分裂，给德国的经济造成了巨大的破坏。在这场战争中，英国在大陆之外，卷入不深，反而成为最大的受益者，因此，"三十年战争"为英国资产阶级革命提供了有利的国际环境。此外，这次战争为俄国实施"西进"政策和争夺波罗的海出海口提供了契机。《威斯特伐利亚和约》是继文艺复兴和宗教改革之后对罗马教皇的又一次沉重打击，其政治权威从此丧失殆尽。

（三）宗教改革对哲学的影响

新教精神对哲学的影响超出了基督教哲学的范围，为近代哲学提供了新的理论背景和文化氛围。"意大利被反宗教改革运动弄得沉默寡言,德国被毁灭性的宗派战争弄得支离破碎,相反,英国和法国在 17 世纪却处在理智文明的青春旺盛期,而在它们中间,荷兰变成了艺术科学百花盛开的花园。"① 英国的弗朗西斯·培根、法国的笛卡儿、荷兰的斯宾诺莎是欧洲近代哲学最有影响的哲学家。他们有一个共同的特点,即反对经院哲学在权威著作中寻找证据和无休止地辩论中确定真理的认识模式。他们不是注释者和辩证学者,而是发明新的思想工具,创立新方法的新领域的探索者。近代哲学以自我意识为中心,探索知识的基础和真理的标准,追求确定性。笛卡儿方法论充分体现了这一精神追求。

因此,新教以"自我确信"为真理的内在标准和直接证据的基本原则已经渗透到了 17 世纪思想家的思维细胞中。新教神学与哲学的关系始终是理解近代哲学内在矛盾的枢纽:自然界的因果决定论最后要寻求上帝意志的非决定论。莱布尼茨在《神正论》中把这个矛盾视为理性的迷宫,康德在《纯粹理性批判》中把它看作四个"二律背反"中最重要的一个。

(四)宗教改革对科学的影响

在宗教气氛笼罩现世生活的年代,任何事物要为社会接受都必须以宗教的认可为前提。处于主导地位的宗教对科学的态度总会导致科学发展的巨大差异。从 1666 年到 1883 年这两个世纪之间,巴黎科学院的外籍学者中新教徒人数远远超过罗马天主教徒,在除法国之外的西欧人口中,罗马天主教徒与新教徒的人数比例是 6∶27。瑞士的罗马天主教徒与新教徒的比例是 2∶3。英国皇家学会核心小组的 10 名科学家中有 7 名是清教徒。1663 年,英国皇家学会有 62%的成员是地道的清教徒。

新知识与新教义相重合是一个历史事实。历史事实总有它的必然性。早期的新教徒科学家以自己对自然的热爱去认识上帝创造的作品,他们把自己取得的一切成就归之于上帝的荣耀。开普勒是一位忠实的路德派教徒,他于 1598 年表达了这样的观点:天文学家作为上帝传达自然之书的牧师,不仅要把自己智慧的荣誉牢记心头,而且还须将高于世间一切的上帝的荣耀铭刻心间。1609 年,开普勒又写道:一个没有学问的人,他为自己的双眼所见的一切而赞美上帝,他对上帝所表示的虔诚并不逊于天文学家,尽管上帝额外赐予了天文学家以理智的眼睛,从而能够更清楚地观察事物。从开普勒的这两段论述中我们可

---

① [德]文德尔班:《哲学史教程》(下卷),罗达仁译,514 页,北京,商务印书馆,1997。

以看出，科学研究不是严格的律法，它只是出于爱与感恩而发的自愿的、愉快的行动。新科学的代表人物相信，每一个人都应该根据自己的能力阅读自然这本书。这种信念激励他们与那些没有文化的人交流关于飞禽、花卉、潮汐、气候、天象、磁针的指向等自然现象的观察结果，从而汇集更多的资料，建设完整的博物学和地理学；每一个人都应该尽可能地为寻求真理而亲自承担责任，并且应该从人类的权威中解脱出来，以便能更加完全地服从神的权威。宗教改革把人们从教会和经院哲学的束缚中解放出来，新知识运动把人们从古代权威的束缚中解放出来。在新教徒科学家身上体现了这两种解放所带来的自由态度，他们把自己的才能和智慧、精力和时间从修道院的苦思冥想转向对自然界和人世的观察与思考。

研究科学可以"了解上帝，指导生活"。这是新教徒们一致的观念。他们认为上帝赐予人类两部书，一部是《圣经》，一部是大自然。研究大自然这部书与研究《圣经》一样重要，都是为了了解上帝的伟大，赞赏上帝在其创造物中的威力、智慧和善，研究自然的权威是自然本身而不是《圣经》。《圣经》的真理不再是科学发展的桎梏。[①] 加尔文曾阐述过这样的观点：那些忽视研究自然的人，与那些在探究上帝的作品时忘记了创世主的人同样有罪。他尖锐地谴责那些怪诞的否定纯粹以经验为基础的科学——天文学和解剖学的人。他认为这两门科学分别解释了宏观世界和微观世界的秘密。新教直接赞许和认可科学，提高了社会对科学探索者的评价，赋予了科学研究宗教的意义。在新教徒的眼中，科学是在神创造的世界里寻求神。

（五）宗教改革对价值观的影响

一个既兴盛又信奉宗教的自由民阶层，一定会为自己不断增长的财富寻求宗教认可，这是一个必然的现象。马克斯·韦伯在《新教伦理与资本主义精神》中的分析最具代表性：新教徒把成功的经济活动看作是获救的证据；商人们把获取最大利润的冲动看作是上帝的直接意愿；工人们以劳动为天职，为了信仰而劳动，把劳动看作确信恩典的唯一手段。在西方社会从中世纪向现代社会转型的过程中，财富在不断地增加，新教的世俗禁欲主义对抗了自发的奢靡，促进了积极进取的精神。新教精神对近代西方价值观的影响是我们理解西方个人主义的关键。在新教精神中培育出的个人主义不是崇尚金钱和物质享受，不是

---

① ［荷］霍伊卡：《宗教与现代科学的兴起》，丘仲辉等译，144 页，成都，四川人民出版社，1999。

个人的肆意妄为，而是对自己确信的理想和信仰的不懈追求。新教反对教士独身，反对违背人性的禁欲主义，认为人世的一切活动，人的追求和享受都是神赐的。教士结婚是宗教改革中具有重要影响的一项革命。

宗教改革使人们的心灵从追求虚幻的天国和来世获得拯救转向现世的生活。路德认为人生的意义和价值是人在其"天职"中为上帝和邻人服务中体现，从而赋予世俗工作以神圣的、宗教的和道德的意义。加尔文比路德更具进取精神，他认为人不应安于现状，应努力改善自己的地位，争取利用上帝所给予的每一个获利升迁的机会，以自己事业上的成功，在竞争中的胜利来荣耀上帝并证明自己被选。新教为人们在现世获取成功提供了信心和动力，确认人的物质欲望和自然属性，深深地影响了近代西方文化精神的形成。

第七章　启蒙运动时期的文化思想

启蒙运动是人类社会从农耕文明向现代工业文明转变的关键。它在接续文艺复兴、宗教改革、科学革命成果的基础上，为最终确立现代化工业社会作了思想文化的准备。这一运动所形成的新思想最终促成了新型现代工业社会体系的确立。

启蒙运动的历史意义不仅仅在于通常意义上的思想解放运动，它的社会实践价值更加发人深省。"既然艾萨克（牛顿）可以借助理性发现规定着自然世界运动的自然法则，那么启蒙知识分子们也可以运用理性来发现那些规定着人类社会的法则。这种信念反过来激发他们通过理性谋划促进人类社会进步的渴望。"[1] 启蒙的目标是化民成俗，是彻底改变人的精神面貌和内心的思维方式，它的成果既表现为近代法律制度的变革，又表现为人们行为习惯缓慢而巨大的改变。

第一节　作为现代化历程的启蒙运动

广义的启蒙运动把启蒙纳入到现代化整体历程中进行考察。从这一角度思考，文艺复兴是人文的启蒙，它拉开了现代化的序幕，宣告了工业文明时代的来临；宗教改革对旧信仰的变革是信仰的启蒙；政治革命及其胜利后对适应工业文明的政权形式探索则是实践的启蒙。这三个具有鲜明时代主题的历史进程构成了早期的启蒙运动，成为18世纪狭义启蒙运动的宏观历史背景。

一、文艺复兴：人文的启蒙

文艺复兴运动主要是指14—17世纪之间，由意大利开始，逐渐扩展到整个欧洲国家的思想文化运动。对于这一运动的历史背景、思想内涵以及思想意义我们在前边的章节中已经作了基础性的介绍。这里主要从宏观历史的角度，将其纳入到整个现代化进程中加以考察，视为发生于18世纪的思想启蒙运动的远因。文艺复兴是以人文的觉醒为特点的思想解放潮流，我们称之为人文的启蒙。

从思想启蒙的意义来看，文艺复兴运动是本章区别于作为专门论述文艺复

---

① ［美］杰克逊·J·斯皮瓦格尔：《西方文明简史》（下），董仲瑜、施展、韩炳译，452页，北京，北京大学出版社，2010。

兴运动的第五章的要点所在。从这一角度出发，历史上有的学者将文艺复兴运动的思想启蒙意义概括为"人的发现和世界的发现"①，这种观点可以称为二发现说。此外，还有一种三发现说，即在文艺复兴后期的15—16世纪，以人文主义的兴起为基础的人的发现，以新航路、新大陆发现为标志的地理的发现以及以天文学哥白尼式革命为代表的科学发现。② 正是这三大发现，扩大了人类的视野，促进人们从中世纪漫长岁月中觉醒，开始以新的视野打量现时代，并展望新时代的曙光。三发现说是从整个近代文化演变的宏观历史叙事角度提出来的，因此正符合本书的历史叙事为主的撰述特点，因此也是本书所采纳的观点。

人的发现是目前学术界比较通行的对启蒙运动进步意义的评价之一。所谓人的发现主要含义是相对于学术界对中世纪所谓"黑暗时代"的定位而言。所谓"黑暗时代"是源于文艺复兴后期开始逐渐形成显学的人文主义学者对封建专制与基督教联合统治下的中世纪时期的批判。这一派的观点认为，在中世纪基督教与世俗政权联手统治的近一千年的时间内，人类都匍匐于神权的统治下，没有自我的独立与自由。15世纪以来盛行的这一观点，长期以来在学术界发挥着重要影响。然而，随着历史的发展，人们重新回顾与评价整个历史进程时，就发现这一观点存在着以今释古的偏颇。于是又有人提出中世纪是进步的时代，后来被概括为中世纪进步说。③ 我们今天在评论文艺复兴启蒙意义的时候，首先就要对这一问题进行正确的分析与把握，才能保证得出相对恰当的观点。有学者也对两种观点进行了全面的评析，认为关于中世纪欧洲的"黑暗说"与"进步说"都是片面的，应该结合史实作具体评价。④ 我们认为，人的发现，就其从宗教统治的思想桎梏中解放出来，是完全应该给予肯定的成就。要联系中世纪的历史加以评价的话，在肯定人的发现的人文意义的同时，也不宜过分否定中世纪的成绩。

"地理大发现"对世界近代历史发展有着重要影响。随着哥伦布为代表的近代航海家对新航路的不断开拓，导致了对美洲新大陆的发现。这不但促进了欧洲海外贸易量的剧增，从而激发了近代工业生产的跃进式发展，更为重要的是，地理上的大发现开阔了人们的眼界，在摆脱中世纪那种狭隘的地理观念的同时，

---

① 参见〔瑞士〕雅各布·布克哈特：《意大利文艺复兴时期的文化》，何新译，马香雪校，280～290页。

② 参见张志伟：《西方哲学十五讲》，193页。

③ 参见陈曦文：《修道院与中世纪前期的西欧文化》，载《首都师范大学学报》，1997 (5)。

④ 参见刘心勇：《欧洲中世纪历史地位之反思》，载《史学理论研究》，1989 (1)。

为人们展现出比原来的世界成倍扩大的地域面积，这也就提供了数倍于现实的生存空间与无限的新希望。从这一角度说，"地理大发现"就具有了重要的思想解放的意义，因此哲学家从这一角度进一步将"地理大发现"引申为"自然的发现"①。概括起来，"地理大发现"对现代化的意义主要可以从以下两方面加以理解：（1）彻底破除了传统观念的束缚，使得人类活动的舞台由大陆转向海洋，这是人类文明发展取向的创造性突破，标志着人类社会走向现代化世界的最早起步；②（2）美洲"发现"后，迅速建立起来的殖民体系，使欧洲、美洲、非洲和亚洲都纳入到世界资本主义市场中来，为世界资本主义经济体系的形成创造了条件；③由此可见，"地理大发现"是人们探索自然的一次重要成就。这一活动从思想理论上打开了人们的视野，促进了现代化的进程。

"科学的发现"没有像"人的发现"和"地理的发现"那样流行和家喻户晓。然而这一发现的意义在于用新的科学知识完成了对原有人类世界观与方法论的突破。人们开始把理性作为知识的权威与是非的标准，而不再把中世纪所信奉的上帝与神明作为标准。这实际上完成了人们思想上的一次重要的革新与解放，为走向以工业文明为标志的现代化社会提供了新的知识基础与信仰根据。因此，我们称之为科学的发现。所以，有学者认为"16世纪近代自然科学的兴起，既是后期文艺复兴的主要内容，也是人类科学史上的一次革命。科学的进步对于解放生产力和改变人们的世界观，具有同等重要的作用"④。这一时期完成重要科学发现的领域主要是天文学。主要代表人物是波兰人哥白尼、意大利人布鲁诺、伽利略和德国人开普勒。正是由这四个人完成和完善了"天文学上的哥白尼式的革命"。这种所谓的天文学革命，主要是针对教会所信奉的"地心说"提出了"日心说"，这就从当时科学知识的核心观念上完成了对教会信条的革命。"日心说"由哥白尼在1543年出版的《天体运行论》一书中提出来。哥白尼提出这一观点的时候，已经预料到将引起当时处于统治地位的教会的镇压，所以他在世的时候没有公开出版自己的这一著作，在他死后这一观点才公之于世。此后意大利学者布鲁诺接受了"日心说"，并提出宇宙是无限的观点。由于受到这些新知识的影响，布鲁诺大力宣扬无神论，1600年被教会作为异端烧死

---

①　赵敦华：《西方哲学简史》，164～168页，北京，北京大学出版社，2001。
②　罗荣渠：《15世纪东西方航海取向的比较研究》，载《历史研究》，1992（1）。
③　李慎之：《哥伦布远航美洲500周年的几点感想》，载《拉丁美洲研究》，1991（6）。
④　齐涛主编：《世界通史教程教学参考·近代卷》，14页，济南，山东大学出版社，2005。

在火刑柱上。伽利略制造出望远镜，用实际观测证明了"日心说"的正确性。开普勒则归纳出行星运动三大规律，纠正了哥白尼关于行星沿圆形轨道围绕太阳运行的观点，提出行星是按椭圆形轨道围绕太阳运行的观点。

二、宗教改革：信仰的启蒙

宗教改革是继文艺复兴突出人的主体地位以及开始寻找新的思想基础之后，进一步从信仰的层面完成了对传统教会控制的突围，我们称之为信仰的启蒙。

在启蒙的意义上，有观点认为："与文艺复兴相比，16世纪在德国爆发的继而席卷西欧的宗教改革是一次规模更大、影响更为深远的新兴资产阶级的反封建斗争。它进一步瓦解了中世纪的封建结构，从而在更大范围内确立了新兴资产阶级在政治上、经济上和思想上的统治地位。"[1] 对于这次宗教改革的意义，人们也作了全面的分析与总结："席卷西欧的宗教改革是一次披着宗教外衣的资产阶级革命，它全面冲击和瓦解了中世纪的封建结构。首先，宗教改革及三大新教派的创立，大大缩小了罗马教廷的势力范围，罗马教皇在西欧的一统天下从此一去不复返了。这是对西欧封建制度的中心最沉重的打击。其次，宗教改革剥夺了教皇和教会贵族的特权，没收了教会的大批土地和财产。这不仅有助于专制王权的加强，适应了新兴资产阶级的需要，同时在一定程度上动摇了封建土地所有制体系。再次，新教特别是加尔文教的教义不仅鼓舞了新兴资产阶级进取精神，也符合他们'自由'、'平等'关系的需要。可见，宗教改革加速了西欧向资本主义的过渡进程，为资产阶级革命开辟了道路。"[2]

正如马克思所看到的那样："要想把每个国家的世俗的封建制度成功地各个击败，就必须先摧毁它的这个神圣的中心组织。"[3] 宗教改革正是从作为世俗封建制度思想核心的宗教信仰层面完成了对其思想基础的解构。从这一角度出发，宗教改革是对文艺复兴唤醒人的主体意识，从而所体现出的个人主义精神的进一步表彰。在人文精神的感召下，开始了对神权与政权联合控制的封建制度的革命。因此，我们可以说这是启蒙的进步和深入，是一种走向实际行动，走向用新的思想来建设新时代的实践的开始。这一实践的成功，促使人们在未来全面地展开抛弃旧的封建时代，走向新的工业时代的实践运动。这种运动将进一步深入到对适应新的工业文明的资产阶级新式政治制度的实验上来。

---

① 齐涛主编：《世界通史教程教学参考·近代卷》，15页。

② 同上书，19页。

③ 《马克思恩格斯选集》，2版，第3卷，705页，北京，人民出版社，1995。

三、政治制度现代化：实践的启蒙

新兴的工业文明不断发展，新兴的资产阶级为了适应不断扩大的生产规模以及不断提高劳动效率的要求，就开始把改革的目标进一步深化到政治制度层面上来。17、18世纪的西欧先后经历了改革与革命的交替运行，最终以革命的方式迎来了伟大的资产阶级革命时代，为资本主义生产方式的确立完成了制度转换，形成了新的资产阶级政治制度模式。这期间，启蒙运动先是以理论指导这场从农耕文明向工业文明迈进的伟大变革，同时又不断总结近五百年的经验，丰富与完善并最终形成支撑现代社会制度的政治思想理论，从而也就完成了从理论到实践的启蒙运动。因此，完整意义上的启蒙运动，既是接续近代自文艺复兴以来的思想解放的创新运动，同时也是参与新旧时代转换的革命实践运动。

（一）君主专制时代的历史转折意义

近代历史在由农耕文明向工业文明的翻天覆地式的转变中向前发展。在经历了文艺复兴所引发的人文精神的洗礼和宗教改革的信仰转换的连续突破后，在16世纪经历了一个短暂的新旧交替的过渡时期。在这一过渡时期内，人们已经开始调整现实的社会制度，使其与历史发展相协调。但是，由于当时作为旧时代代表的封建势力依然很强大，新兴的资产阶级还不能完全取代他们，所以在以英国、法国为代表的西欧国家先后经历了专制王权的时代。

这一时期的专制王权在制度层面上主要是以君主专制的形式表现出来的。我们之所以说这是一种新旧交替时期的过渡性制度设计，是因为这种君主专制制度既不同于中世纪政教联手的封建专制，也不同于后来的资产阶级革命成功后所形成的以代议制度为特点的现代资本主义国家的政治制度。这种制度以当时的英国、法国、俄国为代表，其中英法两国最为典型。在这两个国家，随着新兴资产阶级的不断发展壮大，封建贵族阶级日益衰落。这种新旧势力此消彼长的状况发展到16世纪初，达到了一个势均力敌、不相上下的时期，每一个阶级都不足以完全压倒对方。这时，他们又不约而同地希望借助国王来维护自身利益。于是，君主成为他们相互制衡的共同依靠力量。这样就形成了君主专制的政权模式。

在英国，这种君主专制实行于英国封建主之间的内战——"玫瑰战争"结束后，1485年亨利七世上台后形成的都铎王朝时期（1485—1603），以及此后经历了革命与复辟的斯图亚特王朝时期，到1688年"光荣革命"后，才宣告了君主专制时代的结束。

法国的专制王权统治也是阶级关系变动的产物。当法国的新兴资产阶级与封建贵族力量进入均衡竞争期的时候，君主专制制度开始产生。法国的君主专制萌芽于路易十一统治时期（1461—1483），到法兰西斯一世统治时期（1515—

1547）基本确立，到了路易十四时期（1643—1715后），法国的君主专制达到顶峰，同时也就陷入深刻的危机中。

随着历史发展，新兴资产阶级力量不断壮大，就要对这种束缚工业化生产的政治制度进行调整。这种调整由于受到传统既得利益者——封建贵族势力的强烈抵制，最后就不得不以革命的方式加以实现。同样，这种革命就是由传统上实行君主专制国家开始的，首先由西班牙统治下的尼德兰取得胜利，接着在不断总结经验形成的启蒙思想引导下，终于形成了17、18世纪的资产阶级革命时代，其结果是使资产阶级的政治制度在全球范围内得以最终确立，同时也就宣告了工业文明时代的全面来临。

（二）尼德兰革命——新型政治制度的早期实验

在资产阶级革命时代全面来临之前，16世纪发生的尼德兰革命是第一个取得胜利的资产阶级革命。这一革命的胜利为此后资产阶级革命时代的全面来临积累了宝贵的经验，也鼓舞了后来者的信心和勇气。16世的尼德兰地区大致相当于今天的荷兰，当时的尼德兰处于西班牙的统治之下。由于西班牙的统治者对这一地区的残酷剥削与压榨，同时对新兴的资本主义生产方式及商业活动的打击以及对人们信仰新教的镇压，引发了人民的日益不满。1566年8月，在一些工业城市先后爆发了以平民为主的"破坏圣像运动"，拉开了尼德兰革命的序幕。经过80多年的斗争，到1648年西班牙统治者签署了《威斯特伐利亚和约》，正式承认了当时联省自治的共和国的独立地位。这样，经由尼德兰革命，荷兰成为人类历史上第一个资产阶级共和国。

（三）启蒙运动与资产阶级革命时代的来临

尼德兰革命宣布了资产阶级革命和立国时代的来临。这一革命的胜利鼓舞了与其同时代的其他国家新兴资产阶级争取政治权利的革命信心。与此同时，启蒙运动渐入佳境，不断为资本主义时代的来临提供成熟的思想理论指导，为西方全面进入高歌猛进的革命时代，提供了重要的思想资源。

首先，17、18世纪是资本主义势力发展壮大，开始超越原来封建势力的时期。在这一重要时期，启蒙思想家们所提出的思想，为新兴生产力的代表阶级提供了思想武器，满足了他们顺应历史发展潮流，推翻阻碍工业文明发展的封建制度的需求。

其次，启蒙运动是在文艺复兴反对神权的基础上，进一步吸收了近代理性主义的思想成果，用理性代替了神明，为人的思想解放找到了知识论的基础。

最后，启蒙运动吸收了近代科学革命的成果，增强了人类改造世界的信心。以牛顿力学为代表，到17、18世纪，近代自然科学得到了长足发展，有人将这一时期自然科学的发展称为科学的革命。这是因为当时所取得的科学成就，在诸多领域基本上都形成了对传统思想的革命性突破。这些成就提高了人类对自然规律的把握能力。于是就有了一股征服自然和改造自然的思潮兴起。既然自然规律可以把握,人类的社会规则同样也可以由人类自己把握,而不受神权与封建贵族的控制。

因此,启蒙思想家提出了系统的资产阶级国家政权的成熟理论,为人们接过文艺复兴以来思想解放的大旗,完成近代历史转换的最后一搏,提供了具有可操作性的思想学说。因此,我们可以说启蒙运动不仅仅是一场理论运动,更是一场把近代四五百年以来的广义的启蒙运动变为现实的伟大实践运动。

(四)现代资本主义国家政治制度的探索

在启蒙运动的高潮时期,欧美各国都掀起了猛烈的革命运动,为建立现代化国家而斗争。以英、美、法为代表的一些国家先后取得了资产阶级革命的胜利,并在此基础上创立了今天普遍应用的资本主义政治制度的主要模式。因此,17、18世纪是一个思想启蒙与社会革命同步进行的时代,所以也常常被称为革命的时代。新兴资产阶级通过革命胜利,将启蒙运动的成果以新型的政治制度模式加以制度化的确立,使自文艺复兴以来的现代化运动得到了最终的实现。

1. 英国光荣革命后君主立宪制度的确立

从斯图亚特王朝开始,英国新兴资产阶级势力开始了同封建贵族的斗争,先后经历了议会内部的斗争、国内战争和最后的"光荣革命",最后取得了历史性的胜利。"光荣革命"胜利后,1689年2月,威廉正式即位,当上了英国的国王,即历史上的威廉三世。同年3月,英国国会通过了《权利法案》,系统地限定了国王的权利。在《权利法案》的制约下,首先英国的国王必须是新教教徒,这样就防止了代表落后势力的天主教在英国重新获得精神统治地位的可能;其次国王的军事指挥权力、司法权力以及财政权力都要在议会的许可下才能得以完全行使。这样,《权利法案》提高了议会的地位,限制了国王的权力。此后,经过近一个世纪的发展与完善,逐渐形成了以两党制为标志的君主立宪制度。这样,英国就为新的工业文明探索出第一种新的政治制度模式。在这样的政治制度下,一方面保留了国王这一传统的政治领袖的符号,照顾了人民的传统心理;另一方面,国王的权力要在议会限制的范围内行使,这样又防止形成封建时代的专制王权。这样就为新兴的资产阶级与原有的各种势力形成相互协商,共同管理国家探索出一个继往开来的政治制度。这一制度,对近代西方国家走向现代化产生了广泛影响。

2. 美利坚合众国立国与民主共和制度的建立

1492年,哥伦布率领西班牙殖民者登上美洲大陆,揭开了美洲作为欧洲殖民地的历史。这同时也是一部美洲土著居民的血泪史。在这片土地上,先后驰骋过西班牙、葡萄牙、法国、英国和瑞典等殖民主义者的铁骑。最终，英国在1763 年的美洲殖民争霸战争中，击败法国，获得了加拿大以及密西西比河以东的包括 13 处重要殖民地的广大区域的统治权。由于长期以来遭受殖民统治者的残酷剥削，1775 年 4 月 19 日，在来克星顿打响了北美独立战争的第一枪，到1781 年 10 月 19 日，以美国胜利宣告结束。美国独立战争胜利后，就着手构建新的国家政权，由此形成了民主共和制度。这一制度最后由美国的 1787 年联邦宪法加以立法确认。按照 1787 年联邦宪法规定，美国中央政府由立法、司法与行政 3 个部分组成。议会是最高立法机关，由参议院和众议院组成。联邦最高法院是国家最高司法机关。总统是国家元首、最高行政长官。这 3 个权力机构之间相互制约，彼此平衡，有利于防止独裁。从而，在英国君主立宪制度的基础上为现代资本主义国家制度确立了另一个模式。

此后，欧美国家在政治革命胜利后，基本上都是在英国的君主立宪或者是美国的民主共和的基础上进行现代国家制度的建设。这样，资产阶级革命的胜利与工业文明时代的全面来临就有了成熟的政治制度保障。

第二节　启蒙运动与现代文化思想的奠基

启蒙运动是一场思想解放运动，更是一场社会实践运动。它指导了资产阶级革命时代的伟大历史实践，确立了适合现代社会的核心文化观念，为现代文化思想的全面形成奠定了基础。启蒙运动为新时代量身打造的新文化思想内容丰富多彩，涉及了社会生活的方方面面。本书选取对此后人类社会的精神生活产生了实质性影响的社会契约思想、三权分立思想与自由主义思想，作为代表加以重点介绍。在此基础上，从宏观角度探讨启蒙所引发的西方文化思想的全面现代化转型。

一、社会契约思想

社会契约思想是自文艺复兴以来，人们不断摆脱封建与宗教双重禁锢过程中形成的新的国家起源理论。实际上，社会契约思想是自然法思想的组成部分，但由于它直接体现了新的国家理念，所以人们往往以此作为启蒙运动在国家理论上的代表性思想。所以，我们今天在整理这一思想时，就要回归到对启蒙运动时期自然法理论的总结上来，这样才能达到逐本溯源的效果。

我们翻阅众多关于启蒙运动的著作，可以发现一个共性问题，那就是启蒙时期所形成的主流思想是社会政治思想。这其中的原因如前所述，从广义启蒙的角度来看，18 世纪所发生的狭义启蒙运动的最重要意义，就是把此前开始于文艺复兴时期的文明形态转型的探索成果，进一步引向国家制度层面的最关键的变革。因为只有在国家制度层面上实现了新型文明形态的制度转型，才标志着启蒙运动的最终实现。

当我们具体考察这一时期形成的新社会政治思想的时候，我们又会发现另一个共性问题，那就是这种新型的社会政治思想的各个理念都是从对自然法理论的分析开始的。较为系统分析自然法思想的人是被称为"近代资产阶级自然法和社会契约论的奠基人"①的荷兰思想家胡果·格老秀斯。"格老秀斯把法分为两大类：自然法（Natural Law）和意志法（Volitional Law），意志法又分为社会法和人为法两种，人为法又分为国际法、国内法和地方法三种，国内法又分为刑法、民法、商法等，在上述所有法律中，自然法是一切法律的依据，它是建立在人性基础上的。"②由自然法理论的分析就必然涉及两个相互关联的基本理论：自然状态理论与社会契约理论。所谓自然状态是指国家出现以前，每一个人作为个体生活在各自为政的天然状态下；所谓社会契约，是指人们在自然状态下生存，由于自然提供的生存条件日益变化，或者人与人之间为了生存而竞争、斗争日趋激烈，难以维护原来的原始状态，通过订立契约进入社会和国家状态。启蒙运动时期的每一个杰出思想家在为新的国家构筑理论体系的时候，几乎都从自然法理论切入，对这两个方面加以论述。这似乎已经成为当时思想理论界的一个共识。自然法理论同时也对整个近代社会政治思想产生了同样深远的影响，有学者认为："近代社会政治思想就是围绕这两个概念（自然状态、社会契约）展开的，几乎每一位讨论社会政治问题的哲学家都有一套'自然状态说'和'社会契约论'。"③

格老秀斯的"自然法是一切法律的依据，它是建立在人性基础上的"理论是我们把握社会契约思想不同流派的重要方法。启蒙运动时期的思想家正是从人的角度出发分析问题，这是对一千多年以神为本的中世纪旧思想的突破。在以人为本的前提下，为新的时代规划国家制度蓝图的时候，对人性的基本判断就成为不同的治国理论的基础，成为不同制度设计的根本依据与出发点。具体地说，西方思想家对人性的判断不外乎两个相互对立的观点：性善论与性恶论。与这两种不同的人性论立场相关联，在社会契约理论的阐述上也形成了两种截然不同的思路。对于这两种不同的社会契约论，我们各选取最有影响的代表人物加以分析。

首先，以性恶论为根据建立社会契约论的代表人物是英国思想家霍布斯。

---

①　马啸原：《西方政治思想史纲》，228页，北京，高等教育出版社，1997。

②　同上书，229页。

③　张志伟：《西方哲学十五讲》，265页。

由于霍布斯出生只比荷兰的格老秀斯晚 5 年，但是又比格老秀斯去世晚 24 年，加上他在启蒙运动中声名显赫，所以也有人把他当作近代社会契约论的创立者。① 霍布斯的政治学说建立在"国家是个物体"的假说基础上，他把精确的洞察物体性质的思维方法运用到"国家"。从某种意义上说，这种思维方式把社会学和政治学的问题改造为一个静力学问题。

霍布斯的自然状态理论显然是建立在人性恶的基础之上。他认为在自然状态下："在没有一个共同权力使大家慑服的时候，人们便处在战争状态下。这种战争是每一个人对每一个人的战争……这样一来，举凡土地的栽培、航海、外洋进口商品的运用、舒适的建筑、移动与卸除须费巨大力量的物体的工具、地貌的知识、时间的记载、文艺、文学、社会等等都将不存在。最糟糕的是人们不断处于暴力死亡的恐惧和危险中，人的生活孤独、贫困、卑污、残忍而短寿。"②

人们在经历了这种长期的恐怖"自然状态"后，开始摸索解决办法。探索成果分为两个阶段：自然法阶段和社会契约阶段。所谓自然法就是在经历过自然状态下的苦难后，大家逐渐认识到通过遵守一些行为规则，就可以避免一些苦难的重复发生。霍布斯将自然法称为自然律，并作了定义："自然律是理性所发现的戒条或一般法则。这种戒条或一般法则禁止人们去做损毁自己生命或保全自己生命的手段的事情，并禁止（反对）人们不去做自己认为最有利于生命保全的事情。"③ 在具体的实行过程中，霍布斯又设计出了若干条主要原则。例如，在这些原则中也有后来被称为"道德金律"的"己所不欲，勿施于人"④；以及"在订立信约之后，失约就成为不义，而非正义的定义就是不履行信约"⑤。从这些论述中，我们可以发现，这些自然律的实行原则基本上是从属行为规范。这种行为规范的保障基本上是道德上的共识或良知，因而其全面落实缺乏真正的保障。霍布斯也发现了自然律的这一特点："自然法在内心范畴中是有约束力的。也就是说，它们只要出现时，便对一种欲望有约束力。但在外部范畴中，也就是把它们付诸行动时，就不永远如此。因为一个人如果持身谦恭温良，在其他人都不履行诺言的时候与地方履行自己的一切诺言，那么这个人

---

① ［德］马丁·摩根史特恩、罗伯特·齐默尔：《哲学史思路——穿越两千年的欧洲思想史》，唐陈译，155 页，北京，中国人民大学出版社，2006。

② ［英］霍布斯：《利维坦》，黎思复、黎廷弼译，94～95 页，北京，商务印书馆，1985。

③ 同上书，97 页。

④ 同上书，97 页。

⑤ 同上书，108～95 页。

便只能让自己作了旁人的牺牲品，必然会使自己受到摧毁，这与一切使人保全本性的自然法的基础都相违背。"① 由此可见，霍布斯是肯定自然法的基本原则的，但是对自然法原则的能否贯彻下去有清醒的认识。为了解决这一问题，霍布斯提出了新的社会契约理论，通过社会契约形成强大的国家，来保证包括自然法原则在内的一切有利于人类社会和平发展原则的顺利执行。

霍布斯提出新的解决方案，就是社会契约的最终结果要形成一个强大的公共权力机构，即国家。霍布斯借用《圣经》中提到的巨兽"利维坦"来比喻他心目中的"国家"。在《圣经》中，利维坦被描述成水中至高无上的巨兽，万物都在它的控制下。霍布斯借用利维坦比喻国家，意图表明国家应该拥有至高无上的权力："这就是一大群人相互订立信约、每人都对它的行为授权，以便它能按其认为有利于大家的和平与共同防卫的方式运用全体的力量和手段的一个人格。"② 同时，霍布斯又认为，代行国家权力的君主就应该拥有绝对的权力："按照法律说来，不得到这人的允许便不能在自己之间订立新约，在任何事物方面服从任何另一个人。"③ 为此，霍布斯也用了大量篇幅论述君主制度是最为理想的制度。

总体上说，霍布斯的社会契约思想是从以人为本的角度出发立论的，这相对于此前中世纪长期以神为本的社会政治思想，无疑是一个根本性的进步。他的自然法理论，对于此后形成的现代社会行为规范具有实质性的影响，而其社会契约论中的国家权力至高无上的思想则容易导致新的专制思想的产生，因而具有一定的保守性，仍然是封建专制思维的残余影响。无论如何，霍布斯形成的系统的社会契约思想为人们的继续探索打下了基础。此后的思想家正是通过或者对霍布斯的思想进行完善与补充，或者通过与霍布斯采取相对立的方法继续解决自然法不能完成的社会制度问题，来发展完善社会契约论思想，最终形成了现代社会赖以构建社会秩序的现代民主与国家制度。

其次，以性善论为基础建立社会契约论的代表是洛克。在霍布斯之后，继续发展社会契约思想并卓有成就的思想家主要有德国的普芬道夫、荷兰的斯宾诺莎和英国的约翰·洛克、法国的卢梭。其中，普芬道夫、斯宾诺莎、洛克采取了与霍布斯对立的立场，主张君主执行社会契约所赋予权力的时候，要受到人民的监督和制约；而卢梭则把霍布斯的君权至上的思想进一步发展，甚至出现了新的独裁的苗头，因此也成为法国大革命的重要思想资源。这里，

① ［英］霍布斯：《利维坦》，黎思复、黎廷弼译，120 页。
② 同上书，132 页。
③ 同上书，134 页。

我们主要以洛克思想为代表,来展示另一种与霍布斯采取相对立场的社会契约论思想。

洛克的自然状态理论认为人类在自然状态下本来拥有原始的自由与平等权利。与霍布斯不同的是,洛克并没有把人性看作先天是恶的,而是认为人类在自然状态下本来都是自觉维护和平状态的,只是后来由于人为的行为日渐不理智,才破坏了原始的和谐。正如他在《政府论》中所说:"那(自然状态)是一种完备无缺的自由状态,他们在自然法的范围内,按照他们认为合适的办法,决定他们的行动和处理他们的财产和人身,而毋需得到任何人的许可或听命于任何人的意志。"①

正是由于这样的自然状态观念,所以洛克对自然法也作了理性的描述:"而理性,也就是自然法,教导着有意遵从理性的人类:人们既然都是平等和独立的,任何人就不得侵害他人的生命、健康、自由或财产。"② 尽管对自然状态下人性的认识不同,也对自然法赋予了理性的高度,但是同霍布斯一样,洛克也看到了自然状态的缺陷以及自然法的无力。这也同样成为他进一步完善社会契约论的原因。所以,我们这里从社会契约的原因、社会契约的内容及其意义来分析洛克的社会契约思想。

洛克虽然认为人们在自然状态下过着自由而平等的生活,但是他认为这种自由与平等的生活状态是极其不稳定的,很容易被破坏。这种不稳定主要是由于自然状态存在着三大缺陷:"第一,在自然状态中,缺少一种确定的、明文规定的、众所周知的法律,为共同的同意接受和承认为是非的标准和裁判他们之间一切纠纷的共同尺度;第二,在自然状态中,缺少一个有权依照既定的法律来裁判一切争执的知名的和公正的裁判者;第三,在自然状态中,往往缺少权力来支持正确的判决,使它得到应有的执行。"③ 正是由于自然状态下有这些重大缺陷,所以人们要通过契约建立国家,利用国家的权力来保证自己的利益处于安全与稳妥的环境下。为此,洛克对当时条件下可能采取的国家形式进行了详细解析。他认为,人们通过订立契约后,随着时间的推移,权力的演变,可能形成的国家形式有民主制国家、寡头制国家、君主制国家(又分为世袭君主制和选任君主制)。洛克坚决反对君主制,主张对君主的权力加以限制,这为以后形成的现代西方民主制度作了前瞻性的探索。

洛克认为:"政治权力是每个人交给社会的他在自然状态中所有的权力,

---

① [英]洛克:《政府论》,下卷,叶启芳、瞿菊农译,5页,北京,商务印书馆,1983。

② 同上书,6页。

③ 同上书,77~78页。

由社会交给它设置在自身上面的统治者，附以明确的或默许的委托，即规定这种权力应用来为他们谋福利和保护他们的财产。"① 因此，如果统治者滥用权力就会被认为是暴政："暴政便是行使越权的、任何人没有权利行使的权力，不是为了处在这种权力之下的人们谋福利，而是为了获取自己私人的单独利益。"

为了预防暴政的产生，在启蒙思想家中，洛克提出了最具有可行性的分权理论，我们这里可以概括为"二权分立"思想。由于洛克在自己的著作中，用专门的章节探讨了"立法权、执行权和对外权"。所以，有学者认为洛克的分权理论是早期的"三权分立"说，认为"为了防止君主专制，洛克提出了权力分散、互相制约、三权分立的'分权'学说，主张国家的立法权、行政权和联盟权（外交权）分由不同的部门掌握，不要集中在政府和君主一人之手。"② 然而，我们通过仔细阅读洛克对这三种权力关系的论述发现，洛克的原意应该是让执行权和外交权合二为一的："每个社会的执行权和对外权本身确是有区别的，但是他们很难分开和同时由不同的人所掌握；因为两者的行使既然都需要社会的力量，那么把国家的力量交给不同的和互不隶属的人们，几乎是不现实的；而如果执行权和对外权掌握在可以各自行动的人的手里，这就会使公共的力量处在不同的支配之下，迟早总会导致纷乱和灾祸。"③ 因此，我们要为洛克的分权理论正名，它是三种权力背景下的"二权分立说"。

洛克为了防止出现暴政的另一个理论设计是人民反抗暴政权力说。他认为："如果人们在完全处于暴政之下以前没有逃避暴政的任何方法，他们就不能免遭暴政的迫害。因此，他们不但享有摆脱暴政的权力，还享有防止暴政的权力。"④ 这种思想，也可以说是对人民主权思想的具体阐发。

总之，洛克的契约论思想的鲜明特点是主张对君主的权力进行限制，并提出了具体的权力分立说以及防止暴政思想。这些都为现代政治思想的成熟奠定了整体框架。现代西方民主制度不论是君主立宪制，还是议会民主制，以及保证这些民主制度实行的"三权分立"制度都是吸取了洛克思想的精华演变而成。因此，有观点认为"整个启蒙运动的哲学都受到洛克思想的影响，不仅如此，1776 年的美国独立战争和 1789 年法国国民议会通过的《人权宣言》也深受洛克思想的影响。分权的原则形成了所谓'君主立宪'议会制的基础，这种制度

① ［英］洛克：《政府论》，下卷，叶启芳、瞿菊农译，105 页。
② 张志伟：《西方哲学十五讲》，272 页。
③ ［英］洛克：《政府论》，下卷，叶启芳、瞿菊农译，91 页。
④ 同上书，131 页。

通过宪法和立法限制君主的权力。直到今天，它还是议会民主制度的基础。"①

二、三权分立思想

启蒙运动摆脱中世纪封建专制与神权专制相互结合形成的政教合一专制制度的成功标志，是三权分立思想的形成。启蒙运动时期所发展与完善起来的三权分立思想因此也成为现代西方民主制度的核心思想之一。这一制度的形成与发展，洛克与孟德斯鸠作出了最为重要的贡献。如上所述，洛克提出了立法权、执行权和外交权三种权力区分背景下的立法权与执行权分开的"二权分立"说，为三权分立说提出了基本思路。孟德斯鸠在此基础上，提出了立法权、司法权与行政权分开的说，最终完成了这一学说体系的构建。

孟德斯鸠是在洛克反暴政理论的前提下，继续探讨经过社会契约后，公民个人的自由权如何得到保证，同时又与法律制度相协调的问题，从而继续发展与完善了权力分立的思想。孟德斯鸠认为："在一个国家里，也就是说，在一个有法律的社会里，自由仅仅是：一个人能够做他应该做的事情，而不被强迫去做他不应该做的事……自由是做法律所许可的一切事情的权利，如果一个公民能够做法律所禁止的事情，他就不再有自由了，因为其他的人同样会有这种权利。"② 但是，孟德斯鸠也清醒地认识到经由契约形成的公共权力存在被个人滥用的危险，因此他也对这一问题进行了制度设计："不过一切有权力的人都容易走向滥用权力，这是一条千古不变的经验。有权力的人直到把权力用到极限方可休止。谁能料想到，道德本身也需要界限！从对事物的支配来看，要防止滥用权力，就必须以权力制约权力。可以有这样一种政体，不强迫任何人去做法律所不强迫他做的事，也不阻止任何人去做法律所许可他做的事。"③ 因此，孟德斯鸠对国家的权力进行了三分："每个国家都有三种权力：立法权、对有关国际法事务的执行权和对民法有关事务的执行权。根据以上的第一种权力，国王或执政官制定临时的或长久的法律，并且修改或废止原来制定的法律。根据第二种权力，作出讲和或宣战的决定，派遣或接纳使节，维护公共安全，防御侵略。根据第三种权力，惩治犯罪或仲裁民事争端。我们称后者为司法权，而把第二种权力简称为国家的行政权。"④

孟德斯鸠通过分析这三种权力不加分离可能出现的弊端，来证明三权分立

---

① ［德］马丁·摩根史特恩、罗伯特·齐默尔：《哲学史思路——穿越两千年的欧洲思想史》，唐陈译，162 页。

② ［法］孟德斯鸠：《论法的精神》，上册，张雁深译，154 页，北京，商务印书馆，1961。

③ 同上。

④ 同上书，155 页。

的科学性："如果司法权和行政权集中在同一个人之手或同一机构之中，就不会有自由存在。因为人们会害怕这个国王或议会制定暴虐的法律并强制执行这些法律。如果司法权不与立法权和行政权分立，自由同样也就不复存在了。如果司法权与立法权合并，公民的生命和自由则将任人宰割，因为法官就有压制别人的权力。如果同一个人或者由显要人物、贵族和平民组成的同样的机构行使以上所说的三种权力，即立法权、司法权和行政权，后果则不堪设想。"① 为了防止政府重新沦为专制，孟德斯鸠谨慎地选择了三权分立这种混合政府的形式。他认为用互相制衡的方法可以把现存的国家形态纳入一个能够控制的理智格局，达到整体的和谐。为此，孟德斯鸠通过旁征博引历史上各种国家制度在权力运行方面的经验与教训，来论证三权分立的历史先进性。最有启发性的是，孟德斯鸠最后并不给出具体方案，而只是给出一个总体原则，为各个不同历史背景国家根据各自的历史与国情设计具体方案留下创造的空间："我想研究我们所知道的所有温和政体中的三权分配情况，并依此来评价在每一种政体中能够使人享有自由的程度。但不应该老是对一个问题要追根问底而不留给读者什么，应该不是让人去阅读，而是让人去思考。"② 孟德斯鸠的这部著作不仅仅是对各种形态和类型的国家制度——专制制度、立宪君主制与共和制作经验的描述，而是按它们所有组成的力量把它们建构起来。要使这些力量起到适当的作用，要说明它们如何被用以造就一种能够实现最大限度自由的要求的国家制度，我们必须认识这些力量。③

　　孟德斯鸠对于三权分立思想的贡献主要是在洛克的立法权与行政权分立的基础上，又将司法权分立出去，形成了完整的三权分立思想，成为西方现代民主制度的重要基石，同时也最大限度地处理好个人自由与公共权力行使之间的关系。这是"西方现代民主政治体系形成的一个重要标志"④。

三、自由观念

　　近代以来主导政治、经济、文化现代转型的核心思想之一的自由主义是启蒙运动时期广泛传播的一个核心观念。亚当·斯密被尊为整个自由主义观念的鼻祖。亚当·斯密指出经济自由社会的政府职能是保护国家，维护公共秩序，提供公共物品，同时也指出个人自由是自由原则的基础，在一个既定的、合理

①　[法]孟德斯鸠：《论法的精神》，上册，张雁深译，156 页。
②　同上书，187 页。
③　参见 [德]恩斯特·卡西尔：《启蒙哲学》，2 页，济南，山东人民出版社，1988。
④　[德]马丁·摩根史特恩、罗伯特·齐默尔著，唐陈译：《哲学史思路——穿越两千年的欧洲思想史》，163 页。

的法律体系下，政府和社会应尽可能给予人们以自由。这种对于自由思想的讨论已经超出了狭隘的经济学范畴。

对于这个问题的探讨，约翰·密尔比斯密又进了一步。密尔的《论自由》可以看作是理解资本主义思想体系和现代社会的一把钥匙。密尔看到了自由主义作为一项政治原则导致的恶果，如利益集团的激烈竞争、多数人的专制、社会对个人专制。解决这一现代政治的难题是密尔讨论自由问题的目的所在。密尔指出，所谓的人民意志实际上只是最多的或者最活跃的一部分人民的意志，亦即多数或者那些能使自己被承认为多数的人们的意志。结果是，人民会压迫自己中的一部分。这种"多数人的暴政"比其他种类的政治压迫更可怕，它虽然不常以极端性的刑罚为后盾，却使人们很少有逃避的办法，这是由于它深入生活细节更深得多，由于它奴役到灵魂本身。① 在密尔看来确定个人和集体权力的界限，防止个人权利不受集体的侵蚀是人类事务中的首要问题。

洛克在历史上被称作是"光荣革命"的发言人。他与霍布斯的观点不同，自由观念构成了他的政治学的核心思想，但是他所主张的自由要以法律和不妨碍他人为界限，即"在他所受约束的法律许可范围内，随其所欲地处置或安排他的人身、行动、财富和他的全部财产的自由"②。这样就为现代自由观念划定了界限。此后，卢梭在《社会契约论》开篇的那句名言"人是生而自由的，但却无往而不在枷锁之中"③，虽然常常被理解为卢梭对当时人的自由受到限制的反映，但是也从侧面反映出启蒙时代对自由观念的界定。

综上所述，启蒙运动适应了历史发展趋势，为人类社会全面走向工业文明作出了最后的理论建构，形成了具有可操作性的政治思想、经济思想和哲学思想。启蒙运动所形成的这些重要的文化思想，成为近代以来所形成的人类新的精神体系的核心价值，成为作为现代社会标志性观念的自由、平等、民主等的精神基础，也就成为现代人类精神家园的宝贵财富。

四、启蒙运动与文化思想的现代化转型

启蒙运动树立起理性的精神，成为新时代的精神支柱，从而也从精神信仰上摆脱了宗教的控制，为形成新时代的精神面貌打下了基础。因此，我们可以说启蒙运动引发了社会文明形态的全面更新，即从农业社会向工业社会的转变。在社会文明形态转折的历史主题下，启蒙运动导致了文化思想的全面转折：在信仰层面，从宗教主导向理性主导转变；在知识层面，以理性为中心导致了知

---

① ［英］约翰·密尔：《论自由》，程崇华译，4～5页，北京，商务印书馆，1982。

② ［英］洛克：《政府论》，下卷，叶启芳、瞿菊农译，36页。

③ ［法］卢梭：《社会契约论》，何兆武译，8页，北京，商务印书馆，1982。

识生活的世俗化；在政治层面，从封建专制到现代民主制度的转变。

（一）信仰：从宗教主导向理性主导的转变

启蒙运动将理性视为信仰的根据。实际上从中世纪经院哲学用古希腊哲学论证信仰开始，理性与信仰结合的传统就已经形成，只不过中世纪由于神学信仰占主导地位，理性只能作为证明神学的工具存在，所谓"哲学成为神学的婢女"正是这一时期理性地位的一个具体写照。

然而，到了启蒙运动时期，理性与信仰的地位就发生了逆转。启蒙思想家高扬理性旗帜，反对中世纪形成的神学禁锢，使人们的思想从长时期的神学束缚下解放出来，开始全面否定封建时期封建专制与宗教专制相结合的政教合一体制，探索适合工业社会形态的新政治体制。于是，理性就成为最高的标准，人们用理性的标准来重新思考人们的精神世界，逐渐形成了自由、平等、人权、民主等新的社会核心价值，为构建新的工业社会的精神世界准备了条件。

总之，启蒙运动所推崇的理性精神，是对以笛卡儿为代表的欧洲大陆理性主义哲学思想的实践与应用。正如理性主义哲学家在思想上突破了传统的思维束缚，启蒙思想家将这一思想觉醒应用到社会实践中去，在建立新的生活方式中，用人的理性代替了神的启示，无疑成为启蒙思想家新的精神归宿。

（二）知识生活的世俗化

1. 科学技术与生产结合日益紧密

启蒙运动是在与自然科学互动进程中进行的。一方面，17、18世纪的自然科学成就，显示出理性所具有的强大力量。另一方面，人们在启蒙运动中也开始反过来用理性精神不断地将科学技术的最新成果引进到现实的生产中，使自然科学的进展与世俗生活的改进同步。从这一立场出发，我们认为18世纪后半期的工业革命过程及其成就正是最好的例证。首先，我们认为工业革命能够最早在英国发起，虽然原因很多，但最重要的原因就是英国在"光荣革命"后，最早按照启蒙思想家的政治主张建立了现代君主立宪制政体，为加快工业化进程提供了制度保障。其次，我们知道，工业革命是以生产技术的革新为重要标志。无论是蒸汽机在棉纺织业的应用，还是在现代交通业的应用，都形象地说明人们开始不断加快将科学技术新成果引入社会生产的步伐。当工业革命在英国取得成功，并迅速向欧洲大陆其他国家以及美洲新大陆扩展的时候，科技与生产紧密结合就成为一个普遍现象。

2. 社会科学的世俗化

中世纪欧洲传统的社会科学往往是以理论思辨为主要特征。这当然与农业社会生产技术长期稳定在一个水平上的历史特点有关系，同时也与经院哲学中神学主宰理性的地位有关。然而，到了启蒙运动时期，与整个社会从农业文明向工业文明的转变相关联，社会科学各学科也开始注意探索人类社会面对千年未有之大变局，在面临生产生活方式巨大转变的重大现实问题时，应该如何应对的问题。鉴于工业化是以科学技术进步带动生产进步为主要方式，因此生产领域的问题由自然科学完成，而社会生活领域的问题则责无旁贷地落到了社会科学肩上。事实上，此后的社会科学研究也体现出了明显的时代感，那就是社会科学的研究旨趣日益体现出世俗化的特点。

首先，我们来看经济领域的研究。众所周知，与启蒙运动交错进行的工业革命时期形成了经济自由主义思想。如果我们从这些经济学家采取的方法上分析，就会发现他们正是从关心生活中的现实问题入手，才完成了理论革新。重农学派最先把研究的目光转移到对国家与社会生产和人民生活关系的研究上来，这样才会提出反对国家过度干预经济发展，主张经济活动更加自由的思想。这一思想在亚当·斯密那里得到了系统的论述。

其次，我们看哲学领域的研究。启蒙运动时期的哲学思想成就主要是以政治哲学为代表。政治思想显然是社会生活制度构建的基础，体现出了关注世俗生活的特点。我们这里还可以通过对启蒙运动中形成的早期功利主义思想的分析，进一步理解这一特点。早期功利主义思想是启蒙思想家爱尔维修提出来的。爱尔维修认为哲学研究的对象是人的幸福，而人的快乐和痛苦取决于人的肉体感觉。因此他主张："精神的全部活动就在于我们具有一种能力，可以觉察到不同的对象之间的相似之处或相异之处，相合之处或相违之处。然而，这种能力无非就是肉体感受性本身，因此一切都归结到感觉。"[①] 人们肉体的感觉使人们在自爱的原则下，支配人的行动，人的行动以利益为准绳。个人利益与社会利益相协调的关键取决于社会环境。这些功利性的理论体现出以人为本，而不是以神为本，使哲学从天上回到人间。

无论是经济领域对民生的重点关注，还是哲学领域功利主义鲜明的现实利益眼光，都体现出启蒙运动所开启的全面现代化进程中，社会科学越来越放下身段，紧密联系生产、生活的实际问题，表现出鲜明的世俗化特征。

（三）政治：从封建专制到现代民主制度的转变

如果我们从宏观的角度来看待启蒙运动的意义，要首推政治思想的变革。正是政治思想的变革使社会主流的政治理念实现了从封建专制到现代民主制度的转变。这一转变也被此后不断发生的各国政治体制变革所普遍采纳。这样，启蒙思想家所设计的现代化国家制度方案就被其后的历史所选择，实现了人类

---

① 北京大学哲学系外国哲学史教研室编译：《西方哲学原著选读》，下卷，169 页。

社会伟大的政治现代化变革。这一变革的要点简要概括如下：

在个人与国家的权利方面，提出了天赋人权和自然权利说，实现了对封建专制权利说的转变；

在国家起源方面，提出了社会契约论，进一步从国家制度建构层面肯定了人民主权；

在国家政治体制上，提出了以代议制为特点的现代宪政民主制度和三权分立的决策原则，从制度设计上防止了独裁与专制。

综上所述，启蒙运动为人类走向工业文明时代建立了新的精神世界，设计了新的生活方式，建构了新的社会与国家运行机制，全面开启了人类现代化的征程。

第八章　工业革命时期的文化思想

从 18 世纪后半期到 19 世纪 70 年代初，以英国工业革命为先导，资本主义制度在欧洲完成了由萌芽到成熟的过程。以资本主义世界统一市场的形成为核心，世界从分散走向整体。工业革命是这种整合运动的动力，国际关系格局的变化是它的外在表现。工业革命最重要的思想效应就是促进了资本主义思想体系的成熟。我们总结工业革命的历史，就是为了考察资本主义思想家对工业革命的反应，及由此形成适应新的工业化时代的思想体系。这一思想体系涵盖了政治、经济、哲学与社会学等诸多学科。其中，现代国家观念的成熟、经济自由主义思想的成熟和功利主义哲学思想的盛行是工业革命时期最有代表性的文化思想。与此同时，早在工业革命将现代化推向高歌猛进的快车道的时候，也初步展现了现代化所带来的问题。

第一节　工业革命的历史进程

18 世纪 60 年代，以大机器生产和广泛采用蒸汽动力为标志的工业革命首先开始于英国的棉纺织业，此后，扩展到西欧和北美。法国在拿破仑帝国崩溃后，政局趋于稳定，工业革命迅速展开，到 60 年代末，法国基本完成了工业革命，工业生产居世界第二位，是仅次于英国的工业国家。从英属殖民地独立出来的美国凭借着得天独厚的条件，于 19 世纪中期完成了工业革命。德意志的工业革命晚于英、法、美三国，到 19 世纪 30 年代才起步，普法战争不仅使德国实现了统一，而且加速了工业革命的进程，到 70 年代末，德国完成了工业革命。19 世纪 80 年代末，俄国基本完成工业革命；80 年代中期，经过明治维新的日本出现了工业革命的高潮。

机器和资本改变着世界。工业革命不仅仅是一场技术革命，它更是一场深刻的社会变革；它不仅改变了自然界，而且改变了人本身。劳动力从农村流向城市，生产方式的改变引起了人们生活方式和价值观念的改变。世界在一体化的进程中也在不断地分裂。工业革命为什么首先在英国发生？各个国家的工业革命有什么样的连带关系？这些问题是我们研究工业革命及其影响时，首先要回答的问题。

一、第一次工业革命及其后果

17 世纪英国的毛纺织业开始受到来自印度和中国的物美价廉的棉纺织品的竞争。于是英国国会在 1700 年颁布法令，禁止输入棉织品，从而导致了棉纺织品价格上涨，刺激了英国棉纺织业的发展。由于海外市场的压力，英国的棉纺织品不得不提高质量，降低成本，以满足国内市场的需求，迎接国际市场的竞争。棉纺织业的技术革新已经是个急迫的问题了。轻工业需要的投资少，资本周转快，获利容易。在轻工业中，棉纺织业是新兴产业，不像毛纺织业那样受到封建行会和传统法规的束缚，改变人类进程的工业革命就在这个新兴行业中悄然发生了。

（一）蒸汽机推动英国工业革命

英国的工业革命开始于 18 世纪 60 年代，完成于 19 世纪 40 年代。机器的出现是工业革命的起点。

1733 年，兰开夏的机械师凯伊发明了飞梭，把原来的手掷梭改进为绳拉梭，织布的速度提高了一倍，织品的宽度也增加了，接下来"纱荒"出现了，改进纺纱技术成为棉纺织业发展的关键。1764 年，织工哈格里夫斯发明了手摇纺纱机，他把这种可同时纺织 8 根纱线的机器以自己女儿的名字命名为"珍妮机"，后经改进，可使 16 到 18 根纱锭同时工作，工作效率提高了 15 倍，后又经改进，可同时纺出 80 根线。这一新技术迅速得到推广。到 80 年代末，英国已有"珍妮机" 2 万架。珍妮机对棉纺织业的影响极其深远，是英国工业革命的起点。

1769 年，阿克莱特在木匠海斯的协助下，发明了比"珍妮机"效率更高、更省力、纱线更牢固的水力纺纱机。1771 年，阿克莱特在曼彻斯特建立了纺纱厂，这是英国的第一个水力棉纺厂，也是近代机械工业的开端。1779 年，纺纱工人塞缪尔·克隆普顿发明了兼具"珍妮机"和水力纺纱机优点的、被人们形象地称作"骡机"（具有马和驴的优点）的新型纺纱机，一次可以带动三四百个纱锭。纺纱技术的革新，促使织布技术的改进。1785 年，埃德蒙·卡特莱特发明了水力织布机，把织布的效率提高了 40 倍，从此出现了大规模的织布工厂。随着纺纱和织布的机械化，与之配套的净棉机、梳棉机、整染机都发明出来了，布匹的漂白、染色、印花等过程也都发生了变化。

以水力作为原动力，就必须把工厂建在河流沿岸，既受地点限制又受季节限制。采用适应性更强的动力成为工业发展的迫切要求。18 世纪 80 年代，瓦特改进蒸汽机成功。瓦特蒸汽机很快被大量应用到冶金、面粉、纺织加工等行业，大工业在英国各地建立起来。后来，瓦特蒸汽机又被应用到交通运输业，促进了运输工具的改造。1807 年，美国人富尔顿发明了汽船；1814 年，英国人史蒂芬逊发明了机车，实现了以蒸汽机作动力的铁路运输。瓦特蒸汽机的发明和使用解决了工业发展所必需的动力问题，推进了工业革命向纵深发展。工业革命从一个部门内的生产方式革命开始，引起各工业部门的连锁反应，从轻工业到重工业，最后形成机器生产的完整体系。

机器的制造和使用需要大量的金属材料，冶金业和采煤业发展起来，为大机器工业奠定了基础。18 世纪末，英国开始使用汽锤和简单的车床制造金属部件，此后各种锻压设备和钻床、刨床、镗床等工作母机都被发明出来，用机器生产机器的时代到来了。到 19 世纪 40 年代，英国的大机器生产基本取代了工场手工业，工业革命基本完成，英国成为世界上第一个工业国家。

工业革命首先是一场空前规模的技术革命。生产技术的革新使英国社会的生产力水平迅速提升，从 1770 年至 1840 年的 70 年间，英国工人的日生产率提高了 20 倍。经过工业革命，英国建成了纺织、钢铁、煤炭、机械制造和交通运输五大工业部门。1820 年，英国的工业生产占世界总额的一半，英国国内一半以上的工业品、80% 以上的棉纺织品输出国外。到 19 世纪 50 年代，英国不仅是"世界工厂"，而且垄断了世界贸易市场。

工业革命不仅是技术革命，而且是一次影响世界进程的社会革命。它从技术革命开始，逐渐引起了社会关系的巨大变化。这个变化可以概括为机器的使用引起了无产阶级的诞生。恩格斯在 1845 年出版的《英国工人阶级状况》中指出"产业革命对英国的意义，就像政治革命对于法国，哲学革命对于德国一样。而且，1760 年的英国和 1844 年的英国之间的差别，至少像 ancien régime〔旧制度〕下的法国和七月革命的法国之间的差别一样大。但这个产业革命的最重要的产物是英国无产阶级。"[①] 资本家追求的唯一目标是利润，工人唯一的所得是工资。随着工业革命的深入展开，劳资双方的矛盾日益突出，1825 年，英国爆发了第一次经济危机。此后，经济危机大约每十年发生一次，而且一次比一次持续的时间长，牵涉的领域广，造成的损失大，经济危机成为资本主义工业化大生产的一个特征。

从宏观上看，资本主义工业化大生产把社会的人口分为占有生产资料的工业资产阶级和依靠出卖劳动力为生的工业无产阶级。这两个阶级之间的矛盾成为现代社会最重大的历史事件和社会变革的渊薮。从技术立场来看，阶级斗争成为解决各阶层间、各地区间错综复杂的利益关系的工具。

英国自 1689 年进入资本主义体制后，农业因素和工商业因素并为一元，公私组织凝为一体，各个行业皆受金钱管制。这种优势的社会生活组织形式虽然有赖于历史的机缘，也更有人为的因素在里面。无论如何，随着工业革命的发展，世界市场的拓展，英国把这种优势的体制凌驾于其他未曾改组的体制之上，世界各国都或早或迟地、或主动或被动地受到这种以资本为核心的社会生活组织形式的影响。

---

① 《马克思恩格斯全集》，2 版，第 2 卷，296 页，北京，人民出版社，1965。

（二）西方国家的资本主义化进程

资本主义发展的历史通常以 19 世纪末与 20 世纪初为界，分为自由竞争资本主义阶段和垄断资本主义阶段。自由竞争资本主义是资本主义发展的第一个阶段。在这一阶段，欧美各主要国家都先后完成了资本主义化的进程。

法国是欧洲大陆经济最发达的国家，与英国一衣带水，受到英国优势体制的影响，法国自然首当其冲。拿破仑统治时期，法国的工商业得到发展，但是连绵不断的战争，波诡云谲的政局减缓了法国工业革命的进程。法国资本主义化的进程与英国不同：

（1）法国地主对农民的剥削不是通过大规模的圈地运动而是通过租税。

（2）大革命中获得了土地的农民形成了自耕农阶层，自耕农无力改进农业技术，限制了农产品的产量，影响了国内市场的扩大，同时也限制了工业劳动力的来源。

（3）法国工业结构中，高消费品和奢侈品的生产比重过大，不利于发展大型企业。

（4）高利贷资本活跃，工业资本紧缺。

拿破仑于 1803 年主持制订的《法国民法典》（即《拿破仑法典》），对于法国日后的经济发展却起到了至关重要的作用。拿破仑以查士丁尼的《法学总论》为蓝本，将法国大革命"理性的狂热"化为秩序，"把刚刚诞生的现代社会的经济生活亦译成司法法规语言"。拿破仑本人对这部法典的评价与历史的事实是一致的，他说："我真正的光荣并非打了四十次胜仗，滑铁卢之役抹去了关于这一切的记忆。但是，有一样东西是不会被人忘却的，它将永垂不朽——那就是我的《民法典》。"[①] 民法是规范经济生活的基础性法规。《拿破仑法典》历经沧桑，至今仍在使用，虽有补充修改，但基本框架与 1803 年的版本相近。资本主义的运行需要以下 3 个因素：高层架构，基层组织，中间层面的贯通。《拿破仑法典》是这 3 个层面的支架，为法国提供了适应商品经济和生产力发展的持续稳定的法律保证。

1815 年拿破仑战争结束后，英国废除了禁止机器出口的条例。英国的工业资本家把大量过剩资本投向欧洲大陆，机器也随之出口。从 19 世纪 20 年代到起，法国的工业革命得到了较快的发展。1820 年，全国只有 39 台蒸汽机，到 1848 年增至 5200 台，1869 年达到 32000 台。19 世纪 40 年代，新设备、新技术开始推广到重工业部门，冶铁业开始用煤作燃料，鼓风高炉出现了，生铁和钢的产量大大提高。在金属加工业中，出现了汽锤、滚轧和切削机床，初步奠定

---

① 纪坡民：《补一下罗马法的课》，载《读书》，1994（6）。

了机械制造业的基础。此时，几乎所有的法国工厂都建立了工厂制。工业生产仅次于英国，居世界第二位。到 19 世纪 60 年代末，大机器生产已成为法国工业生产的主要形式，法国工业革命基本完成。

美国的工业革命几乎与法国同时。优越的地理条件、丰富的国内资源使美国具有发展工业得天独厚的条件。1790 年，移居美国的纺织工人斯莱特仿制了英国式的水力纺纱机，在罗德岛建立了美国第一家纺纱厂，从而揭开美国工业革命的序幕。美国的工业革命有以下几个特点：

一是与西进运动和领土扩张密切相关；

二是以发明机器和广泛使用机器弥补劳动力的不足；

三是交通运输业发展迅速。

1800 年杰斐逊当选美国总统，美国的发展进入了一个突飞猛进的新时期。杰斐逊精简政府编制，减轻捐税，缩小西部土地出售的单位面积，降低售价。西部开发的速度随之加快，西部的发展为东部工业的发展提供了粮食、原料和国内市场。同时，西部的地理条件有利于机械化大农业的发展，使美国机械化农业走在了其他国家的前面。美国在引进英国先进设备的基础上进行了创造性的改进，轧棉机、缝纫机、收割机先后发明出来。机器零部件的标准化生产方法，降低了机器生产的成本，促进了机器制造业的发展和机器的普及。1851 年伦敦世博会上，美国展出的农业机械模型居世界各国之首。

从杰斐逊当政起，美国进入了大规模领土扩张时期。1801 年，杰斐逊利用拿破仑在战争中的困境，以 1500 万美元购得路易斯安那这片从密西西比河到落基山的广大平原，美国的版图扩大了一倍。拿破仑入侵西班牙，拉丁美洲爆发反西运动，美乘机于 1810 年占领西属佛罗里达的西部，1818 年，出兵东佛罗里达，次年又出资 500 万将东佛罗里达收归己有。为了打击美国的经济势力，英国在反拿破仑"大封锁"的名义下不断劫击美国商船。1812 年，美国对英宣战，史称"第二次独立战争"。这次战争的结果是英国最终未能取胜，美国扩张的矛头指向南方。"门罗宣言"是美国向拉丁美洲扩张的标志。领土的扩张需要交通运输业的发展，从而使广大的地区联结起来，成为一个有机的整体。19 世纪 30 年代伊利运河和其他运河的开凿把密西西比河、五大湖和大西洋连为一体，由政府资助的 5 条横贯北美大陆的铁路干线标志着以铁路为骨干的全国大陆运输网的完成。1850 年。美国铁路线长达 1.5 万公里，跃居世界第一位。19 世纪 50 年代末，资本主义工厂制度已在美国主要的工业部门占主导地位，到 60 年代，美国已成为仅次于英国的世界工业强国。

德国的工业革命虽然比英、法、美三国起步晚，但是德国工业革命时间短、速度快、成就大。19 世纪初，德国还是一个农业国家，法国的大陆封锁政策对德意志民族工业的发展起了加速的作用。1814 年的维也纳会议没有解决德意志的统一问题，根据维也纳会议决议建立起来的德意志联邦由 14 个各自为政的封建君主国和 4 个自由市组成，关卡林立，阻碍物品流通。分散的手工工场是德意志主要的生产方式。19 世纪 20 年代，莱茵和威斯特伐利亚的工业突破了手工工场的形式，逐渐采用机器，成为资本主义工业先进地区。随着工商业的发展，各邦之间的关税壁垒成为经济发展的最大障碍，实现政治和经济的统一成为德意志发展的内在要求。1818 年，普鲁士颁布法令，废除国内 60 个关税区，实行统一税制，后又与各邦订立关税条约。1826 年，北德 6 邦成立关税同盟。1828 年，南德各邦也成立关税同盟。1834 年，两个同盟合并，以普鲁士为盟主，同盟包括 18 个邦，称为"德意志关税同盟"。关税同盟的建立加快了工业发展速度，生产的机械化程度逐年增加。1837 年和 1844 年，柏林和凯姆尼茨先后建立了机械制造厂，到 1847 年，仅普鲁士就有蒸汽机 1100 多架。1848 年的革命虽然没有完成德意志统一的任务，但它动摇了普鲁士和德意志各邦的封建君主制度。1850 年，贵族地主占主导地位的普鲁士政府颁布了新的《调整土地和农民关系法》，允许农民以高额赎金赎买劳役和其他封建义务，致使富裕的农民更加富裕，贫苦的农民因无钱赎买，沦为半无产者。1854 年颁布的《雇农法》以法律形式剥夺了容克庄园中雇农罢耕和结社的权利，违者处 3 年监禁。这项法令加强了容克在农村中的政治统治。在从地主经济转变为资本主义经济的过程中，德国的农民经受了最痛苦的剥削和奴役。

德国工业革命的进程与有机化学的发展密切相关。有机化学之父李比希从研究纯粹化学转向研究应用化学的过程不但实现了他为人类造福的愿望，而且改变了德国的农业生产状况。19 世纪五六十年代，地主和富农采用农业机械和化学肥料，普鲁士的粮食产量逐年俱增。农业的发展为工业的发展提供了源源不断的原料和劳动力。60 年代末，工厂制已在各先进工业区占主导地位。另外一点也需格外强调，德国工业化的进程与王朝战争相伴随，与德意志的统一休戚与共。1864 年，普鲁士与丹麦一战，北方疆域成定局；1866 年，与奥地利一战，"大德国"观念被打破，南部疆界成为定局。1870—1871 年普法战争，铁血宰相俾斯麦打败拿破仑三世，获得阿尔萨斯和洛林，西部疆界成为定局，东部疆界早在瓜分波兰时已定。自此德国完成了统一。德意志的统一为资本主义的发展创造了条件。1870 年，德国工业生产占世界工业生产总值的 13.2%，超过了法国，居欧洲之首。1872 年，铁路长度达 2.2 万多公里，超过了英国和法国。70 年代末，德国成为一个以重工业为主的工业国家。

工业革命在欧洲和北美轰轰烈烈发展的同时，也向其他地区扩展。19 世纪三四十年代英国工业革命已经完成，英国的机器大量输入俄国，促进了俄国工业革命的进程，俄国的工业革命也是从棉纺织业开始的。1861 年，俄国废除农奴制，为资本主义经济的发展开辟了道路。农奴制的废除不是朝夕之功，旧制度的残余成为俄国工业革命的羁绊，所以它的发展速度较其他国家缓慢；另外，俄国的工业革命依靠外国的资金输入和机器引进，具有一定的依赖性；俄国充足的劳动力资源和落后的文化教育延缓了技术革新的速度。

俄国地域广阔，自然条件差异很大，工业发展不平衡是必然现象。从产业结构看，轻工业和消费资料的生产发展迅速，重工业和生产资料生产发展缓慢，交通运输业落后。在工业部门内部大工厂和手工劳动长期并存，各方因素互相牵制，使得俄国的经济发展远远落后于英、美、法、德等国。

到 19 世纪 70 年代，资本主义世界体系基本形成，世界历史进入了一个新的阶段，即从自由竞争的资本主义向垄断资本主义过渡的阶段。

二、第二次工业革命与垄断资本主义的形成

从 19 世纪 70 年代起，欧美各国先后开始了新的科技和工业革命。人们有时将这一轮的科学与技术革命称为第二次工业革命。新时代的到来和新生活方式的开始是与"电"和"油"密切联系在一起的。1831 年，英国科学家法拉第发现了电磁感应现象，提出了电磁感应定律，为发电机提供了理论基础。1866 年，德国工程师西门子研制成功了第一台自激式发电机；1870 年比利时人格拉姆发明了电动机。同年，美国发明家爱迪生发明了电灯照明系统。此后，电话、电车、电焊、电镀、电解法、电冶法如雨后春笋涌现出来。蒸汽机体积庞大，启动不便，费用昂贵，从某种程度上制约了生产效率的提高。以电为动力，用电动机带动机器，取代和补充蒸汽动力成为必然的趋势。对于以电为动力的工业体系而言，发电和输电是两个制约因素。1882 年，法国学者德普勒实验高压直流输电成功；同年，爱迪生在纽约建立美国第一个火力发电站，把输电线连接成了网络。以发电、输电、配电为主要内容的电力工业和以制造发电机、电动机、变压器、电线电缆为主要内容的电气设备工业迅速发展起来，世界历史从蒸汽时代进入电气时代。

内燃机取代外燃机是第二次工业革命的又一个关键。1823 年，布朗发明了实用内燃机。1876 年奥托制造出一台以煤气为燃料的四冲程内燃机。1859 年，美国钻出了第一口油井。1883 年，戴勒姆制成了以汽油为燃料的内燃机；汽油机马力大，体积小，效率高，适用于作交通工具的动力。1886 年，卡尔·本茨设计的世界第一辆由内燃机驱动的汽车行驶在慕尼黑的大街上。1893 年，狄塞尔发明了柴油机，它结构简单，燃料低廉，成为重型运输工具的理想发动机。从 19 世纪 90 年代起，许多国家建立起了汽车工业。随后，以内燃机为动力的内燃机车、远洋货轮、飞机、拖拉机和军用装甲车陆续出现，并带动了相关的

新兴工业部门。

通信用的电器设备在 19 世纪进入实用阶段。1835 年，莫尔斯制成了电报机的样品，1844 年在美国拍发有线电报成功。1851 年，莫尔斯的电报系统已经出现在美国的铁路线上。1857—1866 年，美国铺设了第一条横跨大西洋的海底电缆。1876 年，贝尔在美国发明了有线电话，建立了第一个电话公司。1891 年，美国发明了自动电话交换机，电话进入普及阶段。意大利人马可尼和俄国人波波夫分别于 1895 年、1896 年成功地进行了无线电传播试验。1901 年，马可尼横跨大西洋发报成功。1906 年，费森登利用调幅波第一次实现空中播音。同年，德福雷斯特发明了三极管。1916 年，世界上首次出现了无线电台。电信技术的发展加快了信息传递的速度，促进了世界由分散走向整体的进程。

以"电"和"油"为中心的技术革命与化工技术和钢铁技术的革命交织在一起。1840 年，有机化学之父德国人李比希提出了合成化肥理论。化肥的使用对于农业的发展产生了深远影响。在无机化学方面，1862 年，索尔维发明了以氨为媒介的氨碱法；19 世纪 70 年代，人们开始利用氧化氮为催化剂生产硫酸的新方法；1890 年，德国格雷斯海姆公司发明了电解制碱法。有机化学的发展也异常迅速，18 世纪 80 年代，人们开始从煤焦油中提炼氨、苯、人造染料等化学产品；1867 年，瑞典人诺贝尔发明了炸药，1888 年，他又发明了"无烟火药"，并加以改进，在军事上广泛应用。今日世界科学的最高奖——诺贝尔奖就是以这位富有冒险和献身精神的人类未知世界探索者的名字命名的。

新技术革命带动了传统工业部门的发展，其中以钢铁工业最为突出。1856 年，英国人贝西默发明的"吹气精炼"操作法得到推广，从 60 年代起许多国家修建了贝氏转炉。1864 年，法国人马丁和德国人西门子兄弟同时宣布发明了"平炉炼钢法"，这种方法不仅可以熔化生铁、熟铁，还可以熔化废钢，使之变成优质钢。1875 年，英国人托马斯发明碱性转炉，冶炼技术的不断改进使钢的质量和产量明显提高。从 1868 年至 1900 年，英、美、法、德四国的钢产量由 24 万吨增加到 2355 万吨，增加了近 100 倍。"世界之屋"是由钢铁来支撑的，钢的产量在某种意义上成为一个国家强大和发达的标志。即使在今日所谓的知识经济时代，我们也不应忽视这个指标，因为"钢永远是硬的"，虚拟世界离开了硬的支撑是不能存在的。

在蒸汽时代，英国是世界的中心；在电气时代，美国和德国捷足先登，在经济上超过了英法两国。电力技术造就了新的技术系统，由于主导技术的转移，相关国家的经济地位也发生了改变，世界的政治格局也随之发生了变化。科学技术革命作为世界格局变迁的内在动力通过生产组织和管理方式表现在人们的日常生活世界里。第二次工业革命与第一次工业革命不同的是：技术革新与科学实验紧密结合；多国并进，规模大，涉及的部门多，发展迅速；电力系统和信息技术的出现改变了企业内部的空间组织形式，生产自动化成为可能。第二次工业革命的这些特点表现在下列的连锁反应中：欧美主要国家的产业结构由轻工业为主导转变为以重工业为主导；先进的技术革新从单一的技术革新转变为技术体系的革新，这就需要有巨额资金的支持，资本集中成为整个经济体系的内在需要；资本雄厚的企业通过技术革新增强了自身的竞争力，与此同时也把同类的中小企业从市场中挤压出去，强者越来越强，弱者越来越弱，技术革新引发的市场"马太效应"使垄断组织的出现成为必然趋势。垄断组织获得了高额的利润，积累了巨额的过剩资本。资本家为了获取更多的利润，便把过剩资本投向落后国家和海外市场。资本输出对于那些居于垄断地位的资本家和利益集团来说具有特殊的意义。巨额的资本输出伴随着激烈的竞争和巨大的风险，为了减少风险，各大垄断组织纷纷签订瓜分世界市场的国际协定，成立国际卡特尔。1884 年，英、比、德成立了第一个国际垄断同盟——钢轨卡特尔。19 世纪末，主要资本主义国家掀起了瓜分世界的狂潮，世界很快被瓜分完毕。这意味着资本主义开始从自由竞争阶段向垄断资本主义阶段迅速转型。20 世纪初，垄断资本主义体系在全世界范围内确立起来。

第二节　工业革命的思想效应

工业革命最重要的思想效应就是促进了资本主义思想体系的成熟。资本主义作为一种人类生活的组织形式和历史运动与工业革命相伴而生，资本主义制度是工业化大生产的必然选择。从大历史的眼光来看，"资本主义在历史上展开时，表现为一种组织和一种运动，它要存在于一个国家，务必做到资金广泛的流通，经理人才不分畛域的雇用，和技术上的支持因素（如交通、通讯、保险、律师的聘用等）全盘活用。打开如此局面，则信用之通行必受法制保障，然后所有权和雇佣才能结成一张大网，而且越编越大，终至民间的社会经济体系与国家互为表里"[1]。

任何制度的背后都隐含着一套思想体系。我们总结工业革命的历史，就是为了考察资本主义思想家对工业革命的反应，由此形成适应新的工业化时代的思想体系。这一思想体系涵盖了政治、经济、哲学与社会学等诸多学科。其中，现代国家观念的成熟、经济自由主义思想的成熟和功利主义哲学思想的盛行是工业革命时期最有代表性的文化思想。与此同时，早在工业革命将现代化推向

---

[1]　黄仁宇：《资本主义与二十一世纪》，201 页。

高歌猛进的快车道的时候，也初步展现了现代化所带来的问题。

一、现代国家观念的成熟

资本主义思想体系经过洛克已告成熟，但成熟的资本主义思想体系要得到政治体制思想的确认才是真正的成熟，其标志是现代国家观念的成熟。对现代国家学说作出重要贡献的是文艺复兴时期的马基雅维里。马基雅维里认为君主的任务是救护国家而不是遵守道德，为形成现代的资本主义国家观念奠定了基础。从启蒙运动开始，思想家们在马基雅维里思想基础上继续探索，逐渐形成了成熟的现代资本主义国家观念。

英国哲学家霍布斯的巨著《利维坦》为现代国家提供了清晰的思想模型。利维坦本是希腊神话中的巨兽，它力大无穷，无所不能，霍布斯用它来比喻现代国家。资本主义的特征在这个虚构的巨兽身上得到了淋漓尽致的体现。霍布斯站在科学的唯物论立场上，把人看作机器。他阐述问题有一个一贯的逻辑：政治基于心理，心理基于物理，物理基于几何。这种演绎的逻辑与他个人对科学的偏好有直接的关系。依照霍布斯的逻辑，人既然是机械造成的，他们的内在结构（品格）和外在结构（适应环境的能力）也就没有本质的区别，只有量的差别。霍布斯的这一论证潜藏着一种激进的力量：人和人是同等的，居高位者与处卑下者本质是一样的。这对等级制度是一种根本上的颠覆。这种把人看作是品格形同、容量相等的人的观念，为日后资本主义社会下层结构中的自由交换提供了理论支撑。

人们为了生存最初处于"一切人对一切人"的战争状态，为了避免惨死和无边的恐惧，每个公民放弃部分原有的无限自由，采取社会契约的方式组织了国家与政府，霍布斯称之为"利维坦"，它以集体之性格对付个人。霍布斯这部以个人主义为基础的著作是17世纪英国的现实写照，英国的国家体制正在激变，没有人能阻止这种改变，也没有人能控制这大规模的变革，查理一世被推上了断头台，克伦威尔不由自主地做了独裁者，查理二世在位期间实行司法改革，发动对荷兰的战争。英国正在从一个朝代国家向民族国家转变。欧洲近代国家的真性格正在一步步展露出来，过去的一切理论都已不能解释现实了。英国在"光荣革命"以后基本实现了霍布斯的"利维坦"所具有的功能。

二、经济自由主义的兴起

经济自由思想是伴随资本主义发展起来的现代经济思想的重要核心观念。这一观念在启蒙运动与工业革命时期走向完备。这一思想的形成，奠定了现代西方经济学的理论基础。经济自由思想的理论价值体现在它适应资本主义发展趋势，取代了此前在西方占统治地位近300年的重商主义经济思想。这种思想转变经历了以下3个阶段。

（一）重商学派的经济思想

重商主义经济思想是 16 世纪初到 18 世纪中叶西欧的主流经济思想，其基本观点是："只有能实现并且真正实现为货币的东西才是财富，换言之，财富就是货币，货币就是财富；于是他们把国家的经济政策和一切经济活动统统归结为攫取金银。"[①] 在这样的立场指导下，重商主义者主张根据当时普遍形成的君主专制来鼓吹政府主导商业经济为主要的经济活动形式。这与当时处于原始积累阶段的资本主义经济发展阶段相适应，为人们在经济活动上摆脱中世纪政教合一的双重束缚作出了重要贡献。因此，有学者认为重商主义经济学说和政策体系的形成，标志着近代经济学说的产生。然而，正如一切制度与思想都是一定时期历史主题的产物一样，当历史发展到下一个阶段时，必然要有新的制度及思想与其相适应。重商主义经济思想是与资本原始积累的时代主题相适应的历史产物，当历史发展到 18 世纪资本主义向工业化深度迈进的时候，重商主义的经济思想也就完成了历史使命。

重商主义经济思想是在君主专制政体下代表早期商业资产阶级和专制君主利益的经济思想，到了启蒙运动时期，新兴的工业资产阶级开始主导社会发展，政治体制也开始打破君主专制而转向以代议制为特点的现代民主制度。这一新兴的阶级所代表的工业文明是要最大限度发挥每一个人的创造力来提高生产效率，因此从经济思想上也要形成与之相适应的能够鼓励每一个人发挥创造力的思想，这样就产生了替代重商主义思想的经济自由思想。

（二）作为转折点的重农学派

重农主义是重商主义经济思想向经济自由主义思想转变的一个环节。所谓重农主义思想，是针对重商主义思想过分重视商业，而忽略以农业为代表的实业的问题而提出来的，它的核心内容并不局限于"农业"。重农主义经济理论的创建者是法国的弗朗索瓦·魁奈。法语的"重农主义"一词，是由"自然"和"权力"两个希腊字合成的，含有人类社会（经济活动）应该受自然规律支配的意思。这一理念就与启蒙运动中的自然权力说一致。他从历史发展大势出发，认为经济重心应该是农业，主张经济自由。"任何人为了取得最大限度的收获，可以根据对他自己的利益，自己的能力和对土地的性质最合宜的生产物，有在田地里耕种的自由。"[②] 这是魁奈对农业生产自由的表述。同时，魁奈也主张产品交易与竞争的自由："必须维持商业的完全自由。因为最完全、最确实，对于

---

① 张旭昆编：《西方经济思想史 18 讲》，46 页，上海，上海人民出版社，2007。
② 吴斐丹、张草纫选译：《魁奈经济著作选译》，335 页，北京，商务印书馆，1979。

国民和国家最有利的国内商业和对外贸易的政策，在于保持竞争的完全自由。"① 以魁奈为代表的重农主义思想家对经济自由思想的初步探讨虽然局限于农业这一局部，但为此后启蒙思想家进一步全面提出经济自由思想打下了基础。

（三）亚当·斯密提出系统的经济自由思想

英国亚当·斯密的巨著《国民财富的性质和原因的研究》（旧译《国富论》）的出版，标志着经济思想上自由主义革命，以及英国古典经济学理论体系的建立。他把"经济人"作为经济学研究的前提预设，用"看不见的手"来说明社会中经济运行的规律。

亚当·斯密认为："各个人都不断地努力为他自己所能支配的资本找到最有利的用途。固然，他所考虑的不是社会的利益，而是他自身的利益，但他对自身利益的研究自然会或者毋宁说必然会引导他选定最有利于社会的用途。"② 这就是他对经济活动中人的定性认识，后来被比喻为"经济人"理论。"经济人"假设把每一个人从利己角度追求利益最大化同社会利益最大化联系到一起。亚当·斯密用"看不见的手"进一步说明了其中的原因："他受着一只看不见的手的指导，去尽力达到一个并非他本意想要达到的目的。也并不因为是非出于本意，就对社会有害。他追求自己的利益，往往使他能比在真正出于本意的情况下更有效地促进社会的利益。"③

三、功利主义的滥觞

以边沁为代表的功利主义是工业革命最突出的思想效应。与这一思潮关系最为密切的有两个思想家，一个是法国的爱尔维修，另一个是边沁的同胞、学生和朋友斯图亚特·约翰·密尔。前者是边沁的思想导师，后者是边沁功利主义思想的继承者。爱尔维修一生最大的愿望是：寻找一种原则，作为道德的基础，从而解决人应该如何生活，如何建立社会的根本问题。爱尔维修自以为发现了答案，他以政治领域的牛顿自居。在他看来，追求快乐和避免痛苦是影响人类的唯一动机，道德世界的秩序和人类的幸福就取决于这简单的原则。人类成为今天这个样子，如此行动，有爱恨情仇、激情与思想、希望与恐惧都是从这个基本原则生发出来的。哲学家的唯一任务是创造一个世界，在这个世界上，人们以最小的痛苦，最有效、最省时、最便捷的方式去追求他们想要的结果，那个最终的结果是快乐。这是现代功利主义最早、最清晰的表达。功利主义是

---

① 吴斐丹、张草纫选译：《魁奈经济著作选译》，338，北京，商务印书馆，1979。

② ［英］亚当·斯密：《国民财富的性质和原因的研究》，下卷，郭大力、王亚楠译，25页，北京，商务印书馆，1974。

③ 同上书，27页。

理性主义、唯物主义、享乐主义和个人主义相结合的产物。边沁继承了爱尔维修的功利主义思想，他对快乐和痛苦进行了精致的划分：感觉引起的快乐、财富引起的快乐、权力引起的快乐；感觉引起的痛苦、贫困引起的痛苦、仇恨引起的痛苦等各有十几种。在边沁看来，痛苦和快乐没有质的区别，只有量的差异。痛苦与快乐可以进行精密的对比和计算。在这一思想前提下，他编制了苦乐等级表。边沁指出，趋乐避苦，追求最大、最持久、最确实的快乐是人生活的目的；为了最大多数人的最大幸福是建立社会的基本原则；社会利益和个人利益是同一的，社会利益是个人利益的总和，寻求最大多数人的最大利益的目的是为了求得个人的更大利益。边沁的功利主义思想从伦理的层面强调个人对私利的竞争是人与人之间的唯一关系，把自由竞争看作是道德的本质。他的这种观念是资本主义自由竞争阶段英国社会生活最真切的写照。从另一个角度来看，这种观点为资本主义自由竞争的社会生活方式找到了人性的、理论的支持。

密尔直接继承和发展了边沁的功利主义思想，他在《论自由》中虽然为个人权利作了最强烈的辩护，但他认为个人权利是建立在功利主义基础之上的。密尔和边沁的不同之处在于：边沁的全部注意力在于人们的外在行为规则，忽视自我教育，自己对自己情感和意愿进行的自我训练。功利主义导致人与人之间关系冷淡，缺乏同情心；在实践中人们不可能预先有足够的时间计算和衡量一种行为对公众幸福产生何种影响。如何克服功利主义的缺陷和困境呢？密尔的策略是通过改进教育的手段使人拥有正确的感觉。密尔认为，人类的社会情感，即同整个人类融为一体的欲望是功利主义伦理的基础，通过教育使人类共同的情感深深地扎根于自身的性格之中，进入个人的意识里，成为天性的一部分。功利主义思想一旦被庸俗化就会产生一系列的恶果，当我们深入到这种思想的深处，就会发现它首先是一种对人性的认识，是一种获得人类幸福途径的渴望，然后它才是一种行为的原则。密尔的教育策略至今仍有它的现实意义，他把功利主义变成了不断探寻和改进的过程。正是密尔对自由、幸福与人性的省察与探询、对增进人类福祉的不懈努力，使他成为英国历史上最有影响的思想家之一。

四、工业革命与现代性问题的初见端倪

工业革命从根本上改变了人类的生存结构。处于不同地域的国家、不同发展形态的社会和千千万万的男女个体都卷进了以工业革命作为最明显标志的世界历史进程中。"世界历史"是各民族、各国家相互影响、相互渗透、相互制约、相互依存的世界整体化运动。现代性是这一历史进程的总特征，工业化、城市化、科层化、世俗化、市民社会、殖民主义、民族主义、民族国家是这一进程的路标。技术的困境和价值的虚无是当代人在这个不可阻逆的历史进程遇

到的根本问题，是现代化问题的初步显现。理解现代性及其带来的问题是一个身处"世界历史"中的现代人认识自己的生存环境，关注自身命运的前提。

（一）技术的困境

以科学发现和技术进步为基础，以谋求更大利益为动力的机器大生产创造出了堆积如山的商品。生活在工业文明世界中的人，享受着技术发达带来的好处，也忍受着技术发达带来的痛苦。"工人生产的财富越多，他的产品的力量和数量越大，他就越贫穷。工人创造的商品越多，他就越变成廉价的商品，物的世界的增值同人的世界的贬值成正比。"① 随着世界工业化的进程和技术的进步，西方的思想家越来越意识到工业文明这种人类生活方式对精神、文化、价值、信仰造成的负面效应。西方马克思主义的代表人物马尔库塞在《爱欲与文明》中这样写道："进步的加速似乎与不自由的加剧联系在一起。在整个工业文明世界，人对人的统治，无论是在规模上还是在效率上都日益加强。这种现象不是进步道路上偶然的、暂时的倒退。集中营、大屠杀、世界大战和原子弹这些东西都不是向'野蛮状态的倒退'，而是现代科学技术和统治成就的自然结果。况且，人对人的有效的征服和摧残恰恰发生在文明之巅，恰恰发生在物质和精神成就仿佛可以使人建立一个真正自由的世界的时刻。"②

（二）价值问题

自然为工业生产提供原料，成为机器工作的对象，人越来越生活在自己制造的产品世界里，人与自然的天然的、直接的联系越来越少；工业革命使人类摆脱了原初的、人的依赖性，随着物质交换范围的扩大，人类的生活对物的依赖性越来越强。

技术的进步增大了人与自然和社会打交道的外在的、物质的尺度，对外在尺度的过度关注，也使人们遗忘了内在的、精神的尺度。内在尺度与外在尺度比例失衡是我们时代困境的根源。造成这种局面的原因不仅仅是与工业革命紧密相连的技术发展带来的结果，它与西方的科学文化也有着深层的渊源。

---

① 《马克思恩格斯选集》，2 版，第 1 卷，40 页，北京，人民出版社，1995。

② ［美］马尔库塞：《爱欲与文明》，黄勇、薛民译，18～19 页，上海，上海译文出版社，1987。

第九章　现代西方科学主义文化思想

现代科学自诞生至今的 400 多年间，向人们展示了一幅幅崭新的世界图景，这些图景是人类从不同层面、不同角度对外部世界的透视，是对世界深层奥秘的揭示。科学作为人类认识世界、理解自身存在的一种方式在现代生活中占据着主导地位。科学革命"使基督教兴起以来产生的一切事物相形见绌，同时把文艺复兴和宗教改革降到仅仅是一支插曲、仅仅是中世纪基督教体系内部改朝换代的等级。由于这场革命改变了物理世界的图景和人类生活本身的结构，同时也改变了甚至在处理非物质科学中的人们的惯常精神活动的特点。"①　然而，科学不是人类经验世界的唯一方式和全部内容，它有自身的界限和范围。洞悉科学发展历程中世界图景的嬗变，理解科学的内在发展，把握哲学家对科学自身的反思，有利于深入理解西方文化思想的实质。

第一节　科学世界图景的演变

宇宙是人类生活的舞台，为了在这舞台上确定自己的位置，从古至今人类建立了各种宇宙模型，从地心说、日心说到宇宙大爆炸理论代表着人类对自身与世界关系的不懈追问。"真正影响一个时代思潮的是那个时代有教养阶层所持有的宇宙观。"②　随着世界图景的演变，人们不断地修正着自己与自然、社会以及自身的关系。在这种意义上，科学家不仅是新生活图景的创造者，也是把人类引进一个新世界、欣赏异域风情的冒险家。

一、从哥白尼到牛顿

公元前 6 世纪的希腊人不再把变化无穷的自然现象归于神灵，他们设计了秩序原则和解释框架，使之能够按照少数几个主导观念来解释和进一步探究整个自然。在雅典和亚历山大（希腊的殖民地）分别出现了两种不同的自然认识方式：在雅典，哲学的形态表现为抽象的理论建构；在亚历山大，则表现为精确的数学计算。"雅典的自然哲学家关注的是能够解释一切的、关于整个世界的

---

① ［美］巴特菲尔德：《近代科学的起源》，张丽萍、郭贵春等译，"引言"第 2 页，北京，华夏出版社，1988。

② ［英］怀特海：《科学与近代世界》，何钦译，1 页，北京，商务印书馆，1997。

第一原理，亚里士多德是这一思想的集大成者；亚历山大的数学家把知觉到的现象看作是数学分析的出发点，进行精确的推导和严格的证明，托勒密的工作代表着亚历山大思想的顶峰。"① 托勒密系统地总结了数理天文学的传统，完成了流传千古的《天文学大成》。在这部著作中托勒密以地球静止于宇宙的中心、诸天体沿着圆周轨道匀速地绕地球旋转为出发点，关注天体的运行轨迹，从而准确地预言行星在天空中的位置，并以此为核心，提出了本轮-均轮模型。在此后的一千多年中，托勒密的地心说体系在西方天文学界一直占据统治地位。在《天文学大成》中能与模型相适应的观测数据，随着时间的推移被证明是不准确的。托勒密的体系是传统观念的象征，为了维护托勒密体系的权威地位，人们通过在托勒密体系中增加"轮子"，使之免遭质疑和挑战。随着轮子数目的增加，托勒密体系变得极其复杂、烦琐。

（一）哥白尼的革新

在 15、16 世纪，毕达哥拉斯-柏拉图主义在意大利复兴，波伦亚大学的数学、天文学教授诺瓦腊批评托勒密体系太烦琐，不符合数学和谐的原理。哥白尼是诺瓦腊的学生，他仔细研究过所能找到的一切哲学著作。他所面对的问题是：行星应该有怎样的运动，才会产生最简单而最和谐的天体几何学？为了解决托勒密及其继承者尚未解决的行星问题，哥白尼针对当时能够阅读托勒密论著的一小群天文学家写作了《天球运行论》，他以阿里斯塔克的日心说为解决问题的出发点，地动说是他试图改良计算行星位置的技巧时的一个副产品。

然而，地动观念却对传统思想构成了严重的挑战："在哥白尼的体系中，太阳取代地球成为行星运动的中心，地球失去了其独特的天文学地位，成了众多行星中的一员。从此，人类需要重新确定自己在宇宙中的位置。从地心说到日心说是人与宇宙关系的转型。"② 哥白尼的新宇宙体系撼动了古代科学的整个结构，也造成了人类自我认同的危机。此后，西方科学哲学的发展主题就转变为重构科学体系、建立伦理生活的新秩序。

---

① ［荷］弗洛里斯·科恩：《世界的重新创造：近代科学是如何产生的》，张卜天译，16 页，长沙，湖南科技出版社，2012。

② ［美］伯纳德·科恩：《新物理学的诞生》，张卜天译，39 页，长沙，湖南科技出版社，2012。

（二）新物理学的诞生

1609 年，望远镜的发明和使用从根本上改变了讨论哥白尼体系和托勒密体系的标准和方式。用望远镜对天空进行观测的事实表明月球和行星的属性与地球类似，而不像恒星，哥白尼体系与新的观测事实极其相符。世界既不是托勒密式的，也不是亚里士多德式的。面对观测的事实，人们只有两个选择：一是拒绝透过望远镜观看，或拒绝接受所看到的东西；二是拒斥亚里士多德的物理学以及托勒密的地心说。对两个体系的讨论转向了哥白尼和托勒密认识范围之外的现象，人们开始寻找一种既能适合于运动的地球又能适合于宇宙的新物理学。

将望远镜用作科学仪器，奠定新的观测天文学和新物理学基础的人是伽利略。他试图解决两个独立的问题：一是落体在运动地球上的行为和假定地球静止时完全相同，二是为一般落体运动建立新的原理。

伽利略最重要的贡献是对自然的数学化。"他试图通过自己艰苦卓绝的努力向自己著作的读者表明，他所导出的数学规律如何能够表现于日常实在之中，比如自由落体运动或射出的炮弹的运动。只要有可能，他就会寻求日常情况下的实验验证。"① 数学与实验的结合奠定了近代新物理学的基础。他的"理想实验"显现了完善的抽象思维是比望远镜更具革命性的工具。伽利略表明了抽象如何能够与经验世界相关联，如何从对"事物本性"的思考推导出与直接观察有关的定律。《关于两门新科学的谈话》和《关于两大世界体系的对话》是他留给后世的杰作。这两部著作是理解新旧宇宙体系的转换、探索日心宇宙动力学原理的基础。

（三）开普勒的新天文学

开普勒在中学时代就成了一名哥白尼主义者。1595 年，25 岁的开普勒发表了《宇宙的奥秘》。在这部著作中，开普勒宣布了他关于行星与太阳距离的重大发现。这本著作奠定了他在天文学领域的声望，他因此成为了第谷·布拉赫的助手。第谷·布拉赫用结构精良的巨型仪器改进了确定行星位置及其恒星相对位置的精度。他既不相信托勒密体系，也不相信哥白尼体系，他认为这两个体系都不能真正预言天象，在夜复一夜地观察行星位置的基础上，第谷提出了自己的体系。开普勒相信哥白尼的日心说，也相信第谷观测的精确性，他抛弃圆周，尝试卵形线，最终尝试椭圆。开普勒终于迈出了革命性的一步，发现了行

---

① ［荷］弗洛里斯·科恩：《世界的重新创造：近代科学是如何产生的》，张卜天译，91 页。

星位置与轨道速度之间无可置疑的全新关系：每颗行星的轨道都是椭圆，太阳位于它的一个焦点上；太阳与行星的连线在任何相等时间内扫过相等的面积；任何两颗围绕太阳运行的行星（包括地球），其周期的平方与太阳平均距离的立方成正比。前两个定律显示了开普勒如何简化了哥白尼体系，第三定律则证明了天体的和谐。

（四）牛顿对宇宙的新解释

望远镜的发明不仅引起天文学的新高涨，而且推动了光学的研究。1619 年开普勒公布行星运动第三定律后，从数学上推论开普勒基于观测获得的经验定律，成为当时自然科学的中心课题之一。1638 年，伽利略《关于两门新科学的谈话》正式出版，激起了人们对他所确立的动力学基本概念作精确的数学表述的热情。新的科学问题对数学提出了新挑战：怎样确定运动物体的瞬时速度和加速度，以及怎样由速度或加速度公式确定物体移动的距离？怎样作任意曲线的切线（如望远镜光程设计就涉及切线问题）？怎样求函数的极大值、极小值（如行星与太阳间的最大和最小距离、抛射体的最大射程）？怎样计算曲线长度（如行星沿轨道运动的路程）、面积（如行星矢径扫过的面积）以及体积、重心与引力？等等。要克服这些困难，无论是古希腊的几何学还是中世纪及文艺复兴时代发展起来的代数，都明显地不敷应用。因此，在 17 世纪上半叶，几乎所有的科学大师们都竭力寻求新的数学工具。站在新的高度将以往分散的努力综合为统一的理论，是 17 世纪中叶自然科学赋予数学的紧迫任务。微积分的发明使牛顿成为上述任务的完成者。爱因斯坦说："命运使牛顿处在人类理智的历史转折点上。"[1]

17 世纪下半叶，牛顿同时代的科学家集中关注的问题是：行星如何在重力定律的作用下才能沿椭圆轨道运行？牛顿解决了这个悬而未决的问题，我们在天空中所看到的一切事物——恒星、太阳、月球、地球、行星和彗星的运动都遵循 3 个简单的定律和万有引力定律。他进而证明了我们在地球上看到的一切运动都受相同定律的支配。"牛顿把天上的运动和地上的运动统一起来。从此，承担起了解释整个可见宇宙的工作"[2]。

---

[1] ［德］爱因斯坦：《爱因斯坦文集》，第 1 卷，许良英译，222 页，北京，商务印书馆，1976。

[2] ［德］汉伯里·布朗：《科学的智慧》，李醒民译，52 页，沈阳，辽宁教育出版社，1998。

二、热和能：寻找变化发生的源泉

在 18、19 世纪，力学哲学的一个主要成就是回答了"热是什么"这个古老的问题。热力学是学科相关性最强的理论之一。对热的本质的研究引领着人们一步步思考变化发生的动因。在 18 世纪，热被看作是一种看不见、无重量的流体，称作热素。人们相信当两个温度不同的物体接触时，热质就从热的物体流向冷的物体，物体的固、液、气三态取决于它吸收了多少热质。直到 19 世纪 50 年代，人们接受的都是热质说。

（一）能量守恒定律

1837 年，德国化学家李比希的学生弗里德里希·莫尔提出所有各种形式的能都是机械力的表现，热不是一种特殊的物质，而是各种物体中许多最小部分的一种振动。1842 年罗伯特·迈尔提出体热来自食物化学能的见解，他进而指出力是不灭的和可以转化的，运动在许多情况下只不过产生热效应，因而热的来源只不过是运动。德国柏林大学的物理学教授赫尔姆霍兹从生物学现象出发得出了各种不同形式的能可以相互转化和守恒的思想。他指出，活的机体如果除掉从饮食取得的能以外，还能从一种特殊的活力获得能的话，那么它们就会是永动机。曼彻斯特的酿酒师兼业余科学家焦耳集中研究了电流的热效应，发现在一定时间内发出的热量与电路的电阻、通过电阻线的电流的平方成正比，这就是著名的焦耳定律。他的热功当量实验证明了机械功能够转化成热，能量是守恒的。热和功的等价性是热力学第一定律，即能量转化和守恒定律的基础。

（二）熵增原理

1850 年，德国物理学家鲁道夫·克劳修斯发表了《论热的动力》一文，他把自己对热机的研究表述为：能量不可能从低温物体转移到高温物体而不产生其他影响。换句话说，能量转化的自然过程是不可逆的。1865 年，克劳修斯引入"熵"的概念，把可逆过程和不可逆过程区分开来。熵的意思是"转移的量"和"发生变化的能力"，用热量除以温度来表示。在自发的自然过程中熵趋于增大。克劳修斯认为宇宙是一个孤立系统，所以他把热力学第一定律表述为：宇宙的总能量是守恒的；第二定律表述为：宇宙的总熵无情地朝着它的极大值增长。从"熵增原理"得出的推论是：整个宇宙的演化就是逐渐退化，最后停止于热力学平衡，处于死寂状态。热力学定律告诉我们，在能量和物质趋于混乱的过程中，宇宙无休止的衰败是一切变化发生的根源。宇宙热寂说使人们看待世界的方式带上了悲观的色彩。

波尔兹曼把热力学第二定律解释为能在自发运动，系统中能的自发增加可以和这个系统的分子能的分布概率的增加联系起来。1877 年，他证明熵与这种概率的对数成比例。热力学第二定律和它的分子解释给予了时间的流逝以方向和物理意义。这在牛顿力学体系是没有的，牛顿宇宙中的力学是可逆的，热力学的宇宙是不可逆的。

三、量子力学与不确定的世界

牛顿力学有一个基本假设：物质的性质是可以连续变化的。这一观念在原子范围内变得无效，量子力学是表述亚原子世界物质运动规律的全新力学体系，它的建立和发展与人们对微观世界的认识密切相关。1895 年，德国物理学家伦琴在研究阴极射线时发现了 X 射线；1896 年，法国物理学家贝克勒尔在做荧光试验时发现了天然放射性；1897 年，英国物理学家汤姆逊在对阴极射线作定性和定量实验时发现了电子。物理学的三大发现，打破了原子不可分的观念。1906 年，英国物理学家卢瑟福在他的助手盖革的帮助下开始从事 α 散射实验，提出了原子的核式模型——原子的全部正电荷和绝大部分质量集中在原子内部极小的区域内，称为原子核，质量极小的电子围绕原子核不停地转动。原子核被发现后，它的结构问题成为科学家关心的问题。1919 年，卢瑟福发现了质子。1932 年，他的学生查德威克发现了中子。从 20 世纪 30 年代开始，一系列新的粒子被发现，粒子物理学的时代到来了。

（一）从黑体辐射到量子论

马克斯·普朗克是柏林大学的物理学教授，他从 1878 年开始关注热辐射问题。1900 年 10 月，他在一次讲座中将辐射描述为热物体中的原子和电子的振动，推导出了既适合长波又适合短波的辐射公式。其基本观点是：任何波长的振动都有权利得到能量，它们得到的能量受自身特性的限制，每一振动只能吸收与它的频率成比例的某一最小单位的能量，或者是这一最小单位的整数倍的能量。这个最小单位的能量被称为普朗克常数。"在能量分配问题上，波长越长得到能量的可能越小，波长越短得到能量的可能越大。普朗克指出，如果黑体辐射是由量子不连续地发射出来，而一个量子的能量是和辐射频率成比例的，低温度就有利于接近光谱红端的长波的发射，因为量子的能量较小，但在高温时，由于有更多的能可用，就有利于发射短波长的较大量子。"[1] 量子论打破了"自然界无跳跃"的传统观念。

1905 年，爱因斯坦的光电效应实验支持了普朗克的量子学说。照射在固体

---

[1] ［英］史蒂芬·F·梅森：《自然科学史》，上海社会科学院自然哲学编译组译，518 页，上海，上海人民出版社，1977。

金属表面的光，可以使金属发射出电子。这些电子的能量不随光的强度变化，而是随光的颜色变化。为了解释这种现象，爱因斯坦提出能量是以微小份额的形式由光线携带的，他把它称为光量子。1913 年，尼尔斯·玻尔把量子论和原子结构连接起来，他证明了存在着电子轨道的离散序列。当一个原子被激发时，电子从一个轨道跃迁到另一个轨道。就在这一瞬间，原子吸收或释放一个光子，其频率相当于电子在这两个轨道上运行时所具有的能量差，这个能量差用爱因斯坦的能量和频率联系起来的公式计算。1926 年，物理化学家列维斯建议把光量子命名为光子。

（二）波粒二象性

光的反射现象是坚持微粒说的最直接的证据，衍射现象是波动说的有力支持。光电效应实验使微粒说具有坚实的基础，电子散射实验证明单个量子具有某种波动性。在这些事实面前，两种竞争的学说互相修正。1925 年，路易斯·德布罗意提出一切物质皆是波的观点。电子波得到了证实，德布罗意也因此获得了 1929 年度诺贝尔物理学奖。实验证明质子、中子等粒子同样具有波动性。波粒二象性成为公认的微观世界粒子的基本属性，是解释微观世界现象的出发点。波粒二象性是量子世界的奇特特征。依据此观点，当我们研究固体、液体和气体时，我们面对的是量子的海洋，一切微观现象都是由次一层级的粒子涨落引起的。每一粒子的行为是无规则的，但整个层级的总体表现是可以把握的。我们不再妄图寻找每一事物间的因果联系，但却要通过层级间的差别与不同的表观来认识世界。从波粒二象性出发，我们可以发现一个更简单、更清晰的内在世界。

四、相对论的形成

19 世纪的物理学家接受了牛顿的绝对时空观念：绝对空间与任何外界事物无关地存在着，绝对时间同样与外界事物无关地流逝着。运动定律对所有匀速运动的观察者都是相同的。爱因斯坦的相对论打破了牛顿的绝对时空观念，他把三百年来物理科学的发展推向了顶峰。

（一）狭义相对论的创立

1905 年，爱因斯坦提出了两条全新的物理学原理：相对性原理和光速不变原理。前者是指宇宙中各处的物理规律都是相同的，不论观测者的运动速度如何；后者是指光速是一个常数，它与光源的运动无关。当物体运动的速度接近光速时，牛顿定律失效了，许多奇怪的现象出现了。爱因斯坦指出，接近光速运动的物体，在一个静止的观察者看来，会在运动的方向上变扁。收缩的程度取决于运动物体的实际速度；同时性的概念取决于观测者的速度，而不再是绝对的。在相对论中，运动的时钟比静止的时钟走得慢。当物体运动的速度接近光速时，它的质量会变得无限大，因为光速不变，所以没有质量无限大的运动物体。只有静止质量是零的粒子才能以光速运动，比如光子。

（二）广义相对论的建立和验证

爱因斯坦没有停止对时空本性的探索，他清醒地知道狭义相对论的局限：狭义相对论是针对接近光速的匀速运动的观察者而言的，然而，实际的观测者都在经受着加速度。他试图提供一种适合于所有观测者的物理描述，把加速运动和引力的影响包括在内。1907 年，爱因斯坦提出了等效原理：引力和加速度是等效的。经过 8 年的努力，他创立了广义相对论。在广义相对论的宇宙中，引力被转化到时空的几何曲率中。时空弯曲的程度，由宇宙中物质的分布所决定：一个区域内物质的密度越大，时空的曲率就越大。1919 年，英国天文学家爱丁顿在观测日食时，发现星光经过太阳附近时光线发生弯曲。他自己把对广义相对论的验证看作是一生中最伟大的时刻。爱因斯坦也因此获得了世界性的声誉。广义相对论对于我们认识高能量、大质量、大距离的天体来说是至关重要的，它把宇宙学变成了数学和几何学的一个分支，这是现代科学重大的智力成就之一。

五、进化论与生命之谜

（一）进化论的生命科学意义

1859 年，达尔文《物种起源》的发表标志着 19 世纪思想发展的历史性转变。进化论指出了生命世界的变化趋势。自然选择学说是达尔文进化论的核心，它的真正功能在于说明生物如何适应变化的环境。为了解释子代和亲代之间的相似性，达尔文在 1868 年出版的《动物和植物在家养下的变异》一书中提出：生物体中各个部分，各种组织细胞中都能产生一种微粒，这种微粒经过循环系统集中到生殖细胞内传给后代，后代因而获得两个亲本的微粒，在一定条件下微粒发育成对应的器官。当全部微粒在正确的部位、正确的时间长出正确的器官时，生物完成发育；当微粒发生变化时，生物就发生变异。达尔文在历史上第一次把生物遗传变异的物质基础作为一个独立的问题提了出来。

（二）寻找基因的历程

1887 年，比利时的细胞学家贝尔登发现了有关染色体的两个新现象，生物体内每个细胞都具有相同数目的染色体，同一物种内每个成员的染色体数目相同；在形成性细胞时，细胞在一次分裂中染色体数目并未增加一倍，精细胞和卵细胞的染色体数目只有一般细胞的一半。1902 年，美国哥伦比亚大学生物系的研究生萨顿发现了和贝尔登相同的现象，他看到了染色体的行为和孟德尔遗传因子行为的相似性，于是，提出了一个大胆的假设：遗传因子位于染色体上。

1914 年，摩尔根的学生布里奇斯通过研究性染色体的错误分配与性别异常的关系，证实在具体性状（性别）与特定染色体之间存在着平行的关系，随后，摩尔根的助手们把多个基因定位到多个染色体上，并证明基因在染色体上呈线性排列。摩尔根在 1926 年出版的《基因论》中这样写道："我们自然很难放弃这样一个假设，基因之所以稳定，是因为它代表着一个有机化学的实体。"

1952 年，德尔布吕克、卢里亚、赫尔希设计了有名的噬菌体感染实验，发现噬菌体的 DNA 主导着噬菌体的生命的繁衍，DNA 才是遗传物质。美国哥伦比亚大学的查伽夫对 DNA 进行了一系列严格的生物化学分析，发现 DNA 并不是由单调的四种核苷酸重组出现组成的 4 种不同的含氮碱基的任意顺序排列，4 种碱基的含量并不相等。

1953 年 2 月 28 日，沃森和克里克搭建了 DNA 的双螺旋模型，这个三维的 DNA 构型像一架沿反时针方向扭转的梯子，梯子的两边骨架由核糖和磷酸组成，连接配对碱基的氢键如同梯子的横档。4 月 15 日，沃森和克里克在《自然》杂志上发表了有关 DNA 双螺旋结构的论文。

（三）遗传的中心法则

DNA 位于细胞核中，蛋白质在细胞质中。克里克认为 DNA 不可能直接控制蛋白质的合成。克里克猜测在蛋白质合成的第一步中，一定是 DNA 先指导合成 RNA，然后 RNA 游离到细胞质中，再指导合成蛋白质。RNA 在这个过程中是信息的传递者，可以称之为信使。沃森提出细胞信息流动向：DNA→RNA→蛋白质，处于细胞核中的 DNA 把信息传递给细胞质中的 RNA，各种氨基酸遵照 RNA 传递的信息合成各种各样的蛋白质，蛋白质的多样性决定了生物的性状，生命世界由此变得丰富多彩。信息从细胞的中心发出，这个法则叫中心法则。

1961 年，蛋白质的合成机制被大致澄清。人们发现 RNA 有 3 种：一种是核糖体 RNA，它提供合成蛋白质的场所；一种是转运 RNA，它负责把氨基酸连接到模板 RNA 上；一种是信使 RNA，它是 DNA 的复制品，蕴涵着蛋白质合成的指令信息。中心法则和遗传密码只是告诉我们基因是怎样决定蛋白质的结构和功能的，但未阐明基因与基因之间的相互关系。

第二节　现代科学观念的更新与科学主义文化思潮

19 世纪是科学和工业的世纪，科学和技术紧密结合起来。科学沿着精确化的道路快速前进。人类的抽象思维能力达到了一个新高度。在新科学的基础上兴起了新哲学，这种新哲学是在工业文明中发展起来的抽象力的产物……它展示出我们所居住的世界是一个比古典哲学家视为当然的结构要复杂得多的结构。

同时它也发展了处理这种结构，并使世界成为人类理解力所能理解的方法。①

一、现代科学的新观念

20 世纪物理学、生物学的发展，向人们展示了一个与经典科学完全不同的世界图景，从根本上改变了人们的思考方式和传统观念。人们看待世界的方式从机械的转变为机体的，从静态的转变为动态的，从物理的转变为生态的。新科学代表着新的思维方式，孕育着新的文明。

（一）海森堡的不确定原理

量子力学最著名最有争议的观点是不确定原理。海森堡秉承了德布罗意关于波长和动量之间关系的思想，经过详细的分析他得出了下面的著名公式：

$$位置的不确定性 \times 动量的不确定性 < h$$

这个公式表明我们不能同时确定微观粒子的位置和动量，这与经典力学认为位置和动量是可以同时确定的观点相违。这一结果表明在量子世界中，每一测量的精确度都将受到一个最终的不可避免的限制，每一事件都受到不确定原理的制约。在微观领域和宏观领域有截然不同的法则。我们观察（测量）的结果都是粒子相互作用的结果，每一次相互作用中都有一个不确定的动量传给粒子，电子运动的轨迹发生着不可预测和不可控制的变化，我们不可能获得完备的标明各个参量的初始值所需的数据。因果律失效了，连续的观念不得不被放弃。不确定性原理从根本上动摇了经典物理学的大厦。海森堡在他的同事波恩和约当的帮助下，发现了如何把"位置—动量"表达式里右边不为零的量融入量子力学。海森堡用矩阵的数学形式表述微观世界，矩阵代数与通常的数字代数不同，通常的代数乘法中，二乘以三与三乘二是一样的，但矩阵 A 乘以 B 与 B 乘以 A 不同，这个不对称的数学特点联系着这样的物理事实：在微观世界，测量的先后次序不同就会产生不同的结果。矩阵力学和薛定谔的波动力学是微观世界的两种表达方式。

（二）玻尔的互补原理

1927 年，玻尔出于哲学上的考虑采纳了不确定原理的表述，借用威廉·詹姆斯《心理学原理》中的互补原理表达自己的物理哲学思想。玻尔主张，在一次达到量子力学精确度的观察中，必须把观测仪器和被观测系统看成一个整体。在这个整体中，观测仪器与原子相互作用的量子将改变原子（被测对象）的行为，变化的方式无法预测，在这种意义上说，不同的仪器产生不同的原子，一个原子未被观察时是不具有任何性质的。那么，量子力学不能研究微观客体的

---

① ［德］赖欣巴哈：《科学哲学的兴起》，2 版，伯尼译，95～97 页，北京，商务印书馆，1983。

本质了吗？它只是在研究可观察的大规模现象之间的关系吗？这些现象是一个不可分割的整体，对它的分解，用数学概念系统进行描述也不可能得到精确的表征。互补原理彻底而系统地阐述了上面的两难困境。不存在精确的概念模型，只存在一对对的互补概念，其内容不能精确定义，诸如位置和动量，波动性与粒子性，每对概念的两个成员的最大精确度成反比关系。在给定的情况下，互补概念的每一个成员应该定义到何种程度是由具体实验条件来决定的，但是单一的、全面的精确表述系统行为的一切重要方面的概念不可能得到。

（三）物质与反物质

1928 年，英国物理学家狄拉克修正了薛定谔方程的不足，得出了一个相对论性方程，这个方程表明，电子必须绕自己的轴自旋。更有意义的是，从狄拉克方程可以推出正电子的存在。1932 年，安德森的实验证明了正电子的存在。正电子是"反物质"的基元，它的发现从根本上改变了基本粒子物理的基础概念。从此，人们认识到物质可以任意产生和消灭。"1930 年至 1931 年，狄拉克通过把负能比作难以觉察的海洋，把正电子看作这片海洋中的数个'空穴'。"[1] 狄拉克认为质子也应该有与其对应的反粒子，即带负电的反质子。1933 年，狄拉克在诺贝尔奖获奖演说中指出，可能存在主要由正负电子构成的反星体。多年后，狄拉克又进一步猜想粒子与反粒子之间的对称性，也就是说存在反原子或反物质世界。

（四）宇宙大爆炸学说与宇宙膨胀说

宇宙处于演化的过程中，这个过程从何开始，怎样结束？还是永远保持整体的稳定？从这两个基本问题出发，天文学家们发展出了演化宇宙学和稳态宇宙学。在演化宇宙学中最著名的宇宙模型是"大爆炸"模型：宇宙从起初的致密状态膨胀开来，在"原始火球"中物质的密度和温度无限大，时空曲率也是无限大。在此之前，没有时间，没有空间，没有物质。在稳态宇宙学中，宇宙膨胀着，新物质不断地在各处创生，它的密度和局域性质不变，借助连续的物质创生，这种创生是向外无限膨胀，且不可逆，最后宇宙将趋于静寂状态。

稳态宇宙学回避了整个宇宙过去如何开始和将来如何终结的问题。在当代，大多数宇宙学家更偏爱"大爆炸"模型。他们试图通过研究宇宙早期的状态，把自然界的 4 种作用力：引力、电磁力、强作用力、弱作用力统一起来，阐明物质在极高能量下的行为，检验大统一理论。

---

[1]　凯文·诺克斯编：《从牛顿到霍金》，李韶明等译，356 页，长沙，湖南科技出版社，2008。

（五）自组织原理

1947 年，比利时布鲁塞尔大学的普利高津发表了《不可逆现象的热力学研究》。他指出，在实际世界中没有东西是真正处于平衡态的。只要有一个很小的外部影响，系统保持在偏离热平衡的状态将持续出现一种稳恒态，而不是完全无序的状态。当平衡偏离得太远时，可能会出现一个转折点，或称分叉点，系统在此处会偏离稳恒态而演化到其他状态。远离平衡出现的新状态可以具有一种令人惊异的有序程度，此时无数分子在时间和空间中的行为达到协调一致。普利高津把这称作"耗散结构"。导致耗散结构生成的复杂而相互依赖的过程称为"自组织"。如何从无序经过自组织达到有序的理论被称作自组织理论。它为我们展示了创造性演化的世界图景。

（六）基因的自组织

1944 年夏，麦克林托克在研究玉米基因突变的基础上提出：基因的突变不是随机的，而是受某种控制因子制约的，这种控制因子的行为是对细胞内外环境的改变所做的反应。麦克林托克向人们展示了一个活生生的基因世界。同时也使人们开始转变基因研究的模式，从单个基因向多个基因，再向全部基因整体的转变。同时她的理论也把人们对基因的研究从分子层次深入到了亚分子层次。

1957 年秋，莫诺和他的合作伙伴雅各布提出了用细菌遗传分析的方法研究乳糖诱导酶形成的计划。雅各布提出了一个在别人看来不可思议的设想：在结构基因的旁边有一个开关基因，开关基因操纵着酶的合成。这就是有名的"操纵子假说"。乳糖操纵子模型向我们展示了单细胞生物的生存策略和调控装置。它可随时根据环境变化调节自己的活动，需要酶时，高效合成；不需要酶时，果断中止。莫诺和雅各布的操纵子理论使许许多多的生命现象在基因调控的基础上统一起来，改变了人们对基因的看法：基因不是一个单独的由化学物质组成的个体，而是由开关基因和结构基因组成的复合体。它本身有自动调节的功能。

二、科学主义思潮的流变

在 19 世纪文化土壤中成长起来的新哲学在 20 世纪出现了新的发展趋势，人们不但关心科学本身所蕴涵的哲学问题，而且对科学研究本身作深刻的反思。新哲学家们把关注的焦点集中于科学方法论和自然科学中的哲学问题。他们所关心的是科学研究的模式和规则、理论术语和概念的意义、地位和有效性。概括地讲，可以分为以下几类问题：科学的性质以及科学和非科学的划界问题；科学发现、科学检验、科学评价和选择的模式问题；科学理论的结构问题；科学理论与外部世界的关系问题；社会因素对科学发展的影响问题。

（一）逻辑实证主义

在 20 世纪初，对哲学有兴趣的科学家和对科学有深厚修养的哲学家把物理学、生物学以及其他科学学科的哲学思考与普遍的哲学问题联系起来。20世纪 20 年代以石里克为首的维也纳学派和以赖欣巴哈为首的柏林学派是哲学与各学科交流互动的学术团体。石里克在 1917 年发表的《现代物理学中的空间与时间》将实证主义的观点和爱因斯坦的相对论统一起来，是逻辑实证主义的奠基之作。赖欣巴哈在 1920 年发表的《相对论与先天认识》从相对论的观点批驳了康德的先验主义哲学。他们所主张的逻辑实证主义成为现代哲学的代名词。

1. 逻辑实证主义的基本观点

维也纳学派的主要特征之一是对自然科学的推崇。石里克是这个学派的主席，卡尔纳普、纽拉特和哥德尔是这个学派的代表人物。逻辑实证主义者反对形而上学或者称为形而上学的东西，他们谴责各种形式的神学，谴责任何认为有上帝存在的观念。他们反对 19 世纪以来存在于德意志哲学思想中的浪漫主义，反对黑格尔唯心主义的信徒，但不反对马克思，因为马克思是反形而上学的。

维也纳学派遵循的是一种旧有的经验主义传统，他们不关心哲学史，他们所说的都是休谟在 18 世纪所说的话。他们的革命性在于反形而上学的热情，在于他们用新科学和新逻辑打破和改造传统观念和传统的思维模式。在他们看来，古老哲学问题要么没有意义，要么可以用纯逻辑方法加以解决。卡尔纳普的《世界的逻辑构造》是这一思想路线上结出的硕果。可证实性原则是这个学派思想的出发点，石里克把这个原则概括为：一个命题的意义在于其证实的方法。逻辑实证主义者把验证原则当作"奥卡姆剃刀"广泛使用，对人们关于世界和哲学的看法产生了重要的影响。哲学家们放弃了建立哲学体系的努力，他们开始认为自己的作用只是分析性的。什么是分析，怎样分析，分析的方法有哪些，分析的标准是什么成为哲学家们关注的焦点。澄清科学所使用的概念和论证方法是哲学的基本任务。在这种思想潮流中，分析的技术得到了空前的重视和提高。

逻辑实证主义的一个突出特点是对语言在哲学中的重要性给予了全新的重视。对语言的重视可以看作是现代哲学最显著的特点。有意识地全神贯注于语言，思考语言与世界之间的关系，是人认识自己的现代方式。

2. 逻辑实证主义面临的挑战及其命运

20 世纪 30 年代末，逻辑实证主义的代表人物亨普尔、卡尔纳普、赖欣巴哈由于政治原因先后迁居美国，使逻辑经验主义的思想与实用主义、操作主义、行为主义相接触，逻辑经验主义在美国的发展进入了一个新的阶段。

亨普尔继承了维也纳学派的传统，认为哲学必须从科学理论研究的成果中导出，自然科学研究及其方法是寻找可靠知识的最有效、最合理的典范；自然科学和社会科学都属于经验科学，它们的陈述必须用经验事实来检验；自然科学研究的方法和原理可以推广到社会科学。逻辑实证主义在处理问题时过于简单化，把逻辑和数学中的陈述完全看作是分析性的也值得怀疑，它本身存在着严重的不足。亨普尔看到了逻辑分析方法的局限，他从更广阔的视角来论证和发展现代经验主义，他曾试图把社会历史和心理因素纳入分析哲学，他的经验主义不仅仅是逻辑的，更是分析的。

20 世纪 50 年代初，蒯因对逻辑实证主义提出挑战。在《经验主义的两个教条》一文中，对逻辑实证主义的两个基本观点——分析命题和综合命题的划分、证实理论和还原论进行了清算。① 他认为在分析命题和综合命题之间划出一条界线的想法是经验主义的一个形而上学信条，是没有根据的；还原论假定每一个关于物质世界的、有意义的命题都能加以验证和反证，这也是一种形而上的教条。我们关于物质世界的诸命题，在接受感性经验法庭审判时，不是单独出现的，而是作为一个组合起来的整体。蒯因对经验主义教条的挑战动摇了逻辑实证主义的根基，从而引起了持续十年的大论战，导致了逻辑经验主义在20 世纪 60 年代的衰落。

（二）批判理性主义

卡尔·波普尔的批判理性主义是科学哲学发展的重要阶段，他关于科学方法论的思想影响和激励了在科学哲学领域从事研究的每一个人。1918 年，波普尔进入维也纳大学学习哲学、心理学、数学、物理学、医学等课程，1928 年获得博士学位，论文题目是《思维心理学的方法问题》。1934 年，他出版了自己的成名作《研究的逻辑》。爱因斯坦的相对论、弗洛伊德的分析学说对波普尔哲学思想的形成起了最重要的作用，他的批判理性主义就是以相对论为基础建立起来的。批判理性主义要点如下：

1. 证伪主义

逻辑实证主义十分强调归纳原则，赖欣巴哈说："这个原则决定了科学理论的真理性。从科学中排除掉这个原则，就意味着使科学失去对真理论的真假作出决断的能力。"② 波普尔反对归纳主义，他认为不能从单称陈述归纳出全称陈

① ［美］威拉德·蒯因：《从逻辑的观点看》，江天骥等译，19 页，上海，上海译文出版社，1987。

② 涂纪亮：《分析哲学及其在美国的发展》，631 页，北京，中国社会科学出版社，1987。

述，不能从过去推知未来，因为有限不能证明无限。"自然的齐一性原则"是一种形而上学，由此引出的归纳原则也是一种形而上学。从反归纳主义的立场出发，波普尔进一步提出了著名的"证伪原则"。这个原则与逻辑实证主义的"证实原则"相对立。证伪原则的优越性在于，证实原则只是证实个别的经验事实，而证伪原则能够否定整个科学原理或科学定律甚至整个科学体系。波普尔把证伪原则看作是科学和非科学之间的划界标准。他强调，科学理论不能用经验证实，只能用经验证伪。一种理论只要是可证伪、可反驳的，它就是科学的。波普尔的证伪原则实际上是他批判精神的具体表现之一。

2. 知识的增长

波普尔的批判精神还表现在他主张的"试错法"中。试错法的基本精神就是"从错误中学习"，"尝试与排除错误"，"猜测与反驳"，大胆尝试，严格检验。从试错法的观点出发，波普尔考察了科学知识增长的图式：

问题—猜想—证伪—新的问题……

科学研究开始于问题；科学家对问题提出各种大胆的、尝试性的猜测，即理论和假说；各种理论展开激烈的争论和批判，接受观察和实验的检验，通过检验排除错误的理论，筛选出逼真度最高的理论；随着科学技术的进一步发展，新理论被证伪，出现新问题，于是一个新的循环开始了。

波普尔认为，知识如何增长的问题是知识论的中心问题。他在科学发展模式的基础上提出了"关于世界3"的理论："世界1是物理客体或物理状态的世界；世界2是意识状态或精神状态的世界；世界3是思想的客观内容的世界，包括科学思想、诗的思想、艺术作品。"① 波普尔的这种划分明确了思想的对象和精神创造的真正源泉，这是他晚年思想的重大贡献。

3. 精致证伪主义

拉卡托斯是波普尔批判理性主义思想的继承者，他提出了精致的证伪主义，以理论系列的概念取代了理论的概念作为理论评价的基本概念。拉卡托斯把这个理论系列称作是"研究纲领"，研究纲领具有内在的连续性。"一个研究纲领由'硬核'和'保护带'构成"②。硬核是指最根本的理论公设和原则，保护带是指由基本理论原则所规定的一些研究原则。科学史是一部研究纲领竞争的历史。

① ［英］卡尔·波普尔：《科学知识进化论》，纪树立编译，309页，北京，生活·读书·新知三联书店，1987。

② ［英］伊·拉卡托斯：《科学研究纲领方法论》，兰征译，67页，上海，上海译文出版社，1999。

（三）社会历史学派

20 世纪 60 年代出现的社会历史学派强调心理因素和社会因素在科学变革和科学发展过程中的重要作用，库恩的范式论、夏佩尔的信息域都把科学的发展看作是复杂、异质的过程。

1. 库恩的"范式"

托马斯·库恩认为逻辑实证主义和波普尔的证伪主义都不能给科学知识的增长以合理的说明。他认为科学史不是按编年次序排列的事实集合，而是受许多规律支配，在时间上展开的认识过程。他在 1969 年发表的代表作《科学革命的结构》一书中提出了范式的概念，从崭新的角度诠释科学史。

范式是一个包括各种科学、哲学和社会因素在内的综合体，它是科学活动的工具，包括精神的和物质的，诸如世界观、信念、理论、方法、仪器等，凡是科学共同体进行研究所用的手段都包括在内。范式这种特殊的研究工具实际上是科学创造的产物，它具有两个显著的特点：一是把一批坚定的拥护者吸引过来，使他们不再进行科学活动中各种形式的竞争；二是为一批重新组织起来的科学工作者留下各种有待解决的问题。[1] 范式是科学共同体从事科学研究的行动指南，在科学研究中起着定向作用，它为科学的认识活动提供了框架。

库恩在范式概念的基础上提出了科学知识增长的新模式：

前科学—常规科学—科学革命—新常规科学……

科学革命就是从旧范式向新范式的转换。这种转换是整体性的，新范式和旧范式之间具有不可通约性。

2. 夏佩尔的"信息域"

1969 年，夏佩尔在伊利诺伊大学召开的哲学会议上作了《科学理论及其域》的报告，提出了"信息域"的理论。这次会议被看作是新历史主义的开端，从此，许多哲学家尝试着克服库恩等人历史主义哲学中的非理性因素。

夏佩尔的"信息域"是一个假说，它随着认识的进化而改变，信息域的改变包括中心问题、目标、标准的改变，它具有动态的特征。库恩的"范式"和拉卡托斯的"硬核"是不变的，而夏佩尔的"信息域"是可变的。夏佩尔指出，符合以下 4 个特征的信息体构成了科学研究的信息域：信息体的"项"包括研究对象、研究过程、活动方式、客观事实、信念、理论观点；信息体存在某种问题；这个问题是重要的；当前的科学具备了解决这个问题的条件。夏佩尔的

---

① ［美］托马斯·库恩：《科学革命的结构》，金吾伦、胡新和译，133 页，北京，北京大学出版社，2003。

信息域是一个不断变动着的开放领域，它会随着其中各项的变化而变化。① "信息域"展开了一个更精致的科学发展的动态过程。

（四）科学与诗的统一

巴士拉尔是法国 20 世纪最卓越的科学哲学家，他以揭示科学思维活动和诗歌想象活动之间的关系而著称于世。

巴士拉尔在研究非欧几何的基础上提出了数学理性主义，又称为超理性主义。巴士拉尔指出在欧式几何中，平行公理被认为是反映物理实在的，在非欧几何中，它的几何元素是关系的，不是实体，数学形式之所以被认知乃是由于它的可变性。巴士拉尔强调现代数学的构造作用，他认为数学不仅是一种语言、一种表达方式，而且是科学思想的理性框架。数学的理性形式与科学的理性内涵的完美结合是科学揭示世界新奥秘的必由之路。巴士拉尔强调认识运动的方向是从理性到实在。认识始于问题和构造，而不是实在和直觉。"科学发明自己的对象，它构造自己的世界，实验证实它的建筑物"②。

巴士拉尔通过研究形象与概念、想象与理性之间的关系，探索科学与诗的统一问题。他强调"想象产生思想"。在艺术中，人们把想象投向事物；在现代科学中，精神超越主体和客体而转向用数学所表达的关系，这两种情形中的精神投射是理性和想象统一的基础。

---

① ［美］达德利·夏佩尔：《理由与求知》，褚平、周文彰译，298 页，上海，上海译文出版社，2001。

② 涂纪亮、罗嘉昌编：《当代西方著名哲学家评传——科学哲学卷》，426 页，济南，山东人民出版社，1996。

第十章　现代西方人文主义文化思想

现代化带给人们现代生活先进性的同时也带来了诸如环境污染、人性冷漠一类的新问题。面对现代化进程中不断出现的新问题，思想家开始寻找新的解决方法。新方法的发现从反思现代化的思想基础开始，逐渐形成了丰富多彩的现代西方人文主义文化思想的新气象。

第一节　现代西方人文主义的反思

现代西方人文主义所要回答的新时代问题是通过对现代化经验与教训的反思而得以发现的。这种反思主要通过对人类摆脱封建时代束缚的两个重要理论武器——科学与理性的反思而展开。正是通过对这两个支撑现代文明的重要观念所带来的现代化问题的反思，引发了不同方向的人文主义的新思考。对理性的反思开始于对启蒙运动的反思，对科学的反思开始于对科学导致的人类生活碎片化的反思。在反思的基础上，人们开始通过探索新的人文主义思想来尝试构建新的精神家园。

一、反思启蒙

在人类走向现代化的征途中，启蒙运动无疑是一个重要的环节。正是由于启蒙运动在政治、经济、思想文化方面为工业文明奠定了全面的基础，人类才最终全面进入现代化社会。启蒙运动最为核心的思想观念是理性精神。启蒙思想家正是在理性思想光芒的照耀下，全面超越了中世纪的神性观念，完成了社会主导观念的革新，由此带来社会文明类型的全面转型。然而，历史是一个永不停歇的机器，当它完成了革命性的转折后，还要继续前行。随着历史车轮的渐行渐远，作为新的思想观念若不能保持与历史同步，就同样会被甩在历史发展的后面。作为启蒙运动指导思想的核心观念——理性精神同样如此。历史发展的关键就是不断找到隐藏在现有"先进性"外衣下面的潜在滞后因素，才能保持其固有的持续发展频率。因此，在启蒙时代之后，要想找到历史继续发展的动因，首先就要对启蒙运动的潜在滞后因素加以分析与改进，而改进的首选就是作为指导思想的理性精神。

启蒙运动在同中世纪神学思想的斗争中，用理性解构神性后，出现了另一个极端倾向：理性的世俗化。启蒙思想家们"通过攻击传统宗教，在经济学、政治学以及关于正义的理论等方面创建新的'人的科学'，而在理性主义和世俗主义的基础上为现代世界观奠定了基础。"① 正是因为这样，此后所形成的社会风气往往以现实性、功利性为标准。这样，人类在从神性信仰的束缚中解脱出来后，没有了崇高的目标，只能以个人主义为中心。因此，人的精神生活也开始日益凡俗化，甚至庸俗化。这样，人在精神境界上脱离了几千年来的历史血脉，为此后现代化滥觞时期所出现的道德沦丧、家庭观念的松懈等现代化弊端埋下了伏笔。这种现象被称为理性的过度使用。

理性过度使用所带来的另一个典型不良后果是人们在利用理性作为思想武器推翻旧的以君主专制为代表的"人"的时候，同时也开启了新的在理性主义掩盖下的"制度性专制"。这种所谓的"制度专制"是建立在用理性论述与构建起来的所谓"制度合法性"这一带有现代法理性质的理论基础上的新专制："启蒙消除了旧的不平等与不公正——即绝对的君主统治，但同时又在普遍的中介中，在所有存在与其他存在的关联中，使这种不平等长驻永存。"②

早在启蒙时代，卢梭就在分析文明与自然相对立的基础上，对这种对立可能产生的不平等现象及其原因进行了分析。在卢梭看来，"文明与自然、理性与自然本能相比，是一种蜕变，甚至是堕落。人类征服自然的自由并没有带来人的自由，技能的进步并不伴随着道德的进步。他对文明的批判着重指出，文明的基础是私有制。"③ 卢梭进而对私有制作为不平等的根源进行了明确说明："各种不平等最后必然会归结到财富上去。因为财富是最直接有益于幸福，又最易于转移，所以人们很容易用它来购买其他的一切。"④ 事实上，这种不平等也被后来的历史发展所证明。

进入 20 世纪之后，这种不平等不但没有得到解决，反而变本加厉，甚至向新的极权形式演化。马尔库塞对这一趋势进行了深入分析："当代工业社会，由于其组织技术基础的方式，势必成为极权主义。因为，'极权主义'不仅是社会的一种恐怖的政治协作，而且也是一种非恐怖的经济技术协作，后者是通过既得利益者对各种需要的操纵发生作用的。当代工业社会由此而阻止了有效地反对社会整体的局面出现。不仅某种形式的政府或党派统治会造成极权主义，就是某些特定的生产与分配制度也会造成极权主义，尽管后者很可能与党派、报

① ［美］杰克逊·J·斯皮瓦格尔：《西方文明简史》（下），董仲瑜、施展、韩炯译，473 页。

② ［德］马克斯·霍克海默、西奥多·阿道尔诺：《启蒙辩证法——哲学片断》，渠敬东、曹卫东译，9 页，上海，上海人民出版社，2006 年。

③ 赵敦华：《西方哲学简史》，244 页。

④ ［法］卢梭：《论人类不平等的起源》，李常山译，143 页，北京，商务印书馆，1962。

纸的'多元论'以及'对等权力牵制'等等相一致。"①

　　理性过度使用带来的第三个典型问题是受到自然的惩罚。"征服自然"是近两个世纪以来几乎人人都耳熟能详的现代性豪言壮语。然而，当历史进入 20 世纪后，随着人们对伴随着英国工业革命同时发生的工业污染、环境破坏和资源枯竭等现象的认识日益深刻，人们也开始反思理性的过度所带来的不良后果："由于启蒙过分地自负于人的理性能力，人越来越盲目地妄自尊大，无所不在、无所顾忌地突出人的存在、人的力量、人的重要性、人作为宇宙的证实，肆意地征服和掠夺自然，相应地，人也越来越多地遭到自然的报复，人在自然中的处境事实上已经举步维艰"②。

　　现代化的历程证明，近代以来人们用理性替代宗教与神性，建立起来的理性王国却充满了非理性的结果，人们也越来越受到盲目的理性自信导致的自然的反作用：自然灾害频发，生存环境恶化，全球气候变化，等等。这一切都日益危及到人类生存。因此，现代化进程中的一些思想家开始对理性进行新的反思，重新从人文主义的理性中寻找人类生存的新出路。

二、反思科学

　　追溯近代理性精神的崛起原因的时候，有两个主要因素是不能忽视的：一个就是对古希腊、古罗马的理性传统的复兴（这主要是文艺复兴的任务），另一个就是吸收了近代科学革命所带来的新方法，形成理性的革新（这一任务主要是启蒙运动所完成的）。正如黑格尔认为的，哲学不能超出它的时代，正像个人不能超越他自己所处的时代一样。作为现代社会精神基础的现代理性也打上了鲜明的现代烙印。肇始于 16、17 世纪的科学革命，在哥白尼、开普勒、伽利略和牛顿等的努力下，彻底地打破了旧的世界观，树立起新时代的世界观。此后，由于爱因斯坦为代表的新物理学等科技的兴起，科学革命显示出日益强大的变革力量。

　　首先，科学是人们建立适应现代化的新世界观的理论基础。思想家们在科学革命所提供的新理论、新方法的支持下，对社会现象进行新的思考，从而形成崇尚理性反对愚昧、崇尚科学反对迷信的崭新的世界观。

　　其次，人们也开始将科学思想作为人类一切思想的归宿，在不同阶段先后出现了自然科学哲学化以及哲学自然科学化的现象。③ 这两个现象前后重心的

　　① ［美］马尔库塞：《单向度的人》，刘继译，4～5 页，上海，上海译文出版社，2008。

　　② 哈佛燕京学社编：《启蒙的反思》，2 页，南京，江苏教育出版社，2005。

　　③ 杨寿堪：《冲突与选择：现代哲学转向问题研究》，7 页，北京，北京师范大学出版社，2008。

转变，说明科学日渐趋于学术的中心地位。

最后，在自然科学思维方式的影响下，形成了经济学、政治学等现代专业学科。在中世纪之前，学者往往是通才型，比如柏拉图是哲学家、诗人和政治学家；亚里士多德是哲学家、伦理学家等等。但是，随着现代科学专业化程度不断提高，作为各分支学科的研究者也日益成为术业专攻的专门学家。

现代化进程开启于现代科学提供的新思维，现代化生活与生产也完全取决于科学技术的不断进步。这是现代化进程的一般规律。然而，当科学无孔不入地浸入到现代生活的每一个细胞的同时，也开始显示出其固有的缺陷。这一问题在启蒙时代就已经初见端倪。我们不妨以百科全书派学者拉美利特（旧译拉·梅特里）《人是机器》为例。这是因为拉美利特的这部著作向我们生动地说明了在启蒙时代，人们是如何把自然科学的知识用来解释自然界的一切现象，甚至是人本身。拉美利特吸收了当时的物理学、机械学、解剖学、医学、血液循环学的最新知识，用来解释人体的构造："人体是一架会自己发动自己的机器，一架永动机的活生生的模型，体温推动它，食料支持他。没有食料，心灵就渐渐瘫痪下去，徒然疯狂挣扎，终于倒下死去。"① 这就显示出拉美利特彻底的科学精神。他同时用科学知识解释了人体的构造以及心、脑等重要器官，认为这些器官都是机器的一个部件。拉美利特这一牵强附会式的解说，预示着科学主义渗透到现代生活的每一个角落，走向科学化的极端。

对于这一倾向，康德前瞻性地提出了人不是机器的观点："程度更大的公民自由仿佛是有利于人民精神的自由似的，然而它却设下了不可逾越的限度；反之，程度较小的公民自由却为每个人发挥自己的才能开辟了余地。因为当大自然在这种坚硬的外壳之下打开了为她所极为精心照料着的幼芽时，也就是要求思想自由的倾向与任务时，它也就要逐步地反作用于人民的心灵面貌（从而他们慢慢地就能掌握自由）；并且终于还会反作用于政权原则，使之发现按照人的尊严——人并不仅仅是机器而已——去看待人，也是有利于政权本身的。"② 康德的这一说法是较早对把包括人在内的一切事物机器化的反思。

科学主义对人类社会产生最重大影响的应该是达尔文的进化论。查尔斯·达尔文在其 1859 年出版的《物种起源》一书中提出了"自然选择"和"适者生存"的观念："我把每一个有用的微小变异被保存下来的这一原理称为'自然选择'，以表明它和人工选择的关系。但是，斯潘塞先生所常用的措词'最适者生

---

① ［法］拉·梅特里：《人是机器》，顾观涛译、王太庆校，20～21 页，北京，商务印书馆，1959。

② ［德］康德：《历史理性批判文集》，何兆武译，30～31 页，北京，商务印书馆，1990。

存',更为确切,并且有时也同样方便。"① 《物种起源》出版 12 年后,达尔文又出版了《人类的由来》一书,在该书中他将自己的生物进化研究扩展到人类,并得出"人和其他动物是来自一个共同的祖系的"② 结论。由于这两部著作的出版,达尔文构建了从植物、动物到人类的全面的生物进化论思想体系。然而,达尔文的生物进化理论开始被无限应用,进入到社会科学领域就形成了社会达尔文主义。进化论作为自然科学理论越界进入社会科学领域,在此后的一个多世纪产生了不同程度的破坏性结果。

首先,从破坏程度较小的整个社会观念层面"适者生存"的信条,成为一些不择手段达到个人目的者的理论根据,因此导致了极端个人主义的盛行,以及商业竞争中的冷酷无情。

其次,达尔文的进化理论往往被用作实行种族主义和发动战争的理论根据。德国将军弗里德里希·冯·伯恩哈迪于 1907 年宣称:"战争是具有头等重要性的生物必需,是人类生活中不能省却的一个定期因素,假如没有战争的话将会出现一种不健康的发展,这将会排除种族的所有进步,并进而使所有真正的文明消亡。战争是万物之父。"③ 这段话正是歪曲地利用了达尔文进化论中的竞争与物种选择理论,把战争说成是种族适应自然法则进行优胜劣汰的一个重要手段。通过这一理论,我们就不难理解此后不久德国参与第一次世界大战、发动第二次世界大战的原因,也就明白德国在第二次世界大战中对犹太民族以及其他非德意志民族的残酷迫害。这些给人类造成深重灾难的种族屠杀和世界战争,其背后的理论根据就是被无限扩大适用范围的科学理论。因此,经历了对这些灾难性后果的反思,思想家们开始寻求在科学与人的生存之间的平衡,于是就有了人文主义精神的新回应。

三、寻找"现代精神家园"

正如人们反思的那样:"启蒙在消解了中世纪的神学迷信后,自己也成为一种新的迷信,就是启蒙的迷信,启蒙成了一种具有意识形态属性的'永恒真理',科学主义、技术主义、工具理性、制度决定论、进步主义、人类中心主义、西方中心主义、追求富强为最高社会理想的发展至上主义构成了启蒙迷信

---

① [英]达尔文:《物种起源》,周建人、叶笃庄、方宗熙译,69 页,北京,商务印书馆,1995。

② [英]达尔文:《人类的由来》,潘光旦、胡寿文译,31 页,北京,商务印书馆,1983。

③ Friedrich von Bernhardi, *Germany and the Next War*, trans. Allen H. Powles, New York, 1914, pp. 18-19.

的主要的思想内容，所有的这些方面深刻地影响了人类当代社会的进程。"①

事实上，在启蒙运动时期，就有思想家从人类社会全面发展的角度，对理性指导下的启蒙运动提出了不同的见解，强调要从人的情感方面来树立新的生活风尚。这主要体现在发源于德国的浪漫主义运动。此后，人们的思考不断深入，为了回答上述启蒙迷信的各个方面问题先后出现了许多从人的自身来思考社会与人生问题的诸多文化思想观念，这些观念后来被概括为非理性主义思想流派。当西方国家大部分进入现代化社会之后，日益加重的现代化病症，促使又一批思想家开始对现代化本身作全面的反思，形成了后现代主义文化思潮。

凡此种种，都是人类在经历现代化过程中，通过对解决现代化弊病的方法的追求，汇成了新的现代人文主义文化思想潮流，在这一新兴的人文主义思想潮流对现代化沉疴痼疾的涤荡下，探索未来时代人类生存的精神家园。

第二节　现代西方人文主义文化思想述评

面对工业文明已经或即将带来的新问题，现代人文主义思想家先后提出了多种解决方案。这里以浪漫主义、马克思主义、非理性主义与后现代主义为代表，加以分析介绍，以期抛砖引玉。

一、浪漫主义的理性价值

浪漫主义通常是指肇始于18世纪70年代的德国，然后迅速扩展到整个欧洲，并待续到19世纪40年代的人文主义思潮。这种思潮是最先对启蒙理性所带来的人类精神生活的片面性的反思。因此，我们就从其对启蒙反思的具体内容入手，来把握其产生的原因及其思想史意义。

首先，浪漫主义是对启蒙运动以来理性的过度世俗化与功利化的反思。启蒙运动是人类利用近代科学革命带来的新世界观和方法论，建设一个新社会、新生活与新时代："18世纪的启蒙运动就是一群勇于去探索未知的知识分子的运动……他们是在鼓励人们运用科学的方法来理解人类的整个生命与存在。"②然而，由于"启蒙运动至少在其主要趋势上是一个致力于使思想和生活简单化和标准化的时代——以它们的简单化方式来达到标准化"③。因此，启蒙运动在

---

① 哈佛燕京学社编：《启蒙的反思》，4页。

② ［美］杰克逊·J·斯皮瓦格尔：《西方文明简史》（下），董仲瑜、施展、韩炳译，452页。

③ ［美］诺夫乔伊：《存在巨链》，张传有、高秉江译，365页，南昌，江西教育出版社，2002。

变革传统时也存在把理性实用化的倾向："启蒙思想家们在运用理性和提倡自由时，自始至终都是怀着实际结果的目的的。"① 理性的实用化，以及在其指导下生活的标准化，必然导致本来丰富多彩的生活世界日渐失去应有的多样性而日趋平面化，削弱了理性的科学光芒。因此，浪漫主义对启蒙理性进行了修正："它们（浪漫主义思想）在深层次上是一些与启蒙时期的纯粹理性主义学说完全格格不入的观念。其时尚的首要影响是微妙地、逐渐地把这样一些品味和哲学假设中的几个介绍给欧洲人，这种影响在 18 世纪末采用了一种有意识的和进攻性革命运动形式，浪漫主义名称通常被应用到它们身上。"② 这也许是事物发展的一种内在张力。为了裨补启蒙运动的不足，浪漫主义者"试图平衡对于理性的运用，因此强调知觉、情感和想象在知识来源中的重要性"③，才使浪漫主义运动发展壮大起来。

其次，浪漫主义是对法国大革命后欧洲保守主义统治复活的反抗。启蒙运动为现代社会作出了详细的规划。以法国大革命为代表的资产阶级革命为实现这些规划付出了巨大的流血与牺牲。经过血雨腥风的革命洗礼，欧洲各国形成了现代国家政权的雏形，同时生成了新的政治观念，比如民族主义、自由主义、平等、博爱等等。随着拿破仑对外征服，这些观念广泛传播，逐渐为大多数进步者接受。然而，随着拿破仑的失败，以 1815 年维也纳会议为标志，欧洲各国的统治者又开始采取加强专制与集权的统治方式，并且形成攻守同盟。在这样的背景下，以宣扬民族主义为代表，反对恢复专制主义思想就成为 19 世纪初年的浪漫主义运动的内容之一。与恢复专制倾向的保守主义政治思想相比，这种以新生的民族主义思想为指导的思潮无疑是先进的，甚至是激进的。

最后，浪漫主义思想也是与哲学革命成果的互动结果。"大约在这个时期，可以说发生了三个革命。它们不期而遇，互相重叠，相互影响，但各不相同，甚至互相矛盾。它们是法国革命、康德革命和浪漫主义革命。"④ 浪漫主义思想与哲学革命互动，是相互影响与相互促进的。康德三大批判从哲学史角度整合了理性主义与经验主义的对立，防止理性被片面扩大应用的可能。由于"康德的关注焦点并不在于超验的或自然的世界，而是像卢梭一样，集中于人——人

① ［英］阿伦·布洛克：《西方人文主义传统》，董乐山译，88 页，北京，科学出版社，2012。

② ［美］诺夫乔伊：《存在巨链》，张传有、高秉江译，359 页，南昌，江西教育出版社，2002

③ ［美］杰克逊·J·斯皮瓦格尔：《西方文明简史》（下），董伸瑜、施展、韩炯译，577 页。

④ ［美］罗兰·J·斯特龙伯格：《西方现代思想史》，刘北成、赵国新译，218 页，北京，中央编译出版社，2005。

的经验、人的思考，以及人的意识与想象的创造性力量"①，所以康德哲学可以算作是哲学的人文主义。浪漫主义则是通过文学艺术等手段，在更接近人的生活实践的文化领域全面恢复人的主体地位，在更为广泛的领域重新寻找人的整体性价值。

与启蒙运动提倡在理性原则指导下，国家要稳定和政治秩序、社会生活要平稳和注重实际、艺术也要以实用的功利主义为指导不同，浪漫主义反对将自然也理性化（极端的口号是"征服自然"），主张对自然保持神秘的兴趣和敬畏之心。浪漫主义者在艺术上反对以功利主义为指导，主张以美学标准来衡量艺术的水准。同时，无论在现实生活中，还是在艺术创作中，要以强烈的情感作为基础，从人自身的感受来体现生活与艺术的美。浪漫主义者在政治上强调对新观念的接受，比如民族主义甚至无政府主义，反对专制的复活，同时也对新的政治体制可能形成新的不合理保持警觉。人们普遍认为卢梭是浪漫主义思想的鼻祖，因为"卢梭的生活经验使他意识到鼓励心灵的重要性，他孜孜追寻的是心灵与头脑之间的平衡、情感与理性之间的平衡。这种对于心灵与情感的强调使他成为浪漫主义运动的先驱。浪漫主义运动是 19 世纪初期统治了欧洲思想界的知识分子运动"②。在卢梭的教育学名著《爱弥儿》中有言："（我的）基本关注在于，教育应该鼓励而不是抑制孩童的自然天性。"这与当时流行的注重培养圣贤的宏大叙事不同，卢梭注重教育对"人的天性"的培养。

浪漫主义作为与启蒙运动接踵而至的又一个影响欧洲半个多世纪的思想，其意义首先表现在为理性作了合理的划界。这种划界防止理性的过度使用可能导致的理性庸俗化，保持了理性的科学性。其次，浪漫主义运动为了防止理性的过度使用，有时也采取了贬低理性价值的方法，"这种非理性主义的态度在某些方面是对工业社会日益侵犯个人自由的一种反抗"③。随着现代工业生产的不断发展所带来的一系列社会问题的显现，浪漫主义所开辟的对待理性的两种方式为此后的人文主义思想家寻求新的解决方案提供了主要的思考方向，即对理性拓展的方向如马克思主义；以及非理性的或批判的方向，如 20 世纪初期非理性主义的兴起及 20 世纪后期后现代主义的盛行。

---

① ［英］阿伦·布洛克：《西方人文主义传统》，董乐山译，86 页，北京，科学出版社，2012。

② ［美］杰克逊·J·斯皮瓦格尔：《西方文明简史》（下），董仲瑜、施展、韩炯译，460 页。

③ ［英］伯特兰·罗素：《西方的智慧》，亚北译，308 页，北京，中国妇女出版社，2004。

二、马克思主义对资本主义弊病的诊治

马克思通过解构资本主义社会的内在结构，展示了资本主义生产的内在矛盾，从而揭示了人类社会的发展趋势。当东欧剧变，自由主义欢呼"马克思主义已经死亡之时"，法国哲学家德里达的《马克思的幽灵》对此作了回应。"我们这个时代不能没有马克思，没有马克思，没有马克思的记忆，没有马克思的遗产，也就没有将来。无论如何，也得有某个马克思，得有他的才华，至少得有他的某种精神。"①

马克思对资本主义制度的各种症候有着最透彻的分析："资产阶级在它已经取得了统治的地方把一切封建的、宗法的和田园诗般的关系都破坏了。它无情地斩断了把人们束缚于天然尊长的形形色色的封建羁绊，它使人和人之间除了赤裸裸的利害关系，除了冷酷无情的'现金交易'，就再也没有任何别的联系了。它把宗教虔诚、骑士热忱、小市民伤感这些情感的神圣发作，淹没在利己主义打算的冰水之中。它把人的尊严变成了交换价值，用一种没有良心的贸易自由代替了无数特许的和自力挣得的自由。总而言之，它用公开的、无耻的、直接的、露骨的剥削代替了由宗教幻想和政治幻想掩盖着的剥削。"② 在马克思看来，资本主义的经济制度迫使工人放弃自我经营的生产模式，受雇于资本家，他们是挣工资的奴隶。工人靠出卖劳动为生，在劳动的过程中，他与自己的劳动成果"分离"。按照马克思的观点，人在生产着产品的同时也在生产着人自身，人与劳动成果的分离也就意味着与人自身的分离，因为在生产的流程中，工人是被迫的，作为一名能够制造事物的人，他不能有自己的自由意志，不能实现自己的理想。作为一个被雇佣者，工人失去了创造的自由，他被降格为用劳动换面包的动物。资本主义强调私有财产，让少数人拥有所有权。失去了所有权的工人在这个充满了商品和机器轰鸣之声的世界中是一个无依无靠的"悬浮物"，他除了依附于资本家外别无选择。他们是工厂制度里可怕的牺牲者。

马克思熟谙亚当·斯密和大卫·李嘉图的古典政治经济学。李嘉图强调社会阶级并坚持私人财产神圣不可侵犯，马克思则认为"财产即盗窃"。在马克思之前，蒲鲁东也持这样的观点。马克思通过对"资本原始积累的"历史分析，透彻地指出资本之产生是依靠暴力，通过征服、奴役、抢劫和谋杀得来。马克思对资本主义制度的剖析不是出于道德的义愤，而是要为被资本主义制度奴役着的人类寻找一条出路。马克思研究现象变化的法则，他把自己的方法论建立

---

① ［法］雅克·德里达：《马克思的幽灵》，何一译，15 页，北京，中国人民大学出版社，2008。

② 《马克思恩格斯选集》，2 版，第 1 卷，274～275 页。

在唯物论的基础之上，它努力从社会关系中探寻秩序的必然性。马克思把社会运动看作是一个自然历史过程，支配这一历史过程的法则不仅独立于人的意志、意识和意图，而且决定着人的意志、意识和意图。在他对资本主义生产过程进行鞭辟入里的分析背后隐藏着他对人类命运的关注。他写作《资本论》的目的是揭露近代社会的经济的运动法则。

马克思通过剩余价值理论揭示了资本主义生产方式的内在矛盾，论证了从资本主义制度向社会主义制度过渡的必然性。在马克思的眼中，资本家是"人格化"的资本，对剩余价值无止境的追求是资本的本性，不断地扩大再生产是资本家追逐更高利润的唯一选择。剩余价值的实现依赖于生产过程向流通过程的转化，然而资本进入流通过程时受到两种限制：一是资本作为生产出来的产品受到消费量或消费能力的限制；二是现有等价物的量的限制，即货币的限制。生产总是在一定的生产力水平和特定的生产关系中完成的，流通业受到交通、运输、通信、商业体系的限制，为了追求更大的剩余价值，资本总是试图突破现有的限制，不断地发展生产力，在不断地改革生产关系的过程中突破限制。资本的这种本性通过资本主义生产方式表现出来。每一次"突破"都是一次"创造性的破坏"，经济危机就是这种创造性破坏的集中体现。资本主义生产的限制是资本本身的限制。因此，资本主义的发展总是伴随着经济危机。生产力的发展水平越高，资本主义的创造性格表现得越突出，经济危机对社会肌体造成的伤害就越大越深。从1825年的经济危机至今，经济危机有形形色色的表现形式，不断更新的表现形式没有改变资本主义生产矛盾的本质。只要资本主义存在，我们就无法回避马克思关于资本主义内在本性的分析。

三、非理性主义的抗争

非理性主义产生的主要原因与浪漫主义及马克思主义是一脉相承的，都是对现代化进程中理性使用不当所作出的回答。马克思主义是从哲学发展史内部，对思辨哲学的方向进行调整，从以抽象理性为出发点的唯心式思辨转向以人为出发点，同时坚持物质第一性的唯物式思辨，这样就在以人为本的前提下平衡了西方哲学自笛卡儿以来的主客二分的问题，所以我们也将其视为人文主义文化思想之一种。这是一种对理性进行平衡与完善的方式。与这种方式相反，对理性采取否定立场，并以此为出发点，从理性的对立面，主要是从人的情感、意志、本能等角度出发，对人类在现代化进程中出现的问题寻找新思路，由此所形成的一系列文化思想被称为非理性主义。

非理性主义所面对的理性主义所带来的具体问题可以概括为两个方面：理性本身的危机与人自身的生存危机。这两种危机归因于西方传统哲学一直潜在的主客二分问题在现代化进程中的突显："西方理性主义哲学认识论的一个突出特点是把情感、意志等因素从构成认识的整体环节中分离出去，孤立起来，否认主体的情感、意志的作用；主体与客体的关系破裂，而失去了活的联系。在理性认识的支配下，世界被撕成概念的碎片，人被抽象为理性化的东西。由此决定了人的生活是片面的、抽象的，在主客体二分的世界观、认识论指导下的人生，完全被理性化、客体化，人的真正本性被遮盖了。"①

因此，非理性主义思想家为了解决理性主义所带来的问题，都采取了转向人本身来寻求解决问题的方案，从人的意志、人的直觉、人的存在意义以及人在现代化进程中出现的异化等方面思考人在现代化进程中应该体现出的生命意义与生存价值。在这一过程中，具有较大影响的学说主要包括唯意志主义、生命哲学、精神分析学派、存在主义、法兰克福学派等。

（一）唯意志主义

唯意志主义产生于19世纪后期的德国，然后在欧洲不断传播与盛行。唯意志主义的主要特点是主张意志是世界本质也是万物的本质。唯意志主义主要代表人物有德国的叔本华、尼采，英国的卡莱尔以及法国的居约等。

叔本华1813年以《充足理由律的四重根》获得耶拿大学博士学位。在这篇论文中形成了他的唯意志主义思想。1818年，他出版了代表作《作为意志和表象的世界》，标志着其哲学思想的成熟。叔本华认为意志是世界的本质，"世界是我的表象"。在叔本华看来作为一切现象的本质的意志是一个绝对自由的自在之物，这种本质性意志的基本特点是为了求得生存而永不疲倦地充满欲望和冲动。这种对欲望和生存的追求是不受理智控制的、无止境、无目的运动。在这种永不停滞的流转变化中，产生出世界万事万物。因此，人也是意志的体现，是生命意志的表象。由于作为人的本质的意志体现出为了生存而对各种欲望的无休止追求，但又永远无法满足，所以人的生存是空虚的、无聊的，从而导致悲观主义哲学。

尼采继承了叔本华将意志作为世界本质和生命本质的观点，也承认意志决定世上万物发展、变化。但是，与叔本华的生命悲观主义倾向相反，尼采把具有本原性的意志发展为权力意志。尼采很有可能受到达尔文主义中物竞天择、适者生存观念的影响，他认为真理的标准就是提高权力感，因此权力意志是人以及人的认识本质。同时，尼采认为世界是永恒轮回的，权力意志因此就不断地在轮回中永远存在。在这样的思想基础上，尼采开始对现实世界中由于理性的片面性所带来的如叔本华所发现的生存空虚类的问题，提出一系列具有颠覆

---

① 杨寿堪：《冲突与选择：现代哲学转向问题研究》，115页，北京，北京师范大学出版社，2008。

性的观点。这些观点主要有："上帝死了"，因此要打倒一切偶像、重新评估一切价值；因此，作为主体的人要在权力意志的主导下，超越自我，做"超人"，历史上推动历史发展的人都是超人；作为超人的人，要否定现实，创造未来，因此批判理论也成为尼采创造未来的重要思想成分，尼采对基督教、传统道德以及其他社会思想都作了全面批判。批判旧道德的同时，尼采提出了英雄道德说，也就是主人道德，来替代在传统的专制传统下形成的奴隶道德。

（二）生命哲学

生命哲学产生于 19 世纪，贯穿于 20 世纪，广泛传播于西方各国。主要代表人物有德国的狄尔泰、法国的柏格森和英美的怀特海。生命哲学家试图以人的生命产生与发展的规律来解释世界。这样他们就"赋予生命的本质不是生物学上的，而是本体论的意义。生命的本质不是自然科学所研究的物质，也不是传统意义上的精神，而是一种富有创造性的活力，一种可以自由释放的能量，可称之为'活力'或'生物能'"①。生命的意义在于生成和创造。这一点不但在观念层面，在生活与伦理层面也是这样。生命哲学家们"普遍认为人的道德生活应当是创造，而不是服从；应该是实践，而不是沉思；应该是进取，而不是保守"②。生命哲学家们这些观点实际上同近代人文主义的主要思路是一致的，即努力寻求对理性过度使用所带来弊端的消解方式，其特点是企图以人为中介，以人的现实生命的存在与生活规律来解决物质与精神的分立这一传统理论难题。

（三）精神分析

精神分析又称心理分析，是由奥地利心理学家、精神病医师弗洛伊德创造的。从弗洛伊德和布鲁耶尔合著出版的《关于歇斯底里的研究》到 1900 年弗洛伊德发表《梦的解析》，标志着精神分析学趋向于成熟。弗洛伊德在《精神分析引论》第一编的绪论中说："精神分析有两个信条足以触怒全人类：其一是它和他们的理性成见相反；其二则是和他们的道德的或者美誉的成见相冲突。"这段话表明了他创立精神分析理论的意义，那就是对理性成见的反思。实际上，就精神分析这一主题来看，本身就是回归人类自身，摆脱理性长期统治人类的鲜明表述。所以"弗洛伊德认为，应该从精神上对人类的历史重新进行根本的审视。他把自己看成是一个启蒙主义者，想把人类从迷信和幻想中解放出来。"③

---

① 赵敦华：《现代西方哲学新编》，28 页。

② 同上书，29 页。

③ ［德］马丁·摩根史特恩、罗伯特·齐默尔：《哲学史思路——穿越两千年的欧洲思想史》，唐陈译，212 页。

弗洛伊德学说是从精神疾病治疗过程中产生的。这一学说的第一个发现就是无意识说（有人亦称为潜意识说）。所谓的无意识是对早年的一些记忆在意识中的排除（比如一些不快乐的记忆），在弗洛伊德的研究看来，这些被排除的记忆其实没有被消除，而是仍然存在于人的大脑意识以外的部分，被称为无意识。这种排除被称为抑制。其实，人格的形成过程就是不断对一些引起欲望的意识进行抑制。这就涉及他的第二个学说，即三我说：本我、自我和超我。本我是无意识的核心，代表人类最原始的欲望，追求快乐的原则，同时本我中也存在一种死亡欲望，即倾向于毁灭和死亡的欲望；自我是理性对本我克制的结果，本我追求快乐，但是为了在现实中追求快乐不与别人发生矛盾，就要抑制可能导致他人不快乐的欲望，从而在社会中保持和谐；超我是指良知或道德，代表着社会强加给每个成员的外在道德价值。总之，在社会上，超我运用理性约束自我，抑制本我中不当的欲望。从这一角度出发，弗洛伊德也提出了人类文明本质的观点。他认为文明的进步是以不断抑制个人的本我为代价的，因此否定人类文明进步论。

精神分析学理论提出后对西方思想界产生了深远影响。这一理论被应用于社会学、人类学、哲学、文学等各个方面，对整个 20 世纪的思想产生了实质性影响。

（四）存在主义

存在主义以研究人的存在为主要旨趣。存在主义 20 世纪 20 年代发源于德国，第二次世界大战以后它的中心转到法国，并流行于美国、意大利等国。存在主义产生的背景主要是由于二次世界大战把资本主义社会内部所蕴涵的严重矛盾以极端的形式反复暴露出来。同时，战后资本主义社会现代化进程中不断涌现出新的社会矛盾。这些矛盾在日常生活中表现为人们面对现代化这一巨型历史车轮永不停歇的前行时，越来越感到生存的迷惘。在高强度的工业化大生产中，人们都成为生产线上一个机械的零部件，失去了整体感，由此引发的人的空虚、烦恼等成为困扰大多数人的问题。因此，存在主义把个人的生存看作是哲学研究的对象，研究人的生存体验、人的生活状态以及人的心理体验等等，把握人的存在方式和特点。存在主义思想先驱有丹麦的克尔凯廓尔、德国的胡塞尔和尼采。存在主义思想家的代表人物有德国的海德格尔、雅斯贝尔斯，法国的马塞尔、萨特、加缪、梅洛·庞蒂。存在主义对 20 世纪西方的思想界和社会生活产生了广泛的影响。有学者认为法国 1968 年的"五月风暴"，美国出现的所谓"垮掉的一代"现象，都与存在主义思想的传播有关。[1]

---

[1]　车铭洲编著：《现代西方哲学源流》，184 页，天津，天津教育出版社，1989。

（五）法兰克福学派

法兰克福学派是以德国法兰克福大学的"社会研究中心"为中心的一群社会批判学者群体的称呼。在西方这一学派被普遍当作"新马克思主义学派"，在我国也常常被当作当代西方马克思主义主要流派之一。法兰克福学派面临现代西方人文主义所要解决的共同问题，即工业化所带来的前所未有的社会问题，在对现实问题进行全面批判的基础上，尝试提出相应的解决方案。这一学派的重要思想家有 M·霍克海默、T·W·阿多诺、H·马尔库塞、J·哈贝马斯等。法兰克福学派所面临的主要问题有："为什么革命条件成熟的时候，工人阶级都屈服于资产阶级蛊惑与欺骗？为什么少数法西斯分子操纵了大多数有高度文化修养的德国人……为什么人民群众在争取民主和自由的革命之后，又在新集权主义的铁腕下，陷入新的奴役和压迫……等等。"① 面对这样的问题，法兰克福学派的成员主要利用黑格尔的否定辩证法和马克思主义的异化理论，通过对现实的批判，形成了系统的社会批判理论，最后将问题的焦点集中于意识形态。他们认为现代社会的意识形态具有"平息和制止一切批判的危险，他们用批判理论鼓励人们说'不'，保留发挥否定的权利"②。需要强调的是，法兰克福学派不仅仅是批判，他们也在积极寻找解决问题的具体方式。

四、后现代主义与现代化问题

后现代主义（Postmodernism）是 20 世纪六七十年代开始被学术界经常使用的一个名词。所谓后现代是针对现代提出来的一个概念。正是在以科学与进步为特征的现代化进程中，人们也开始发现现代化所带来的新问题。特别是到了 20 世纪初，现代化问题日益尖锐："一是两次世界大战的爆发使西方社会对理性观念、人的自我控制、社会进步等信念发生怀疑；二是科技领域发生的巨大变革使西方社会伴随知识增长，人与世界隔离、人性萎缩和分裂。"③ 对于以这两个问题为代表的现代化问题，思想家们认为在现代的思维模式下无法得到真正的解决，实际上从浪漫主义到马克思主义再到非理性主义，都在持续不断地从现代化进程寻找解决现代化自身问题的方法，结果收效甚微，至少在后现代主义者看来是这样。于是，学者们开始思考跳出现代的牢笼，从外部思考解决现代化过程中出现的问题，由此产生了后现代主义。

后现代主义最初主要体现在艺术与建筑上对古典风格与现代模式的历史突破上，然后逐渐扩展到文学、美学、哲学、社会学甚至自然科学领域。在这些

---

① 赵敦华：《现代西方哲学新编》，148 页。

② 同上书，148 页。

③ 洪晓楠等：《当代西方社会思潮及其影响》，172 页，北京，人民出版社，2009。

领域全面出现了对既有模式批判与革新的倾向，后现代主义开始成为一种广泛的文化思潮。后现代主义进入哲学领域的标志是利奥塔1970年发表的《后现代的知识状况》。从利奥塔开始，后现代思想家开始对现代进行全面反思，同时提出相应的新思路与新方法。在利奥塔看来，现代理性的失误在于帮助科学取得了思想界的统治地位。这种统治地位的表现是科学利用哲学式的"宏大叙事"方式制造了关于人性解放的神话和知识统一性的神话。这两个神话一个代表了法国启蒙主义的传统，一个代表了德国唯心主义的传统，这两个国家所创造的两种理性神话共同构成了以科学主义为主导的现代主义。①针对这个问题，利奥塔主张用"细小叙事"代替"宏大叙事"，用具体学科的学科话语来代替所谓哲学的通用式话语，从而限制理性与科学的混合使用所带来的科学取代思想，工具理性主导人的整体思维。此后，许多后现代主义思想家从不同的角度，继续了利奥塔式的后现代思考："福柯用对精神病、惩罚、性等专题研究代替对理性、社会和人的一般研究。德里达从语音与文字的对立入手，解构理性主义传统。他和其他很多后现代主义者用写作过程代替意义的分析，用作者与读者的关系代替主观客观的关系，用文本的阅读代替真理和实在的性质。所有这些都体现了后现代主义的独特写作风格和阐述的主题和角度。"②总体上看来，后现代主义的理论特征是："反逻各斯中心主义，反基础主义、反本质主义和反表象主义，元叙事危机与语言游戏说，死亡情结即终结论，如哲学终结论、主体终结论和真理终结论。"③

后现代主义从20世纪六七十年代形成到现代已经半个世纪。50多年来，后现代主义几乎渗透到了社会科学的所有领域，产生了不可低估的影响。后现代主义的首要功绩是唤醒了人们对现代化的迷信。后现代主义者近乎极端式的观点以及语不惊人死不休的表述方式，甚至通过怪异的所谓后现代行为艺术，吸引了尽可能多观众眼球的同时，也让人们透过近乎荒诞的形式，看到了后现代主义者揭露现代化弊端的苦心孤诣。这也是前期批判性后现代主义的主要贡献。进入20世纪90年代后，后现代主义者在批判现代化的现实问题上已经没有多少工作可做了，于是他们也开始了新一轮的理论构建，那就是在经过批判发现现代化问题之后，开始思考如何去为解决这些问题寻找出路，因此开始走向建设性的后现代主义。在这一方面由大卫·格里芬创立的后现代世界中心和小约翰·B·科布与大卫·格里芬共同创办的过程研究中心作出了较为前沿的探

---

① 赵敦华：《现代西方哲学新编》，257页。
② 同上书，257页。
③ 洪晓楠等：《当代西方社会思潮及其影响》，179～188页。

索。前者主要工作是"发起一项合作研究，为后现代世界观提供有力根据，并描绘出一个现实的后现代世界秩序的景象"①。后者主要是以对怀特海为代表的过程哲学研究为特点，将后现代主义研究与社会发展前沿问题相结合，比如近年来结合全球范围内的环境恶化问题，积极参与推动生态主义理论的探索及其与现实的社会发展问题结合研究。因此，后现代主义在当前仍然是一个非常活跃的文化思潮，由于建设性后现代主义研究对现实问题的关注，这一思潮也必将随着时代发展而不断地推陈出新。

---

① ［美］大卫·格里芬编：《后现代科学——科学魅力的再现》，马季方译，210页，中央编译出版社，1995。

参考文献

[1]马克思，恩格斯．马克思恩格斯全集［M］．北京：人民出版社，1956—.

[2]马克思，恩格斯．马克思恩格斯选集［M］．北京：人民出版社，1995.

[3]马克思．资本论：第1卷［M］．北京：人民出版社，1954.

[4]恩格斯．自然辩证法［M］．北京：人民出版社，1971.

[5]修昔底德．伯罗奔尼撒战争史．全2册［M］．谢德风，译．北京：商务印书馆，1978.

[6]黑格尔．历史哲学［M］．王造时，译．上海：上海书店出版社，2006.

[7]黑格尔．哲学史讲演录：第4卷［M］．贺麟，王太庆，译．北京：商务印书馆，1978.

[8]基佐．欧洲文明史［M］．程洪逵等，译．北京：商务印书馆，2005.

[9]奥古斯丁．论三位一体［M］．周伟弛，译．上海：上海人民出版社，2005.

[10]文德尔班．哲学史教程：下卷［M］．罗达仁，译．北京：商务印书馆，1993.

[11]康德．历史理性批判文集［M］．何兆武，译．北京：商务印书馆，1990.

[12]霍布斯．利维坦［M］．黎思复，黎廷弼，译．北京：商务印书馆，1985.

[13]洛克．政府论：下卷［M］．叶启芳，瞿菊农，译．北京：商务印书馆，1983.

[14]孟德斯鸠．论法的精神：上册［M］．张雁深，译．北京：商务印书馆，1981.

[15]密尔．论自由［M］．程崇华，译．北京：商务印书馆，1982.

[16]布克哈特．意大利文艺复兴时期的文化［M］．何新，译．马香雪，校．北京：商务印书馆，1979.

[17]罗素．西方哲学史［M］．何兆武等，译．北京：商务印书馆，1986.

[18]卢梭．社会契约论［M］．何兆武，译．北京：商务印书馆，1980.

[19]魁奈经济著作选译［M］．吴斐丹，张草纫，选译．北京：商务印书馆，1979.

[20]卢梭．论人类不平等的起源［M］．李常山，译．北京：商务印书馆，1962.

[21]斯密．国民财富的性质和原因的研究，下卷［M］．郭大力，王亚楠，译．北京：商务印书馆，1974.

[22]怀特海．科学与近代世界［M］．何钦，译．北京：商务印书馆，1997.

[23]爱因斯坦．爱因斯坦文集：第1卷［M］．许良英等，编译．北京：商务印书馆，1976.

[24]梅特里．人是机器［M］．顾观涛，译．王太庆，校．北京：商务印书馆，1959.

[25]达尔文．物种起源[M]．周建人，叶笃庄，方宗熙，译．北京：商务印书馆，1995.

[26]达尔文．人类的由来[M]．潘光旦，胡寿文，译．北京：商务印书馆，1983.

[27]冯天瑜，邓建华，彭池．中国学术流变：上册[M]．上海：华东师范大学出版社，2003.

[28]丁耘，陈新．思想史研究：第1卷[C]．桂林：广西师范大学出版社，2005.

[29]梁启超．先秦政治思想史[M]．北京：东方出版社，1996.

[30]钱穆．中国思想通俗讲话[M]．北京：生活·读书·新知三联书店，2005.

[31]鲍尔迪．黑色上帝——犹太教、基督教和伊斯兰教的起源[M]．谢世坚，译．桂林：广西师范大学出版社，2004.

[32]霍布森．西方文明的东方起源[M]．孙建党，译．于向东，王琛，校．济南：山东画报出版社，2009.

[33]斯皮瓦格尔．西方文明简史：上下[M]．第4版．董仲瑜等，译．北京：北京大学出版社，2010.

[34]张志伟．西方哲学十五讲[M]．北京：北京大学出版社，2004.

[35]徐新．西方文化史[M]．北京：北京大学出版社，2002.

[36]北京大学哲学系外国哲学史教研室，编译．西方哲学原著选读：上卷[M]．北京：商务印书馆，1981.

[37]北京大学哲学系外国哲学史教研室，编译．西方哲学原著选读：下卷[M]．北京：商务印书馆，1982.

[38]白钢．希腊与东方：思想史研究第6辑[C]．上海：上海人民出版社，2009.

[39]周启迪．世界上古史[M]．北京：北京师范大学出版社，1994.

[40]齐涛．世界通史教程：古代卷[M]．济南：山东大学出版社，2001.

[41]启良．西方文化概论[M]．广州：花城出版社，2000.

[42]高福进．地球与人类文化编年文明通史[M]．上海：上海人民出版社，2003.

[43]沈之兴，张幼香．西方文化史[M]．广州：中山大学出版社，1999.

[44]古德尔等．人类思想中的休闲[M]．成素梅等，译．昆明：云南人民出版社，2000.

[45]顾銮斋，夏继果．世界通史教程：古代卷[M]．济南：山东大学出版社，2001.

[46]齐涛．世界通史教程教学参考：近代卷[M]．济南：山东大学出版社，

2005.

[47]郭圣铭．西方史学概要[M]．上海：上海人民出版社，1983.

[48]刘文荣．西方文化史[M]．上海：文汇出版社，2010.

[49]陈钦庄．世界文明史简编[M]．杭州：浙江大学出版社，2000.

[50]马世力．世界史纲：上册[M]．上海：上海人民出版社，1999.

[51]崔连仲．世界史：古代史[M]．北京：人民出版社，1983.

[52]亨廷顿．文明的冲突与世界秩序的重建[M]．周琪等，译．北京：新华出
　　版社，2002.

[53]莫洛佐夫．莎士比亚传[M]．长沙：湖南文艺出版社，1984.

[54]张椿年．从信仰到理性——意大利人文主义研究[M]．杭州：浙江人民出版社，
　　1994.

[55]北京大学哲学系外国哲学史教研室，编译．十六——十八世纪西欧各国哲
　　学[M]．北京：商务印书馆，1975.

[56]蒋方震．欧洲文艺复兴史[M]．上海：商务印书馆，1921.

[57]叶秀山，王树人．西方哲学史：第3卷[M]．南京：凤凰出版社，江苏人民
　　出版社，2005.

[58]赵敦华．西方哲学简史[M]．北京：北京大学出版社，2001.

[59]赵敦华．现代西方哲学新编[M]．北京：北京大学出版社，2001.

[60]马啸原．西方政治思想史纲[M]．北京：高等教育出版社，1997.

[61]摩根史特恩，齐默尔．哲学史思路——穿越两千年的欧洲思想史[M]．唐
　　陈，译．北京：中国人民大学出版社，2006.

[62]雅塞．重申自由主义[M]．陈茅等，译．北京：中国社会科学出版社，
　　1997.

[63]黄仁宇．资本主义与二十一世纪[M]．北京：生活·读书·新知三联书店，
　　1997.

[64]张旭昆．西方经济思想史18讲[M]．上海：上海人民出版社，2007.

[65]马尔库塞．爱欲与文明[M]．黄勇，薛民，译．上海：上海译文出版社，
　　1987.

[66]巴特菲尔德．近代科学的起源[M]．张丽萍，郭贵春等，译．金吾伦，校．
　　北京：华夏出版社，1988.

[67]科恩．世界的重新创造：近代科学是如何产生的[M]．张卜天，译．长沙：
　　湖南科技出版社，2012.

[68]库恩．哥白尼革命[M]．吴国盛，张东林，李立，译．北京：北京大学出版
　　社，2003.

[69]科恩. 新物理学的诞生[M]. 张卜天, 译. 长沙：湖南科技出版社, 2010.

[70]戴克斯特霍伊斯 E J. 世界图景的机械化[M]. 张卜天, 译. 长沙：湖南科技出版社, 2010.

[71]布朗. 科学的智慧[M]. 李醒民, 译. 沈阳：辽宁教育出版社, 1998.

[72]布洛克. 西方人文主义传统[M]. 董乐山, 译. 北京：科学出版社, 2012.

[73]霍克海默, 阿道尔诺. 启蒙辩证法——哲学片断[M]. 渠敬东, 曹卫东, 译. 上海：上海人民出版社, 2006.

[74]马尔库塞. 单向度的人[M]. 刘继, 译. 上海：上海译文出版社, 2008.

[75]哈佛燕京学社. 启蒙的反思[M]. 南京：江苏教育出版社, 2005.

[76]杨寿堪. 冲突与选择：现代哲学转向问题研究[M]. 北京：北京师范大学出版社, 2008.

[77]诺夫乔伊. 存在巨链[M]. 张传有, 高秉江, 译. 南昌：江西教育出版社, 2002.

[78]斯特龙伯格. 西方现代思想史[M]. 刘北成, 赵国新, 译. 北京：中央编译出版社, 2005.

[79]车铭洲. 现代西方哲学源流[M]. 天津：天津教育出版社, 1989.

[80]洪晓楠等. 当代西方社会思潮及其影响[M]. 北京：人民出版社, 2009.

[81]SAGGS H W. The Greatness that was Babylon[M]. London, 1962.

[82]SCRUTON R. A short history of modern philosophy [M]. London：Routledge, 1993.

[83]BERNAL M. Black Athena Ⅰ-Ⅲ [M]. Piscataway：Rutgers University Press, 1987-2006.

[84]BALDICK J, GOD B. The afroasiatic roots of Jewish, Christian and Muslim religions[M]. London：I. B. Tauris & Co Ltd, 1997.

[85]HOBSON J M. The origins of western civilisation [M]. London：Cambridge University Press, 2004.

[86]FISCHER S R. A history of language[M]. London：Reaktion Books Ltd, 1999.

[87]STARR C. Past and future in ancient history [M]. Lanham, Md：Rowman & Littlefield, 1987.

后 记

本书是北京市教育委员会资助科研计划项目（项目编号 SM200910015003）的阶段性成果之一。进入 21 世纪，文化软实力日益成为各国综合国力的重要表现方式，文化产业则是文化软实力的重要表现方式。因此许多国家从 20 世纪后期开始，加快了文化产业的发展速度，并开始将文化产业当作新的支柱产业进行扶持。在文化产业的发展进程中，以美、英为代表的欧美各国，以日、韩为代表的亚洲各国走在了世界的前沿。在经济全球化日益促使各国紧密联系的时代背景下，国际化发展是美国、日本、韩国文化产业成功的重要经验之一。我们要让自己的文化产业迅速发展，必须学习先发国家的经验，国际化发展的经验就是我们要学习的重要内容之一。文化产业发展要实现国际化，首先就要对国际文化有所理解，这样才能使我们的文化产品得到其他国家人民的理解和接受。出于这一目的，我们进行立项研究，将西方文化史上的文化思想精华进行中国式的解读与整理，形成一部简明的《西方文化思想史》，为我们提纲挈领地掌握西方文化思想的精髓，更好地掌握其他国家的文化心理与文化习惯准备条件。

作为在出版印刷类专业院校任教的教师，我一直在探索如何将自己的专业与学校的特色相结合的有效途径。通过这一项目的研究，我们尝试在文化研究中，一方面通过对文化思想史演变过程中所折射出来的文化心理与文化取向的把握，为文化产业发展的市场定位提供参考；另一方面，通过文化思想的哲学属性来指引文化产业发展的正确方向，避免过度的市场化与庸俗化的发展。这两点经验是长期思考的结果，本书的写作则为完成文化对文化产业发展的这两个作用提供文本根据。因此，本书的完成也是我多年探索的一个阶段性经验总结，也将是我继续探索的起点。本书第一次明确界定了文化思想史的概念。就目前来看，尚无同名书籍出版。同时，在结构安排上，本书在每一个历史时期先进行历史线索与历史发展特点的总结，然后抽象出这一时期形成的重要文化思想，体现出从历史到思想的提升规律，避免脱离历史实际、空谈思想可能给读者带来的空泛和困惑。

本书的主题设定、结构安排、章节体例设计、具体写作提纲的二级目录均由崔存明完成，具体内容写作由四人合作完成。具体分工如下：

崔存明（北京印刷学院）：导言、第一章、第七章、第十章

胡虹霞（北京印刷学院）：第二章、第三章

王立志（北京外国语大学）：第六章、第八章、第九章

陆洋（北京印刷学院）：第四章、第五章

全书最后由崔存明统稿完成。由于本书是从宏观历史背景下梳理文化思想的演变规律，不同的历史时期往往交错相联，在时间上出现重合，所以在论述相关时期文化思想时，在历史背景内容选择上有部分重复现象，这是思想史著作不同于纯粹历史著作的特点。

在本书即将付梓之际，首先要感谢我的三位合作者王立志博士、胡虹霞博士和陆洋副教授。在项目申报下来的时候，正好我开始全职攻读博士学位，同时也要全职完成教学任务。因此，原本计划独立完成的写作任务就由四人合作完成，减轻了我既要上学又要讲课的双重压力。感谢北京师范大学出版社的编辑对本书尽快出版所付出的真诚与辛勤努力。

崔存明

2012 年 10 月 15 日

记于北京印刷学院社科部